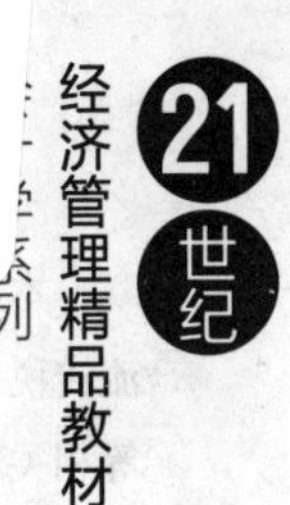

Tax Accounting

税务会计

（第三版）

王迪　臧建玲◎主编
马云平　华建新◎副主编

清華大學出版社
北京

内容简介

本书以税法基本原理和税务会计基本原理为起点，以税务会计的基本理论和基本方法为主线，按流转税、所得税和其他税种的编排顺序，全面阐述各税种的应纳税额的计算、申报以及会计账务处理等相关环节的原理与方法；最后举例介绍多种税务筹划方法，作为对税务会计理论与方法的补充。在内容安排上既体现了完整性和系统性，又突出了增值税、所得税两大税种的重要性和复杂性。

本书在体例设计上力求改革创新，案例导入与问题提出激起读者对知识的渴望，以互联网为媒介，在文中适当融入扩展性知识，在章节后补充本章小结、思考题、自测题和案例分析题等形式用以开阔视野和提高能力。本书可作为各类高等院校经济管理类专业的教科书，也可供企业会计人员及其他经济管理人员应试参考和在职培训使用。

图书在版编目（CIP）数据

税务会计 / 王迪，臧建玲主编 .—3 版 .—北京：清华大学出版社，2020.7（2021.3 重印）
21 世纪经济管理精品教材 . 会计学系列
ISBN 978-7-302-55667-1

Ⅰ. ①税… Ⅱ. ①王… ②臧… Ⅲ. ①税务会计–高等学校–教材 Ⅳ. ① F810.62

中国版本图书馆 CIP 数据核字（2020）第 100789 号

责任编辑： 刘志彬　朱晓瑞
封面设计： 李召霞
责任校对： 宋玉莲
责任印制： 沈　露

出版发行： 清华大学出版社
网　址： http://www.tup.com.cn, http://www.wqbook.com
地　址： 北京清华大学学研大厦 A 座　　**邮　编：** 100084
社总机： 010-62770175　　**邮　购：** 010-62786544
投稿与读者服务： 010-62776969, c-service@tup.tsinghua.edu.cn
质量反馈： 010-62772015, zhiliang@tup.tsinghua.edu.cn
印 装 者： 北京国马印刷厂
经　销： 全国新华书店
开　本： 185mm×260mm　　**印　张：** 17　　**字　数：** 381 千字
版　次： 2011 年 2 月第 1 版　2020 年 8 月第 3 版　　**印　次：** 2021 年 3 月第 2 次印刷
定　价： 49.00 元

产品编号：086363-01

前　言

近年来，随着国家税务部门积极推进纳税信用体系建设的不断发展和完善，纳税信用已成功转化为企业的融资资本，不仅给企业带来了良好的口碑，也让其享受到了政策的大力扶持，使诚信经营的企业和纳税人有了更强的获得感。因此，税务会计作为进行税务筹划、税金核算与纳税申报的一种会计系统，已同财务会计和管理会计一样，成为众多企业会计信息系统中不可或缺的一部分。在经济转型发展和大数据时代环境下，新的商业模式不断催生出新的纳税业务，使得国家税收法律制度加速完善，这必将导致税务会计工作日趋复杂，不仅迫使企业税务会计人员不断提升在纳税申报、税款解缴、税款减免、税务稽查、税收筹划等方面的专业技能水平，也要求会计人员强化税务风险管理意识。“依法经营，诚信纳税”理应成为税务会计人员学习和工作的崇高使命。由此，税务会计作为一门融合税收法规和会计核算于一体的专业会计，必然成为广大财经类专业学生和在职税务会计人员继续教育的必修课程。

本书注重基本理论、基本方法和基本技能的有机融合。运用丰富的案例说明抽象的原理，解读晦涩的法规制度。在吸纳税制改革的最新成果的同时，从体例上更注重启发读者心智，开拓其视野，激发其学习热情和提高其学习能力等方面的设计。本次再版的一个突出特点是融入课程创新理念，书中引入了大量扩展性知识，具体内容包括相关法规的历史沿革、制定背景、具体内容、法规实施的经济后果以及相应的案例分析。本书还配套了大量的练习题，不但能加深读者对法规内容的理解，而且能增加其学习的趣味性，同时有关案例及其分析也宣传了国家税收法规的严肃性，起到了警示作用。本书既节约了专业任课教师的授课准备时间，又有助于学生开阔其专业视野。

本次再版，依据最新税收法规制度，主要修订内容如下：

1. 根据最新税率修订了第 3 章“增值税会计”。新增自 2019 年 4 月 1 日起，16% 和 11% 的增值税税率分别降为 13% 和 9%，纳税人购进用于生产或者委托加工 13% 税率货物的农产品，按照 10% 的扣除率计算进项税额，纳税人取得不动产或者不动产在建工程的进项税额不再分 2 年抵扣的规定，对全书所有涉及以上这些内容的部分都进行了相应的更新，对可抵扣进项税额加计抵减的规定进行了相应调整，增加了增值税留抵退税的有关内容。

2. 修订了第 6 章“企业所得税会计”的部分内容。按照最新法规对小微企业的认定标准及其税收优惠政策进行了更新，对高新技术企业和技术先进型服务企业所得税税率、固定资产加速折旧、研究开发费用的加计扣除、关于公益性捐赠的最新界定及公益性捐赠支出的税前扣除标准、所得税纳税申报表等的最新修订内容均进行了更新。

3. 按照新修订的《中华人民共和国个人所得税法》和《中华人民共和国个人所得税法实施条例》重新编写了第 7 章“个人所得税会计”。

4. 根据最新相关税收法规、公告和通知等的规定，对消费税会计、关税会计、其他税种会计以及税收筹划基本原理及应用都进行了不同程度的调整和更新。

本书适合各高等院校会计学、税收学和财务管理专业学生使用，也可供企业税务会计人员及财务管理人员应试参考和在职培训使用。

本书第 3 版修订由王迪总策划并制定编写方案。王迪和臧建玲担任主编，马云平、华建新担任副主编，参加编写人员还有黄文宣和丁睿。编写分工为：王迪编写第 2、3、7 章，臧建玲编写第 6 章，马云平编写第 5、9 章，华建新编写第 8 章，黄文宣编写第 4 章，丁睿编写第 1 章。全书由王迪统稿，杨守杰负责主审。

如今，唯一不变的就是变化，税收法规、会计制度的频繁变动还将继续。由于作者经验和水平有限，书中涉及的法规制度，如果存在理解错误，请以法规为准；如有疏漏之处，恳请读者批评指正，以便修改、完善。

本书在修订过程中参阅了诸多优秀教材观点和长处，在此，谨向所有作者致以诚挚的谢意！感谢杨守杰教授给予的支持和指导。特别感谢清华大学出版社的刘志彬编辑、朱晓瑞编辑给予的大力支持和良好建议。

王　迪

2019 年 11 月

目录

第1章

税法基本原理

本章学习目标：

通过本章学习，学员应该能够：

1. 理解税法的基本概念、税收法律关系；
2. 了解税法的特征及其分类；
3. 熟悉税法的构成要素、纳税的基本程序。

案例导入与问题提出：

某市某钢材涂装有限公司是从事钢材预处理、预涂装制造经营活动的有限责任公司，企业注册资本600万元。2008年7月，根据群众来信举报反映的内容，税务局稽查局就该公司2005—2007年期间"账外收入"不入账情况进行了专项检查。在突击顺利查获该企业"账外小金库"账册、凭证的基础上，查实该企业在2005—2007年期间，采用开具"内部结算单"的方法，将收取出售废料、出租房屋收入(均为现金)列入账外，且不列、少列收入以偷逃各项税款。其中，隐匿废料收入505 970.40元(含税)、隐匿房屋租金收入37 820元。同时，发现该企业在2005—2007年期间通过"小金库"支付管理人员、董事会人员的各项补贴，均未按规定代扣代缴个人所得税。

据此，市税务局对该企业依法做出了补缴营业税1 891元、城建税3 770.40元、教育费附加75.64元、企业所得税155 180.30元、个人所得税17 800元、房产税4 538.40元、印花税181.58元，加收滞纳金8 292.29元，并处罚款183 361.68元的处理决定。

请回答：1. 该企业为什么设"账外小金库"？

2. 该企业因设"账外小金库"而补交了哪些税款？

3. 市地方税务局对该企业是如何进行处罚的？

4. 你认为该企业这么做值得吗？

1.1 税法的基本概念

1.1.1 税法的概念

税法是国家立法机关制定的用以调整国家与纳税人之间在纳税方面的权利及义务关

系的法律规范的总称。它是国家及纳税人依法征税、依法纳税的行为准则，其目的是保障国家利益和纳税人的合法权益，维护正常的税收秩序，保证国家的财政收入。

税法与税收既有联系又有区别。①二者的联系：税法是税收的法律依据和法律保障，税收活动必须严格依照税法的规定进行，二者密不可分。税收是税法的实质内容，反映国家与纳税人之间的经济利益分配关系；税法是税收的法律形式，体现国家与纳税人之间在征纳税方面的权利义务关系。税收决定税法，税法服务于税收。②二者的区别：税收属于经济基础范畴，税法则属于上层建筑范畴。

1.1.2 税法的特点

1. 义务性法规

从法律性质上看，税法以规定纳税人的义务为主。但并不是说税法没有规定纳税人的权利，而是指纳税人的权利是建立在其纳税义务基础之上的，其权利处于从属地位。这是由税收的无偿性和强制性特点决定的。

2. 综合性法规

税法是由一系列单行税收法律法规及行政规章制度组成的体系，具体内容包括课税的基本原则、征纳双方的权利和义务、税收管理规则、法律责任、解决税务争议的法律规范等。这是由税收制度所调整的税收分配关系和税收征收管理关系的复杂性所决定的。

1.1.3 税收法律关系

1. 税收法律关系的概念

税收法律关系是税法所确认和调整的，国家与纳税人之间、国家与国家之间以及各级政府之间在税收分配过程中形成的权利与义务关系。国家征税与纳税人纳税这种经过法律明确之后的权利与义务关系实际上已成为一种特定的法律关系。了解税收法律关系，对于正确理解税法本质，严格依法纳税、依法征税都具有重要的意义。

2. 税收法律关系的构成

税收法律关系由税收法律关系的主体、税收法律关系的客体和税收法律关系的内容三部分构成。

（1）税收法律关系的主体，是指税收法律关系中享有权利和承担义务的当事人。我国税收法律关系的主体包括征税主体和纳税主体。征税主体是代表国家行使征税职责的国家行政机关，包括国家各级税务机关、海关和财政机关。纳税主体是指履行纳税义务的人，包括法人、自然人和其他组织，在华的外国企业、组织、外籍人、无国籍人以及在华未设立机构、场所但有来源于中国境内所得的外国企业或组织。这种对税收法律关系中纳税主体的确定，我国采取的是属地兼属人的原则。其中，属地原则是对纳税人来源于本国领土范围内的应税收益、所得，以及应税一般财产价值征税。即使这个纳税人是一个外国的公民或居民，也不例外。属人原则对属于或居住在本国的居民的一切应税收益、所得或一般财产价值征税。即使这个居民或公民的应税收益、所得或一般财产价值中有一部分，甚至全部都是来源或存在于其他国家的领土范围以内，也不例外。

【思考 1-1】 如果中国人在外国已经纳税了，那么他是否还要在中国纳税？

（2）税收法律关系的客体，简称税法客体，是指税收法律关系主体双方权利、义务所共同指向的对象，也就是征税对象。税收法律关系的客体包括应税商品、货物、财产、资源、所得等物质财富和纳税主体的应税行为。例如，所得税法律关系客体就是生产经营所得和其他所得，流转税法律关系客体就是货物销售收入或劳务收入。它既是税收法律关系产生的前提、存在的载体，又是税收权利和义务联系的中介。国家在一定时期可以根据客观形势发展的需要，通过扩大或者缩小征税范围调整征税对象，以达到限制或者鼓励国民经济中某些产业或行业发展的目的。

（3）税收法律关系的内容，是指税收法律关系的主体双方在征纳关系中所享有的权利和所应承担的义务，这是税收法律关系中最实质的东西。税务机关的权利主要表现在依法进行征税、税务检查以及对违章者进行处罚；其义务主要是向纳税人宣传、咨询、辅导解读税法，及时把征收的税款解缴国库，依法受理纳税人对税收争议的申诉等。纳税义务人的权利主要有多缴税款申请退还权、延期纳税权、依法申请减免税权、申请复议和提起诉讼权等；其义务主要是按税法办理税务登记、进行纳税申报、接受税务检查、依法缴纳税款等。

3. 税收法律关系的产生、变更与消灭

税收法律关系的产生、变更和消灭是由税收法律事实来决定的。这种税收法律事实一般是指税务机关依法征税的行为和纳税人的经济活动行为，发生这种行为才能产生、变更、消灭税收法律关系。税收法律事实可分为税收法律事件和税收法律行为。其中，税收法律事件是指不以税收法律关系权力主体的意志为转移的客观事件，例如，地震、洪水等自然灾害可导致税收减免，从而改变税收法律关系内容的变化。税收法律行为是指税收法律关系主体在正常意志支配下做出的活动，例如纳税人开业经营即产生税收法律关系，纳税人自身的组织状况、经营或财政状况发生变化、税务机关组织结构或征管范围的改变、税法的修改等行为引起税收法律关系的变更。引起税收法律关系的消灭的原因包括税法的废止、纳税主体的消失等。

4. 税收法律关系的保护

保护税收法律关系，实质上就是保障国家的财政收入，维护纳税人的合法权益。税收法律关系的保护形式和方法很多，税法中关于限期纳税、征收滞纳金和罚款的规定，《中华人民共和国刑法》对构成偷税、漏税、抗税罪给予刑罚的规定，以及税法中对不服税务机关征税处理决定，可以申请复议或提出诉讼的规定等都是对税收法律关系的直接保护。税收法律关系的保护对权利主

拓展阅读1-1　中外专家聚焦“区块链税务”

体双方是平等的。不能只保护其中一方，对其享有权利的保护，就是对其承担义务的制约。

1.1.4 税法要素

税法的构成要素也称税制构成要素，是指组成税收法律制度的基本要素。第一，税法构成要素既包括实体性的，也包括程序性的；第二，税法是所有完善的单行税法都共同具备的内容，仅为某一税法所单独具有而非普遍性的内容，不构成税法要素。税法的构成要素一般包括总则、纳税义务人、征税对象、税目、税率、纳税环节、纳税期限、纳税地点、减税免税、罚则、附则等项目。

【思考 1-2】 扣缴义务人是否属于税法的构成要素？

1. 总则

总则主要包括立法依据、立法目的、适用原则等。

2. 纳税义务人

纳税义务人又称纳税主体，是税法规定的直接负有纳税义务的单位和个人。任何一个税种首先要解决的就是国家对谁征税的问题。

【思考 1-3】 凡是负有纳税义务的单位和个人都是纳税义务人吗？

每一种税都有关于纳税义务人的规定，通过规定纳税义务人落实税收任务和法律责任。税法中规定的纳税义务人一般分为自然人和法人两种最基本的形式。自然人，是基于自然规律而出生的，有民事权利和义务的主体。自然人包括本国公民，也包括外国人和无国籍人。法人，与自然人相对称，是指依法成立、享有权利能力和行为能力、具有独立的财产和经费、依法独立承担民事责任的社会组织。我国的法人主要有 4 种：机关法人、事业法人、企业法人和社团法人。

为了提高税务行政的效率，保证税款及时、足额上交，税法还规定了扣缴义务人的概念，具体包括代扣代缴义务人和代收代缴义务人。它们是与纳税人密切联系的两个概念。其中，代扣代缴义务人是指有义务从持有的纳税人收入中扣除其应纳税款并代为缴纳的企业、单位或个人。如出版社代扣作者稿酬所得的个人所得税等。代收代缴义务人是指虽不承担纳税义务，但依照有关规定，在向纳税人收取商品或劳务收入时，有义务代收代缴其应纳税款的单位和个人。如《中华人民共和国消费税暂行条例》规定，委托加工的应税消费品，由受托方在向委托方交货时代收代缴委托方应该缴纳的消费税。

拓展阅读1-2　对“纳税义务人”的进一步理解

3. 征税对象

征税对象，或称征税客体，是指税法规定对什么征税，是征纳双方权利义务共同指向的客体或标的物，是区别不同税种的重要标志。如消费税的征税对象是《中华人民共和国消费税暂行条例》中所列举的应税消费品，房产税的征税对象是房屋。征税对象是税法最基本的要素，因为它体现着征税的最基本界限，决定着某一种税的基本征税范围，同时，征税对象也决定了各个不同税种的名称。例如，消费税、土地增值税、个人所得税等，这些税种因征税对象不同、性质不同，税名也就不同。征税对象按其性质不同，通常可划分为流转额、所得额、财产、资源、特定行为等五大类，通常也因此将税收分为相应的五大类，即流转税（或称商品和劳务税）、所得税、财产税、资源税和特定行为税等。

4. 税目

税目，是指税法中规定对征税客体的具体征税项目，反映具体的征税范围，是对课税对象的界定。税目的作用，第一是明确具体的征税范围，凡列入税目的即为应税项目，否则，就不属于应税项目；第二是能满足贯彻国家税收调节政策的需要，国家可根据不同项目的利润水平以及国家经济政策等为依据制定高低不同的税率，以体现不同的税收政策。如对国家限制发展的征税项目，可以制定较高的税率；对国家鼓励发展的征税项目，则可以制定比较低的税率。

但是，有些税种不分课税对象的具体项目，一律按照课税对象的应税数额采用同一税率计征税款，因此一般无须设置税目，如企业所得税。

5. 税率

税率是对征税对象的征收比例或征收程度，它是计算税额的尺度，也是衡量税负轻重与否的重要标志。目前，我国现行的税率主要有比例税率、定额税率、超额累进税率和超率累进税率。

1）比例税率

比例税率，是指对同一征税对象，不分数额大小，规定相同的征收比例。这种税率计算简便，应纳税额与征税对象成正比。例如，我国增值税、城市维护建设税、企业所得税等采用的都是比例税率。

2）定额税率

定额税率，是指按照征税对象确定的计算单位，直接规定一个固定的税额。定额税率一般适用于从量计征的税种，税额的多少只和征税客体的数量有关，与价格无关。征税对象的计量单位可以是重量、体积、面积等单位。例如，消费税中的粮食白酒、啤酒的计量单位是“吨”，消费税中的柴油、汽油的计量单位是“升”，土地使用税计量单位是“平方米”。目前采用定额税率的有城镇土地使用税、车船税等。

3）超额累进税率

超额累进税率，是指把征税对象按数额的大小分成若干等级，每一等级规定一个税率，税率依次提高，对同一纳税人的征税对象则依所属等级同时适用几个税率分别计算，将计算结果相加后得出应纳税款。目前我国采用这种税率的税种是个人所得税。

4）超率累进税率

超率累进税率，是指根据征税对象数额的相对率划分若干级距，分别规定相应的差别税率，相对率每超过一个级距的，对超过的部分就按高一级的税率计算征税。目前，我国采用这种税率的税种是土地增值税。

6. 纳税环节

纳税环节，是指税法规定的征税对象在从生产到消费的流转过程中应当缴纳税款的环节。流转税在生产和流通环节纳税，所得税在分配环节纳税。一种税具体确定在哪个或哪几个环节进行征税，不仅关系到税制结构和税负平衡问题，而且对保证国家的财政收入、便于纳税人缴纳税款、促进企业加强经济核算等都具有重要意义。有的税种规定在各个流通环节纳税，如增值税对商品流通的各个环节纳税；有的税种采用单环节纳税，如消费税对应税消费品的生产、委托加工、进口或者零售的某一个环节缴纳消费税，以后该商品在流通环节中不再缴纳消费税。

7. 纳税期限

纳税期限是指税法规定的关于税款缴纳时间即纳税时限方面的限定。税法关于纳税时限的规定，有三个相关概念：

一是纳税义务发生时间，是指应税行为发生的时间。例如，《中华人民共和国增值税暂行条例》规定采取预收货款方式销售货物的，其纳税义务发生时间为货物发出的当天。

二是纳税期限。纳税人每次发生纳税义务后，不可能马上去缴纳税款。税法规定了每种税的纳税期限，即每隔固定时间汇总一次纳税义务的时间。例如《中华人民共和国增值税暂行条例》规定，增值税的具体纳税期限分别为 1 日、3 日、5 日、10 日、15 日、1 个月或 1 个季度。纳税人的具体纳税期限，由主管税务机关根据纳税人应纳税额的大小分别核定；不能按照固定期限纳税的，可以按次纳税。

三是缴库期限，即税法规定的纳税期满后，纳税人将应纳税款缴入国库的期限。例如，《中华人民共和国增值税暂行条例》规定，纳税人以 1 个月或者 1 个季度为 1 个纳税期的，自期满之日起 15 日内申报纳税；以 1 日、3 日、5 日、10 日或者 15 日为 1 个纳税期的，自期满之日起 5 日内预缴税款，于次月 1 日起 15 日内申报纳税并结清上月应纳税款。

8. 纳税地点

纳税地点是指根据各个税种纳税对象的纳税环节和有利于对税款的源泉控制而规定的纳税人（包括代征、代扣、代缴义务人）的具体纳税地点。一般来说，在税法上规定的纳税地点采用属地原则，主要有 4 类：机构所在地、经济活动发生地、财产所在地、报关地等。

9. 减税免税

减税免税又称税收优惠措施，是对某些纳税人和征税对象采取减少征税或免予征税的特殊规定。减税是从应征税款中减征部分税款，免税是免征全部税款。减免税的规定是为了解决按税制规定的税率征税时所不能解决的具体问题而采取的一种措施，是在一定时期内给予纳税人的一种税收优惠，同时也是税收的统一性和灵活性相结合的具体体现。正确制定并严格执行减免税规定，可以更好地贯彻国家的税收政策，发挥税收调节经济的作用。

10. 罚则

罚则主要是指对纳税人违反税法的行为采取的处罚措施。

11. 附则

附则一般都规定与税法紧密相关的内容，如税法的解释权、生效时间等。

1.2 我国现行的税法体系

从法律角度来讲，一个国家在一定时期内、一定体制下以法定形式规定的各种税收法律、法规的总和，被称之为税法体系。但从税收工作的角度来讲，所谓税法体系往往被称之为税收制度，即一个国家的税收制度是指在既定的管理体制下设置的税种以及与这些税种的征收、管理有关的，具有法律效力的各级成文法律、行政法规、部门规章等的总和。换句话说，税法体系就是通常所说的税收制度（简称税制）。

一个国家的税收制度，可按照构成方法和形式分为简单型税制及复合型税制。结构简单的税制主要是指税种单一、结构简单的税收制度，而结构复杂的税制主要是指由多个税种构成的税收制度。一个国家为了有效取得财政收入或者调节社会经济活动，必须设置一定数量的税种，并规定每种税的征收和缴纳办法，包括对什么征税、向谁征税、征多少税以及何时纳税、何地纳税、按什么手续纳税和不纳税如何处理等。

因此，税收制度的内容主要有三个层次：一是不同的要素构成税种。构成税种的要素主要包括纳税人、征税对象、税目、税率、纳税环节、纳税期限、减税免税等。二是不同的税种构成税收制度。构成税收制度的具体税种，国与国之间差异较大，但一般都是包括所得税（直接税），如企业所得税、个人所得税，也包括商品课税（间接税），如增值税、消费税及其他一些税种等。三是规范税款征收程序的法律法规，如《中华人民共和国税收征收管理法》等。

按照税法的职能作用的不同，税法体系分为税收实体法和税收程序法两大部分。这两部分共同构成了我国现行税法体系。

1.2.1 税收实体法体系

税收实体法，主要是指确定税种立法，具体规定各税种的征收对象、征收范围、税目、税率、纳税地点等。例如，《中华人民共和国企业所得税法》《中华人民共和国个人所得税法》就属于税收实体法。我国的现行税制就其实体法而言，是1949年中华人民共和国成立后经过几次较大的改革逐步演变而来的，按各个税种的性质和作用大致可分为以下五类：

1. 商品（货物）和劳务税类

该类包括增值税、消费税和关税。主要在生产、流通或者服务业中发挥调节作用。

2. 所得税类

该类包括企业所得税、个人所得税、土地增值税，主要是在国民收入形成后，对生产经营者的利润和个人的纯收入发挥调节作用。

3. 财产和行为税类

该类包括房产税、车船税、印花税、契税，主要是对某些财产和行为发挥调节作用。

4. 资源税和环境保护税类

该类包括资源税、环境保护税和城镇土地使用税，主要是对因开发和利用自然资源差异而形成的级差收入发挥调节作用。

5. 特定目的税

该类包括城市维护建设税、车辆购置税、耕地占用税、船舶吨税和烟叶税，主要是为了达到特定目的，对特定对象和特定行为发挥调节作用。

上述一共有 18 个税种，其中进口的增值税和消费税、关税和船舶吨税由海关负责征收管理，其他税种由税务机关负责征收管理。

现行税种中，以国家法律的形式发布实施的有：企业所得税、个人所得税、车船税、环境保护税、烟叶税、船舶吨税、车辆购置税、耕地占用税和资源税；除此之外其他税种都是经全国人民代表大会授权，由国务院以暂行条例的形式发布实施的。这些法律法规共同组成了我国的税收实体法体系。

1.2.2 税收程序法体系

除税收实体法外，我国对税收征收管理适用的法律制度，是按照税收管理机关的不同而分别规定的：

（1）由税务机关负责征收的税种的征收管理，按照全国人大常委会发布实施的《中华人民共和国税收征收管理法》及各实体法中的征管规定执行。

（2）由海关机关负责征收的税种的征收管理，按照《中华人民共和国海关法》及《中华人民共和国进出口关税条例》等有关规定执行。

1.3 税收征管制度

税务管理是税务机关在依据国家税收政策法规所进行的税款征收活动过程中实施的基础性管理制度和管理行为。它是依据客观经济规律和税收分配特点，对税收分配的全过程进行决策、计划、组织、监督和协调，以保证税收职能得以实现的一种管理活动。税务管理是税收征收管理制度的基本环节，主要包括税务登记管理以及账簿、凭证管理和纳税申报等内容，是做好税款征收和税务检查的前提工作。

1.3.1 税务登记管理

税务登记是税务机关对纳税人的生产、经营活动进行登记并据此对纳税人实施税务管理的一种法定制度。税务登记又称纳税登记，它是税务机关对纳税人实施税收管理的首要环节和基础工作，是征纳双方法律关系成立的依据和证明，也是纳税人必须依法履行的义务。

1. 税务登记的内容

（1）开业税务登记。从事生产、经营的纳税人，应当自领取营业执照之日起 30 日内，向生产、经营地或者纳税义务发生地的主管税务机关申报办理税务登记。如实填写税务登记表，并按照税务机关的要求提供有关证件、资料。除上述以外的其他纳税人，包括国家机关和个人，应当自纳税义务发生之日起 30 日内，持有关证件向所在地主管税务机关申报办理税务登记。纳税人提交的证件和资料齐全且税务登记表的填写内容符合规定的，税务机关应当日办理并发放税务登记证件。纳税人提交的证件和资料不齐全或税务登记表的填写内容不符合规定的，税务机关应当场通知其补正或者重新填报。

（2）变更税务登记。变更税务登记是指纳税人税务登记内容发生重要变化时向税务机关申报办理的税务登记手续。在工商行政管理部门办理变更税务登记的，应当自工商行政管理机关办理变更登记之日起 30 日内，持有关证件、资料到原税务登记机关申报办理变更税务登记。税务机关应当于受理当日办理变更税务登记。

（3）停业、复业登记。停业、复业登记是指实行定期定额征收方式的纳税人，因自身经营的需要暂停经营或者恢复经营而向主管税务机关申请办理的税务登记手续。

实行定期定额征收方式的个体工商户需要停业的，应当在停业前向税务机关申报办理停业登记。纳税人的停业期限不得超过 1 年。

纳税人应当于恢复生产经营之前，向税务机关申报办理复业登记，如实填写《停业复业报告书》，领回并启用税务登记证件、发票领购簿及其停业前领购的发票。

（4）外出经营报验登记，是指从事生产经营的纳税人到外县（市）进行临时性的生产、经营活动时，按规定申报办理的税务登记手续。从事生产、经营的纳税人到外县(市)临时从事生产、经营活动的，应当持税务登记证副本和所在地税务机关填开的外出经营活动税收管理证明，向营业地税务机关报验登记，接受税务管理。

从事生产、经营的纳税人外出经营，在同一地累计超过 180 天的，应当在营业地办理税务登记手续。

（5）注销税务登记，是指纳税人税务登记内容发生了根本性变化，需终止履行纳税义务时向税务机关申报办理的税务登记手续。例如发生解散、破产、撤销、改变主管税务机关、被吊销营业执照以及终止履行纳税义务的其他情形，需要依法终止纳税义务的，纳税人应当在向工商行政管理机关申请办理注销之前，向税务机关申报办理注销登记。

2. 税务登记证管理

（1）税务机关对税务登记证件实行定期验证和换证制度。纳税人应当在规定的期限内持有关证件到主管税务机关办理验证或者换证手续。

（2）纳税人应当将税务登记证件正本在其生产、经营场所或者办公场所公开悬挂，接受税务机关检查。

（3）纳税人遗失税务登记证件的，应当在15日内书面报告主管税务机关，并登报声明作废。

（4）纳税人未按照规定办理税务登记证件验证或者换证手续的，由税务机关责令限期改正，可以处2 000元以下的罚款；情节严重的，处2 000元以上1万元以下的罚款。

拓展阅读1-3　国税与地税何时合并的？

3. 非正常户处理

（1）已办理税务登记的纳税人未按照规定的期限申报纳税，在税务机关责令其限期改正后，逾期不改正的，税务机关应当派员实地检查，查无下落并且无法强制其履行纳税义务的，由检查人员制作非正常户认定书，存入纳税人档案。税务机关暂停其税务登记证件、发票领购簿和发票的使用。

（2）纳税人被列入非正常户超过3个月的，税务机关可以宣布其税务登记证件失效，其应纳税款的追征仍按《中华人民共和国税收征收管理法》及其实施细则的规定执行。

1.3.2　账簿、凭证管理

账簿是纳税人、扣缴义务人连续地记录其各种经济业务的账册或簿籍。凭证是纳税人用来记录经济业务，明确经济责任，并据以登记账簿的书面证明。账簿、凭证管理是继税务登记之后税收征管的又一重要环节，在税收征管中占有十分重要的地位。

1. 账簿、凭证的设置

从事生产、经营的纳税人应当自领取营业执照或者发生纳税义务之日起15日内，按照国家有关规定设置账簿。其中，账簿是指总账、明细账、日记账以及其他辅助性账簿。总账、日记账应当采用订本式。扣缴义务人应当自税收法律、行政法规规定的扣缴义务发生之日起10日内，按照所代扣、代收的税种，分别设置代扣代缴、代收代缴税款账簿。生产、经营规模小且确无建账能力的纳税人，可以聘请经批准从事会计代理记账业务的专业机构或者财会人员代为建账和办理账务。

2. 财务制度的建立

纳税人建立的会计电算化系统应当符合国家有关规定，并能正确、完整核算其收入或者所得。而且使用计算机记账的纳税人，应当在使用前将会计电算化系统的会计核算软件、使用说明书及有关资料报送主管税务机关备案。纳税人应当自领取税务登记证件之日起 15 日内，将其财务、会计制度或者财务、会计处理办法报送主管税务机关备案。

纳税人、扣缴义务人会计制度健全，能够通过计算机正确、完整计算其收入和所得或者代扣代缴、代收代缴税款情况的，其计算机输出的完整的书面会计记录，可视同会计账簿。纳税人、扣缴义务人会计制度不健全，不能通过计算机正确、完整计算其收入和所得或者代扣代缴、代收代缴税款情况的，应当建立总账及与纳税或者代扣代缴、代收代缴税款有关的其他账簿。账簿、会计凭证和报表，应当使用中文。民族自治地方可以同时使用当地通用的一种民族文字。外商投资企业和外国企业可以同时使用一种外国文字。

3. 税控装置的安装

纳税人应当按照税务机关的要求安装、使用税控装置，并按照税务机关的规定报送有关数据和资料。

4. 账证资料的保管

账簿、记账凭证、报表、完税凭证、发票、出口凭证以及其他有关涉税资料应当合法、真实、完整，并且应当保存 10 年，但是，法律、行政法规另有规定的除外。

1.3.3　发票管理

拓展阅读1-4　你了解发票吗?

税务机关是发票的主管机关，负责发票印制、领购、开具、取得、保管、缴销的管理和监督。单位、个人在购销商品，提供或者接受经营服务以及从事其他经营活动中，应当按照规定开具、使用、取得发票。发票的管理办法由国务院规定。

1.3.4　纳税申报

纳税申报是纳税人按照税法规定的期限和内容，向税务机关提交有关纳税事项书面报告的法律行为，是纳税人履行纳税义务，界定法律责任的主要依据，是税务机关税收管理信息的主要来源和税务管理的重要制度。

1. 申报对象

纳税申报的对象为纳税人和扣缴义务人。纳税人在纳税期内没有应纳税款的，也应当按照规定办理纳税申报。纳税人享受减税、免税待遇的，在减税、免税期间应当按照规定办理纳税申报。

2. 申报内容

申报内容主要体现在纳税申报表或代扣缴税款报告表中，还可以在随纳税申报表附报的财务报表和有关纳税资料中体现。主要内容包括：税种，税目，应纳税项目或者应代扣代缴、代收代缴税款项目，计税依据，扣除项目及标准，适用税率或者单位税额，应退税项目及税额，应减免税项目及税额，应纳税额或者应代扣代缴、代收代缴税额，税款所属期限，延期缴纳税款、欠税、滞纳金等。

3. 申报期限

纳税人、扣缴义务人必须依照法律、行政法规或者税务机关依法确定的申报期限如实办理纳税申报，报送纳税申报表、财务会计报表或者代扣代缴、代收代缴税款报告表以及税务机关要求报送的其他纳税资料。

4. 申报方式

纳税人、扣缴义务人可以以表、IC卡和微机录入卡等方式直接到主管税务机关办理纳税申报，亦可以采取邮寄申报、数据电文申报以及其他方式办理纳税申报。

（1）直接申报，是指纳税人、扣缴义务人、代征人在纳税申报期限内，自行直接到主管国家税务机关办理纳税申报、代扣代缴、代收代缴或委托代征税款的报告。

（2）邮寄申报，是指经税务机关批准的纳税人使用统一规定的纳税申报特快专递专用信封，通过邮政部门办理交寄手续，并向邮政部门索取收据作为申报凭据的方式。邮寄申报以寄出的邮戳日期为实际申报日期。

（3）数据电文，是指经税务机关确定的电话语音、电子数据交换和网络传输等电子方式。目前纳税人的网上申报，就是数据电文申报方式的一种形式。

（4）其他方式申报，是指实行定期定额缴纳税款的纳税人，可以实行简易申报、简并征期等方式申报纳税。

5. 延期申报

纳税人、扣缴义务人不能按期办理纳税申报或者报送代扣代缴、代收代缴税款报告表的，经税务机关核准，可以延期申报，但要在纳税期内按照上期实际缴纳的税额或者税务机关核定的税额预缴税款，并在核准的延期内办理税款结算。

1.3.5 税款征收

税款征收是税务机关依据国家税收法律、行政法规确定的标准和范围，通过法定程序将纳税人应纳税款组织征收入库的一系列活动。税款征收是税收征管活动的中心环节，也是纳税人履行纳税义务的体现。

1. 税款征收主要方式和适用对象

（1）查账征收，是指税务机关按照纳税人提供的账表所反映的经营情况，依照适用税率计算缴纳税款的方式。这种方式适用于财务会计制度较为健全，能够认真履行纳税义务的纳税单位。

（2）查定征收，是指税务机关根据纳税人从业人员、生产设备、采用原材料等因素，对其产制的应税产品查实核定产量、销售额并据以征收税款的方式。这种方式一般适用于账册不够健全，但是能够控制原材料或进销货的纳税单位。

（3）定期定额征收，是指税务机关通过典型调查，逐户确定营业额和所得额并据以征税的方式。这种方式一般适用于无完整考核依据的小型纳税单位。

（4）委托代征税款。税务机关依法委托代征人以税务机关的名义征收税款，并将税款缴入国库的方式。这种方式一般适用于小额、零散税源的征收。

（5）查验征收。税务机关对纳税人应税商品通过查验数量，按照市场一般销售单价计算其销售收入并据以征税的方式。这种方式一般适用于经营品种比较单一，经营地点、时间和商品来源不固定的纳税单位。

2. 纳税期限与延期缴纳

纳税人需要延期缴纳税款的，应当在缴纳税款期限届满前提出申请，并报送下列材料：申请延期缴纳税款报告，当期货币资金余额情况及所有银行存款账户的对账单、资产负债表、应付职工工资和社会保险费等税务机关要求提供的支出预算。税务机关应当自收到申请延期缴纳税款报告之日起 20 日内做出批准或者不予批准的决定；不予批准的，从缴纳税款期限届满之日起加收滞纳金。

对纳税人因不可抗力导致发生较大损失，正常生产经营活动受到较大影响，或当期货币资金在扣除应付职工工资、社会保险费后，不足以缴纳税款的，经省、自治区、直辖市税务局批准，可以延期缴纳税款，但最长不能超过 3 个月。经批准延期缴纳的税款不加收滞纳金。

3. 税款减免

税款减免是税务机关依据税收法律、行政法规和国家有关税收的规定，给予纳税人的减税或免税。

按法律、法规规定或者经法定的审批机关批准减税、免税的纳税人，要持有关文件到主管税务机关办理减税、免税手续。减税、免税期满，应当自期满之日次日起恢复纳税。

享受减税、免税优惠的纳税人，如果减税、免税条件发生变化的，要自发生变化之日起 15 日内向税务机关报告；不再符合减税、免税条件的，要依法履行纳税义务，否则税务机关予以追缴。

4. 税款退还和追征

对计算错误、税率适用不当等原因造成纳税人超过应纳税额多缴的税款，税务机关应及时退还。纳税人超过应纳税额缴纳的税款，税务机关发现后立即退还；纳税人自结算缴纳税款之日起 3 年内发现的，可以向税务机关要求退还多缴的税款并加算银行同期存款利息，税务机关及时查实后要立即退还。

同时，对因税务机关的责任，致使纳税人、扣缴义务人未缴或者少缴税款的，税务机关在 3 年内可以要求纳税人、扣缴义务人补缴税款，不得加收滞纳金；因纳税人、扣缴义务人计算错误等失误，未缴或者少缴税款的，税务机关在 3 年内可以追征税款、滞纳金，有特殊情况的，追征期可以延长到 5 年；对偷税、抗税、骗税的，税务机关追征其未缴或者少缴的税款、滞纳金或者所骗取的税款，不受上述规定期限的限制。

5. 税收保全和强制执行

税收保全措施是税务机关可能由于纳税人的行为或者某种客观原因，致使以后税款的征收不能保证或难以保证的案件，采取限制纳税人处理或转移商品、货物或其他财产的措施。税务机关采取税收保全措施的期限一般不得超过6个月；重大案件需要延长的，应当报国家税务总局批准。

税收强制执行措施是指当事人不履行法律、行政法规规定的义务，有关国家机关采用法定的强制手段，强迫当事人履行义务的行为。

6. 违法处理

纳税人偷税、骗税、欠税、逃避追缴欠税，纳税人、扣缴义务人不缴或者少缴税款、编造虚假计税依据，有关单位和个人因违法行为导致他人未缴少缴或者骗取税款等行为，妨害税款征收的，由税务机关责令限期改正，给予相应罚款等行政处罚；情节严重构成犯罪的，追究相应的刑事责任。

1.3.6 税务检查

税务检查是税务机关依照国家有关税收法律、法规、规章和财务会计制度的规定，对纳税人、代扣代缴义务人履行纳税义务、扣缴义务情况进行审查监督的一种行政检查。税务检查是确保国家财政收入和税收法律、行政法规、规章贯彻落实的重要手段，是国家经济监督体系中不可缺少的组成部分。

1. 税务机关在税务检查中的权力

为保证税务机关能通过检查全面真实地掌握纳税人和扣缴义务人生产、经营及财务情况，《中华人民共和国税收征收管理法》明确规定了税务机关在税务检查中的权力，包括查账权、场地检查权、责成提供资料权、调查取证权、查证权、检查存款账户权，并对各项权力的行使规定了明确的条件和程序。

2. 税务检查形式

按实施主体分类，税务检查可分为税务稽查和征管部门的日常检查。税务稽查是由税务稽查部门依法组织实施的，对纳税人、扣缴义务人履行纳税义务、扣缴义务的情况进行的全面的、综合的专业检查，主要是对涉及偷税、逃税、抗税和骗税的大案要案的检查。征收管理部门的检查是征管机构在履行职责时对征管中的某一环节出现的问题或者防止在征管某一环节出现问题而进行的税务检查。

3. 税务检查的规范

1）对税务机关行使税务检查权的规范

（1）控制检查次数。税务机关建立科学的检查制度，统筹安排检查工作，严格控制对纳税人、扣缴义务人的检查次数。国家税务总局规定，由稽查部门牵头，统一布置部署各类检查，建立国地税联合检查和检查结果共享制度，减少重复检查。

（2）实行检查回避制度。税务人员进行税务检查，查处税收违法案件，实施税务行政处罚，与纳税人、扣缴义务人存在下列关系之一的，应当回避：夫妻关系、直系血亲关系、三代以内旁系血亲关系、近姻亲关系、可能影响公正执法的其他利害关系。对税务人员应回避而没有回避，对直接负责的主管人员和其他直接责任人员，依法给予行政处分。

（3）应当出示相关税务证件。税务机关派出人员进行税务检查时，应当出示税务检查证和税务检查通知书。

（4）税务机关实施税务检查时，执法人员不得少于两人。

（5）检查存款账户在审批、使用、人员等方面有严格限制。如税务机关查询从事生产经营的纳税人、扣缴义务人在银行或者其他金融机构的存款账户，应经县以上税务局（分局）局长批准，凭全国统一格式的检查存款账户许可证明进行检查。税务机关在调查税收违法案件时，必须经设区的市、自治州以上税务局（分局）局长批准，才可以查询案件涉嫌人员的储蓄存款，并不得将查询存款所获得的资料用于税收以外的用途。

（6）调账检查有严格的审批和时间限制。经县以上税务局（分局）局长批准，可以将纳税人、扣缴义务人以前会计年度的账簿、记账凭证、报表以及其他有关资料调回税务机关进行检查，但是税务机关必须向纳税人、扣缴义务人开付清单，并在3个月内完整退还。有特殊情况的，经设区的市、自治州以上税务局局长批准，税务机关可以将纳税人、扣缴义务人当年的账簿、记账凭证、报表和其他资料调回检查，但必须在30日内退还。

（7）应保守被检查人的秘密。

2）对纳税人和有关部门配合税务检查的规范

纳税人、扣缴义务人必须接受税务机关依法进行的税务检查，如实反映情况，提供有关资料，不得拒绝、隐瞒。有关部门和单位应当支持、协助税务机关依法进行的税务检查，如实向税务机关反映纳税人、扣缴义务人和其他当事人与纳税或者代扣代缴、代收代缴税款有关的情况，提供有关资料或证明材料。

4. 税务检查的程序

（1）选案。主要通过采用计算机选案分析系统进行筛选，采取人工归集分类、比例选择或随机抽样进行筛选，根据公民举报、上级交办、有关部门转办、交叉协查、情报交换等资料确定检查对象三种方式。其中，涉税举报是查处涉税违法案件重要来源之一。

（2）检查。税务检查机构一般应提前以书面形式通知被查对象，向被查的单位和个人下达《税务检查通知书》，告知其检查时间、需要准备的资料、情况等，但有下列情况不得事先通知：公民举报有税收违法行为的，稽查机关有根据认为纳税人有违法行为的，预先通知有碍稽查的。税务人员在检查过程中，应依照法定权限和程序向被查对象、证人及利害关系人了解情况，提取和索取物证、书证，进行实物或实地检查等。

（3）审理。在实施检查完毕的基础上，由税务机关专门组织或人员核准案件事实，审查鉴别证据、分析认定案件性质，做出处理决定。对数额较大、情节复杂或征纳双方争议较大的重大案件，税务检查机构及时提请所属税务机关的重大税务案件审理委员会进行集体审理，确保案件定性和处理的准确、适当。

（4）执行。税务检查事项完毕后，税务部门应及时将《税务处理决定书》送达纳税人，并督促被查对象将查补税款、滞纳金及罚款及时、足额缴入国库。

本章小结

本章讲述了税法的基本概念、特点及其构成要素。税法的构成要素主要包括纳税人、征税对象、税目、税率、纳税环节、纳税期限、纳税地点、税收优惠、违章处理等。其中，纳税人、征税对象、税率是税法最基本的构成要素。具体阐述了税收法律关系主要由主体、客体、内容三要素构成。并详细介绍了我国现行的税法体系和税收征管制度。我国现行税法体系主要包括税收实体法和税收程序法两部分内容，税收征管制度包括：税务登记管理，账簿、凭证管理，发票管理，纳税申报，税款征收和税务检查等内容。

拓展阅读1-5　中英文关键词对照

思考题

1. 简述税法的构成要素。
2. 简述税务管理的主要内容。

第1章　即测即练

案例讨论　企业申请退还的这笔税款是否该退？

第2章

税务会计基本原理

本章学习目标：

通过本章学习，学员应该能够：

1. 掌握税务会计的概念和特点；
2. 理解税务会计的基本前提和一般原则；
3. 了解税务会计的职能、作用和任务；
4. 学会税务会计核算基本方法；
5. 熟悉税务会计与财务会计的联系与区别。

案例导入与问题提出：

小张于2016年毕业于某财经院校的会计学专业。2017年6月应聘到一家企业当出纳，9月12日被单位派去当地国税局购买发票，结果她不但没买到发票，反被工作人员告知她作为许多家非正常户的办税人员已被提示监控。小张一头雾水，后意识到在2016年7月份刚毕业时曾在代理记账公司待过，期间办理过税务登记信息，但不到两个月就离开了，现在发现身份证已被强制监控，无法为新入职公司办理相关涉税事宜。小张无奈向成都市国税局网站发出了求救信息提出了“处于这种状态中，具体哪些税务事宜被限制？”“办税人员怎么申请解除强制监控？”等问题。

很快小张的问题得到了成都市国家税务局办公室工作人员的回复：“按照您的描述，您作为多家非正常企业的办税人员，监控系统对您进行了‘提示监控’。对办理涉税事项的税务人员进行异常信息提示，主要是告知被监控的相关人员，其原供职的企业被列入异常企业监控库，提醒其关注风险，并积极联系原供职异常企业前往税务机关解决问题。设置‘提示监控’后办税仍能到大厅办理，暂停网上办税的目的是为当面告知其被监控的原因，当面提示其应注意职业从业风险，暂不影响在办税服务厅办理涉税业务。监控后续处理由各主管税务机关负责，若您有具体需要解决的问题，请您直接向所在主管税务机关反映。”

请回答：1. 小张出现这种情况主要原因是什么？

2. 税务局工作人员的回答能解决小张的问题吗？

3. 小张应该如何办理离职办税解绑？

2.1 税务会计的概念和特点

2.1.1 税务会计的概念

如今，税务会计与财务会计、管理会计被认为是企业会计学科的三大分支。其中，税务会计是为了适应经济发展的需要而从传统财务会计中分离出来的一门介于税收学与会计学之间的边缘学科。因此，税务会计必须同时受到会计准则和税收法规的制约才能解决好以下两方面的问题：一方面是企业会计核算中的涉税问题，也就是如何按照相关法律制度对企业涉税业务进行重新确认和记录；另一方面是企业税款支出中的会计核算问题，即如何在会计收益的基础上调整、计算应税收益，进而确定应纳税额。

可见，税务会计是以财务会计为基础，以税法为准绳，运用会计学的基本理论和方法，对企业纳税活动的全过程进行核算、分析和筹划的一种管理活动。

2.1.2 税务会计的特点

税务会计作为现代会计学科的一个重要分支，除具有其他专业会计的共性特征外，也有其特殊性，主要体现在以下五个方面：

1. 法律性

税务会计的法律性源于税收所固有的强制性、无偿性和固定性等特征。税务会计必须以现行的税法为依据，企业发生的各种纳税行为必须按照税法上开征的税种缴纳不同的税收，按照法律预先规定的课税对象和适用税率计算税款，按照法定的程序定期申报和缴纳税款。由于税务会计同时还受会计准则、会计制度的制约，因此当针对某项业务出现税法与会计准则规定不一致时，要按照税法的规定对会计的处理结果进行纳税调整。这充分体现了税务会计的法律性，也是税务会计区别于其他专业会计的最显著特点。

2. 广泛性

税务会计以税收法律制度为核算依据，而税收法律制度广泛适用于不同的部门行业，不同的企业、单位以及其他经济组织和个人。不论是什么性质的企业或事业单位，不管其隶属于那个部门或行业，只要被确认为纳税人，就必须按照税法规定，运用会计核算的专门方法，对其生产经营活动进行核算和监督，这样，税务会计就成为财务会计的重要组成部分，成为企事业单位涉税活动的一种核算手段。

3. 相对独立性

税务会计并不是和企业财务会计并列的专业会计，它只是企业会计的一个特殊领域，即对企业生产经营活动中涉税部分的核算和反映，其核算也依据会计学的理论，但和其他会计相比较，税务会计具有其相对的独立性，原因是税法规定的征税依据与企业会计准则的规定是有一定差别的，二者在处理方法、计算口径方面不尽相同。这时，税务会计要按照自身独立的处理准则进行核算，比如，企业将自产自用的货物用于在建工程或职工集体福利等业务的有关规定就反映了税务会计核算方法与内容的相对独立性。

4. 协调性

税务会计核算虽然以财务会计为基础，但是二者工作的目标是有区别的，即财务会计主要是为了满足投资者、债权人等相关利益主体的需要，而税务会计主要是为了满足国家征税和管理者进行税收筹划的需要。由于二者在收入确认、存货计价、折旧计提等方面都存在着一定的差异，这就造成了税前会计利润和应纳税所得额也存在一定的差异，此时可根据差异产生的原因相互调节。

5. 税务筹划性

税负是企业对国家的一笔负债，上交多少税金，什么时间上交，对企业的影响是不同的。因此，减轻税负、提高盈利水平是每个企业不懈追求的目标。税务筹划就是指企业通过合理地计划与安排以达到减税或避税的目的，最终使企业获取最大的税收利益。例如财务会计中存货发出计价方法有多种，固定资产计提折旧方法也有多种，确定采用哪一种方法能达到企业合理避税的目的，可以说是税务会计的特有功能。

2.2　税务会计的职能、作用和任务

2.2.1　税务会计的职能

税务会计的职能是税务会计本身所固有的职责和功能。税务会计是会计的一个分支，所以其具有一般会计的基本职能，也就是核算和监督职能。同时，由于受其本身目标的制约，使其基本职能的内涵及其所发挥的作用又有其特殊性的一面，也就是纳税筹划的特有职能。

1. 核算职能

税务会计的核算职能是指税务会计以国家现行的税收法律制度为准绳，按照会计准则和会计制度规定，全面、连续、系统地记录和核算企业生产经营过程中的税务资金运动，包括税款的形成、计算、申报和缴纳过程，既为国家组织税收收入提供可靠的依据，又向企业内部管理层提供企业的税负状况，以方便其进行科学的决策。

2. 监督职能

税务会计的监督职能是指税务会计依据国家现行的税收法律制度，通过税务会计的一系列核算程序和方法，对企业应纳税款的形成、计算、申报和缴纳情况进行监督，以确保国家及时、足额、稳定地取得税收。由于征纳双方站在不同的立场上，税法与会计

准则和会计制度又存在许多不一致，税务会计的监督职能就显得格外重要。通过监督可以检查纠正不符合国家税收法规和制度规定的错误行为，以维护国家税法的严肃性和正确处理有关各方的收益分配关系。

3. 筹划职能

税务会计的筹划职能是指通过对税务活动事先所进行的谋划，使纳税人尽可能在税收法律制度允许的范围内优化税收负担，防范和化解纳税风险，充分保障纳税人的合法权益。该职能并非单独存在，它源于税收法律制度，并贯穿于核算和监督职能之中。

2.2.2 税务会计的作用

税务会计的作用是指税务会计在履行其职能的过程中所产生的客观效果，是税务会计职能在一定的运行条件下的具体体现。其作用具体表现在以下几个方面：

1. 结合会计核算贯彻税法，有利于发挥税收的作用

税务会计是融税收法律法规和会计核算于一体的特种专业会计，因此，通过对企业的税务活动所引起的资金运动进行会计核算，既可以促使企业按照税法规定，依法履行纳税义务，又可以分析纳税对企业单位的影响，促使企业改善经营管理，调整产品结构，从而充分发挥税收调节生产、调节消费、调节经济的作用。

2. 反映企业纳税义务的履行情况

税务会计依据税收法律法规，计算企业的各种应纳税款，并通过会计核算，准确、如实地记录税款形成和缴纳的情况，可以反映企业作为纳税人履行纳税义务的情况。对于负有纳税义务的企业而言，运用税务会计核算资料，可以随时了解本企业履行纳税义务的情况，并可从中发现未按规定计算缴纳税款的问题及原因，进而采取有效措施，以正确履行纳税义务。

3. 监督企业正确处理分配关系，维护国家利益和纳税人合法权益

税务会计能发挥会计监督和税务监督的双重作用，促进企业正确处理分配关系。根据会计监督的要求，税务会计有权拒绝有损任何一方利益的不合理的收益分配方案，有权向税务机关反映问题，并应按上级要求进行自查。根据税务监督的要求，税务机关通过税务稽查，根据税务会计提供的信息资料，检查纠正不符合国家税收法律法规的错误行为，以维护税法的严肃性，正确处理各方的收益分配关系。

税务机关可以通过分析一般纳税企业，尤其是有进出口退税业务以及享受减免税优惠待遇的企业提供的有关纳税情况的会计信息，结合自身的税收会计核算资料，对企业的纳税行为实施有效的监督和控制，保证国家的财政收入及时、足额地解缴入库，保证出口退税业务以及减免税待遇的真实性，从而维护国家的经济利益。此外，国家在依法征税的同时，也要根据现行税法规定，明确维护纳税人依法进行税收筹划以及充分享受包括减免税在内的税收优惠政策的合法权益。

4. 促进企业改善经营管理，提高经济效益

税务会计作为企业内部的一种特殊的会计管理活动，其根本目的在于通过核算、监督和参与决策，以改善经营管理，提高企业经济效益。税收是企业外部环境中一个至关重要的因素，也是企业进行经营管理时不容忽视的客观条件。企业对税收方面情况的关注、了解和应用是通过税务会计来实现的。

2.2.3 税务会计的任务

税务会计的任务是税务会计目标的具体体现。其任务主要有以下几点：

（1）反映和监督企业对国家税收法律制度的贯彻执行情况，认真履行纳税人的权利与义务，正确处理好征纳双方的物质利益关系。

（2）按照国家现行各种税收实体法的规定，正确计算企业在纳税期间的各项应纳税款，并准确、及时地进行账务处理。

（3）按照国家现行《中华人民共和国税收征收管理法》的规定和主管税务机关的要求，及时、足额地申报与缴纳税款，并进行相应的账务处理。

（4）正确编制，及时报送税务会计报表，认真执行税务机关的审查意见。

（5）理顺和筹划好企业的税务活动和生产经营活动，优化企业的税收负担，节约纳税成本，防范和化解纳税风险，在保证及时足额完成税收上缴任务的前提下，降低企业的税负水平。

拓展阅读2-1　“财税风险控制”专业招聘

2.3 税务会计核算的基本前提和一般原则

2.3.1 税务会计核算的基本前提

税务会计以财务会计为基础，财务会计中的基本前提有些也适用于税务会计，如会计分期、货币计量等。但因税务会计的法定性等特点，其核算基本前提也应有其特殊性。

1. 纳税主体

纳税主体与财务会计的会计主体有密切联系，但不一定等同。会计主体是财务会计为之服务的特定单位或组织，会计处理的数据和提供的财务信息，被严格限制在一个特定的、独立的或相对独立的经营单位之内，典型的会计主体是企业。纳税主体必须是能够独立承担纳税义务的纳税人。在某些垂直领导的行业，如铁路、银行，由铁道部、各总行集中纳税，其基层单位是会计主体，但不是纳税主体。又如，对稿酬征纳个人所得税时，其纳税人（即稿酬收入者）并非会计主体，而作为扣缴义务人的出版社或杂志社成为这一纳税事项的会计主体。纳税主体作为代扣（或代收、代付）代缴义务人时，纳

税人与负税人是分开的。作为税务会计的一项基本前提，应侧重从会计主体的角度来理解和应用纳税主体。

2. 持续经营

持续经营的前提意味着该企业个体将继续存在足够长的时间以实现其现在的承诺，如预期所得税在将来要继续缴纳。这是所得税税款递延、亏损前溯或后转，以及暂时性差异能够存在并且能够使用纳税影响会计法进行所得税跨期摊配的基础。以折旧为例，它意味着在缺乏相反证据的时候，人们总是假定该企业将在足够长的时间内为转回暂时性的纳税利益而经营并获得收益。

3. 货币时间价值

随着时间的推移，投入周转使用的资金价值将会发生增值，这种增值的能力或数额，就是货币的时间价值。这一基本前提已经成为税收立法、税收征管的基点，因此，各个税种都明确规定了纳税义务的确认原则、纳税期限、缴库期限等。它深刻地揭示了纳税人进行税务筹划的目标之一为“纳税最迟”，也就是递延确认收入或加速确认费用可以将当期应该缴纳的税款延缓到以后年度缴纳，以获取资金的时间价值。

4. 纳税会计期间

纳税会计期间亦称纳税年度，是指纳税人按照税法规定选定的纳税年度，我国的纳税会计期间是指自公历 1 月 1 日起至 12 月 31 日止。纳税会计期间不等同于纳税期限，如增值税、消费税、营业税的纳税期限是日或月。如果纳税人在一个纳税年度的中间开业，或者由于改组、合并、破产关闭等原因，使该纳税年度的实际经营期限不足 12 个月的，应当以其实际经营期限为一个纳税年度。纳税人清算时，应当以清算期间作为一个纳税年度。各国纳税年度规定的具体起止时间有所不同，一般有日历年度、非日历年度、财政年度和营业年度。纳税人可在税法规定的范围内选择、确定，但必须符合税法规定的采用和改变纳税年度的办法，并且遵循税法中所作出的关于对不同企业组织形式、企业类型的各种限制性规定。

5. 年度会计核算

年度会计核算是税务会计中最基本的核算前提，即税制是建立在年度会计核算的基础上，而不是建立在某一特定业务的基础上。课税只针对某一特定纳税期间里发生的全部事项的净结果，而不考虑当期事项在后续年度中的可能结果如何，后续事项将在其发生的年度内考虑。

2.3.2 税务会计核算的一般原则

税务会计与财务会计密切相关，财务会计中的核算原则，大部分或基本上也适用于税务会计。但又因税务会计与税法的特定联系，税务会计在计算纳税人的应纳税额时，必须遵守税收法律的规定，因此，税收理论和立法中的实际支付能力原则、公平税负原则、程序优先于实体原则等，也会非常明显地影响税务会计。因此，在探讨税务会计的一般原则时，必须结合财务会计、税法原则和税务会计本身的特点。

1. 权责发生制与收付实现制原则

权责发生制是以收入和费用是否属于当期为标准来确认本期收入和费用的，而收付实现制是以实际收到和支付为标准来确认当期的收入和费用的。早期的税法都是按收付实现制原则计税，因为它体现了现金流动原则（具体为公平税负和支付能力原则），该原则是确保纳税人有能力支付应纳税款而使政府获取财政收入的基础。目前，由于收付实现制不符合财务会计准则的规定，一般只适用于个人、非营利组织和不从事商品购销业务的中小企业的纳税申报。目前，大多数国家的税务当局都接受权责发生制原则。但是，当它被用于税务会计时，与财务会计的权责发生制原则又存在某些差异：第一，必须考虑支付能力原则，使得纳税人在最有能力支付时支付税款；第二，确定性的需要，使得收入和费用的实际实现具有确定性；第三，保护政府财政税收收入。例如，在收入的确认上，权责发生制的税务会计由于在一定程度上被支付能力原则所覆盖而包含着一定的收付实现制的方法，主要体现在纳税义务发生时间的确定上。而在费用的扣除上，财务会计采用稳健性原则列入的某些估计、预计费用，在税务会计中是不能够被接受的，后者强调“该经济行为已经发生”的限制条件，从而起到保护政府税收收入的目的。

2. 以财务会计核算为基础原则

由于税务会计与财务会计的密切关系，税务会计一般应遵循各项财务会计准则。只有当某一事项按会计准则、制度在财务会计报告日确认以后，才能确认该事项按税法规定确认的应纳税款；依据会计准则、制度在财务会计报告日尚未确认的事项可能影响到当日已确认的其他事项的最终应纳税款，但只有在根据会计准则、制度确认导致征税效应的事项之后，才能确认这些征税效应，这就是“与日常核算方法相一致”的原则。具体包含：①对于已在财务报表中确认的全部事项的当期或递延税款，应确认为当期或递延所得税负债或资产；②根据现行税法的规定计量某一事项的当期或递延应纳税款，以确定当期或未来年份应付或应退还的所得税金额；③为确认和计量递延所得税负债或资产，不预期未来年份赚取的收益或发生的费用的应纳税款或已颁布税法或税率变更的未来执行情况。

3. 划分营业收益与资本收益原则

这两种收益具有不同的来源，担负着不同的纳税责任，在税务会计中应严格区分。营业收益是指企业通过其经常性的主要经营活动而获得的收入，包括主营业务收入和其他业务收入两个部分，其税额的课征标准一般按正常税率计征。资本收益是指在出售或交换税法规定的资本资产时所得的利益（如投资收益、出售或交换有价证券的收益等），一般包括纳税人除应收款项、存货、经营中使用的地产和应折旧资产、某些政府债券，以及除文学和其他艺术作品的版权以外的资产。资本收益的课税标准具有许多不同于营业收益的特殊规定。因此，为了正确地计算所得税负债和所得税费用，就应该有划分两种收益的原则和具体的划分标准。这一原则在美、英等国的所得税会计中有非常详尽的规定，我国目前的会计准则与税法尚未对两类收益进行具体界定，尚未制定不同的税收政策。

4. 配比原则

财务会计中的配比原则是要求某一会计期间的收入与其相关的费用相配比，以正确计算当期损益并据以进行收益分配。这主要是为了正确地揭示相应的经营成果。税务会计在总体上遵循纳税人取得的收入与其相关的成本、费用和损失配比的原则。尤其是应用于所得税会计，在确定所得税税前扣除项目和金额时，应遵循配比原则，即纳税人发生的费用应当在其应配比的当期申报扣除，纳税人某一纳税年度应申报的可扣除费用，不得提前或滞后申报扣除。

5. 确定性原则

确定性原则是指在所得税会计处理过程中，按所得税法的规定，在应税收入和可扣除费用的实际实现上应具有确定性，即纳税人可扣除的费用不论何时支付，其金额必须是确定的。该原则适用于所得税的税前扣除，凡税前扣除的费用（如财产损失等）必须是真实发生的，其金额必须是可确定的。这一原则符合会计是以历史成本为基础报告绝大部分经济事项的特点，提高了会计信息的可信性。

6. 税款支付能力原则

税款支付能力与纳税能力有所不同。纳税能力是指纳税人应以合理的标准确定其计税基数。有同等计税基数的纳税人应负担同一税种的同等税款。因此，纳税能力体现的是合理负税原则。与企业的其他费用支出有所不同，税款支付全部对应现金的流出，因此，在考虑纳税能力的同时，更应该考虑税款的支付能力。税务会计在确认、计量和记录收入、收益、成本、费用时，应尽可能选择保证税款支付能力的会计方法（包括销售方式、结算方式、结算工具的选择等）。

2.4 税务会计核算的基本方法

会计方法是实现会计职能、发挥会计作用和达到会计目的的手段和措施。税务会计职能的实现依赖于一系列税务会计的方法。包括核算方法、监督方法和筹划方法，它们之间相互联系、相互配合，构成税务会计方法体系。在此主要介绍税务会计的核算方法。

税务会计的核算方法也就是企业财务会计核算的一系列方法，只是各种方法的具体内容会因税务会计所核算内容的不同而有所差异。

2.4.1 会计科目与账户的设置

税务会计除了设置与财务会计有关的资产、收入、费用等科目外，最基本的会计科目就是"应交税费"。"应交税费"属于负债类的账户，核算企业按照税法规定计算应缴纳的各种税费，包括增值税、消费税、所得税、资源税、土地增值税、城市维护建设税、房产税、土地使用税、车船使用税、教育费附加等内容。贷方反映计算应缴纳的税费，借方反映企业实际缴纳的税费，期末余额在贷方反映应缴未缴的税费，在借方反映企业多缴未退的税费。该账户按税种设置明细账户进行明细核算。此外，在采用资产负债表债务法核算企业所得税会计的，还会涉及"递延所得税资产"和"递延所得税负债"等总账科目，用以核算暂时性差异对未来应纳税所得额的影响。详细内容将在第 6 章企业所得税会计章节中学习。

2.4.2 凭证与账簿的设置

1. 凭证种类

税务会计凭证是记载纳税人有关税务活动（包括计提、缴纳、退补等），具有法律效力并据以登记账簿的书面文件。税务会计凭证种类繁多，而且是一种具有法律效力的特殊凭证，这是税务会计区别于其他专业会计的一个显著特点。税务会计凭证可归纳为三类：

（1）应征凭证。它是税务机关用以核定纳税人应缴税费实现情况的证明，也是纳税人用以计提应交税费的原始凭证。主要有普通发票、增值税专用发票、关税完税凭证、出口凭证以及其他应征凭证等。

（2）减免凭证。它是税务机关按照税法规定的内容和程序准予纳税人减免税款并由税务机关填制的，用以确定实际减免税款的一种原始凭证。

（3）征缴凭证。它是税务机关向纳税人征收税款时使用的完税凭证，也是纳税人实际上交税费的原始凭证。

2. 账簿设置

税务会计的账簿设置是指按照会计科目开设的，并运用一定格式和数量的账页来序时、分类记录和反映纳税业务的簿籍。主要包括"应交税费"总分类账、按具体税种设置的明细账及"递延所得税资产""递延所得税负债"等账簿。

3. 会计报表的编制

税务会计报表是指纳税人按照税法的有关规定定期向税务机关报送各种报表。它是纳税人按照征管法的有关规定应当履行的法定义务，是税务机关依法审核纳税人是否依法纳税，纳税是否正确的依据。

按照《中华人民共和国税收征收管理法》的规定，企业应编制的税务会计报表主要包括：

（1）财务会计报表，包括资产负债表、利润表和现金流量表以及各种附表、附注等。

（2）纳税申报表或代扣代缴、代收代缴税款报告表。

（3）税务机关根据实际需要要求报送的其他有关资料。

2.5 税务会计与财务会计的联系与区别

税务会计与财务会计同属于会计学科体系，两者相互影响、相互补充，相互配合，共同对纳税人的生产经营活动进行核算和监督。

2.5.1 税务会计与财务会计的联系

税务会计是企业财务会计的一个特殊领域，是以财务会计为基础的。税务会计并不要求企业在财务会计的凭证、账簿、报表之外再设一套会计账表（纳税报表及其附表除外）。企业只需要设一套完整的会计账表，平时只依会计准则做会计处理，需要时可依现行税法等进行相关调整。企业税务会计资料来源于财务会计，它对财务会计处理中与现行税法不符的会计事项，或出于纳税筹划目的需要调整的事项，按企业税务会计方法计算、调整，并对会计分录进行调整，再置于财务会计账簿或报告之中。可见，税务会计与财务会计共同在对信息的客观、真实、全面提供方面发挥着作用。

2.5.2 税务会计与财务会计的区别

税务会计与财务会计有着紧密的联系，但彼此也存在一定的区别，主要表现在以下方面。

1. 目标不同

财务会计的主要目标是向管理部门、股东、债权人等利益相关者提供有用的信息，使企业外部的信息使用者能够及时准确地了解企业的生产经营情况，使其能够对企业经营情况作出正确的判断，以保证其自身的经济利益。而税务会计的目标则具有双重性，一是确保税金能充分体现税法的要求，为税务管理部门实施税收管理提供相关的信息；二是为企业税收筹划提供纳税信息，为正确制定纳税方案和更有效地履行纳税义务服务。

2. 核算原则不同

财务会计以权责发生制和稳健性原则为一般原则，在核算过程中必须严格予以遵守。然而，税务会计并不完全执行权责发生制原则与稳健性原则。例如，在房地产销售采用预收款方式时，企业取得预收房款，即视为当期取得应税收入，计算缴纳增值税，按收付实现制处理的。又如，根据现行企业所得税法规定，资产计提减值准备在减值转化为实质性损失之前不允许在税前扣除，可见，在税务会计中，其收入与费用的配比性相对财务会计而言，要求是较低的。税务会计要严格按现行税法要求进行会计处理，具有强制性、客观性和统一性。

3. 会计计量要求不同

财务会计一般采用历史成本原则进行会计计量，但在市场价值波动较大时，允许局部或全部采用成本与市价孰低法，即允许考虑货币的时间价值。而税务会计则不考虑货币的时间价值，并坚持按纳税人实际取得或购建时发生的实际成本进行核算和计税。此外，在损益确定程序上，财务会计是按照“收入－费用＝利润”的会计等式来计算损益的。而税务会计是按照“法定收入项目金额－税法允许扣除项目金额＝应纳税所得额”的计算公式来计算损益的。

本章小结

税务会计是以财务会计为基础，以税法为准绳，运用会计学的基本理论和方法，对企业纳税活动的全过程进行核算、分析和筹划的一种管理活动。它具有法律性、广泛性、相对独立性、协调性和税务筹划性的特点，并具有核算、监督和税收筹划的职能。税务会计的法定性等特点使其基本前提也具有特殊性，主要有纳税主体、持续经营、货币时间价值、纳税会计期间、年度会计核算等基本前提。其一般原则包括权责发生制与收付实现制原则、以财务会计核算为基础原则、划分营业收益与资本收益原则、配比原则、确定性原则和税款支付能力原则。它与财务会计同属于会计学科体系，两者相互影响、相互补充、相互配合，共同对纳税人的生产经营活动进行核算和监督。本章的重点是税务会计的概念、特点和职能以及它与财务会计的联系。本章的难点是税务会计核算的基本前提与一般原则。

拓展阅读2-2　中英文关键词语对照

思考题

1. 什么是税务会计？税务会计有何特点？
2. 税务会计的目标是什么？
3. 简述税务会计核算的基本前提和一般原则。
4. 简述税务会计与财务会计的联系与区别。

第2章　即测即练

案例讨论　节约的1%的增值税跑到哪里去了？

第3章

增值税会计

本章学习目标：

通过本章学习，学员应该能够：

1. 理解增值税的含义及其类型、增值税纳税义务人的分类；
2. 了解纳税义务发生的时间、纳税期限和纳税地点；
3. 学会增值税的计税原理和一般纳税人应纳税额的计算；
4. 熟悉小规模纳税人应纳税额的计算；
5. 了解进口货物和出口退税增值税的计算及其会计处理；
6. 掌握增值税一般纳税人和小规模纳税人业务的会计处理。

案例导入与问题提出：

张力供职的公司为一般纳税人。张力当出纳员已经满两年了，由于她有良好的职业道德，因此，工作业绩不错。可是她最近心情不好，每天压力都很大。原因是该公司的税务会计刘童的母亲患了重病，需要护理，而公司一时又难以招到合适的税务会计人员，所以经理提出要张力兼任税务会计工作，可是张力并不懂税务会计，这不仅给她带来了压力，还使她遇到了很多麻烦。比如，从小规模纳税人处购进货物所取得的增值税普通发票是否可以抵扣？应如何做账？由于她在开增值税专用发票时错放了普通发票，结果导致密码区错位，更为严重的是当时她没能及时发现，也就没有及时作废，结果后面开的发票的密码区都错位了。发票已寄出，增值税专用发票还可以追回重开，可普通发票一般缺少电话号码，也就意味着无法收回，收不回就不能作废，普通发票号码错误，按规定是要被处罚的。

请回答：（1）张力到底该不该接管税务会计这项工作？

（2）如果你是张力，你对以上业务会怎么处理？

（3）企业中的增值税会计工作真的很复杂吗？

3.1 增值税概述

3.1.1 增值税的含义、类型及其特征

1. 增值税的含义

增值税是对商品生产、商品流通、劳务、服务中各个环节的新增价值或商品的附加

值征收的一种流转税。

简单地说，增值税是以商品生产流通各环节或提供劳务的增值额为计税依据而征收的一个税种。对增值税含义的理解，关键是要弄清楚什么是“增值额”。增值额是指企业或者其他经营者从事生产经营或者提供劳务，在购入的商品或者取得劳务的价值基础上新增加的价值额。具体可以从以下三方面来理解：

第一，从理论上讲，增值额相当于商品价值“C + V + M”中的“V + M”部分。“C”即商品生产过程中所消耗的生产资料转移价值；“V”即工资，是劳动者为自己创造的价值；“M”即剩余价值或盈利，是劳动者为社会创造的价值。增值额是劳动者新创造的价值，从内容上讲大体相当于净产值或国民收入。

第二，就一个生产单位而言，增值额是指该单位销售货物或提供劳务的收入额扣除为生产和经营这种货物（包括劳务）而外购的货物价款后的余额。例如某商品的购进价格为 120 元，以 220 元的售价卖出，其增值额为 100 元。

第三，从一种货物来看，增值额是指该货物经历生产和流通的各个环节后所创造的增值额之和。它相当于该货物的最后销售额。

例如，某项货物最终销售价格为300元，这300元是由三个生产经营环节共同创造的。那么，该货物在三个环节中创造的增值额之和就是该货物的全部销售额。该货物每一环节的增值额和销售额的数量及关系见表 3-1（为便于计算，假定每一环节都没有物质消耗，增值额是每一环节中新创造的价值额）：

表 3-1　货物在各环节的增值额与价格关系表　　单位：元

项目环节	制造环节	批发环节	零售环节	合计
销售额	180	230	300	710
增值额	180	50	70	300

该项货物在上述三个环节创造的增值额之和为 300 元，其最终销售价格也是 300 元。这表明，在税率一致的条件下，对每一生产流通环节征收的增值税之和，等于按货物最终销售额征收的增值税。

从理论上分析，增值额是指一定时期内劳动者在生产过程中新创造的价值额。但是，商品新增价值或商品附加值在商品生产和流通过程中难以准确计量。实行增值税的国家，据以征税的增值额都是一种法定增值额，并非理论上的增值额。所谓法定增值额是指各国政府根据各自的国情、政策、要求，在增值税制度中人为确定的增值额。法定增值额可以等于理论上的增值额，也可以大于或小于理论上的增值额。造成法定增值额与理论增值额不一致的一个重要原因是各国在规定扣除范围时，对外购固定资产所支付价款的处理办法不同。

2. 增值税的类型

按照外购固定资产所支付的增值税是否扣除及扣除标准的不同将增值税分为生产型增值税、消费型增值税和收入型增值税三种类型。

1）生产型增值税

生产型增值税是指在计算增值税时，不允许扣除外购固定资产已纳税款，也就是在计算增值额时，不允许将固定资产的价款从商品和劳务的销售额中扣除。这样，作为增值税计税依据的增值额就相当于国民生产总值，因此，故称生产型增值税。我国从1994年开始选择采用生产型增值税。

【思考3-1】 1994年我国为什么要选择采用生产型增值税呢？

2）消费型增值税

消费型增值税是指在计算增值税时，允许一次性扣除当期外购固定资产价值中所含全部增值税税款，也就是在计算增值额时，纳税人用于生产应税品所耗用的全部外购项目的价值都可以彻底扣除。这样，从全社会的角度来看，增值额相当于当期国民消费总额，其计税基础总值与全部消费品总值一致，故称消费型增值税。

拓展阅读3-1 增值税转型历史

【思考3-2】 我国增值税转型具体指由何种类型向何种类型转换？

3）收入型增值税

收入型增值税是指在计算增值税时，只允许按照固定资产的损耗程度扣除当期计提折旧部分所含的已缴纳的增值税税款，也就是在计算增值额时，只允许扣除纳税期内应计入产品价值的固定资产折旧部分。这样，对整个社会来说，增值额相当于国民收入额，故称收入型增值税。由于折旧的计算存在主观因素，且扣除折旧部分没有票据支持，不易采用规范的发票扣税法，因此采用这种类型增值税的国家比较少。

拓展阅读3-2 增值税转型的意义

3. 增值税的特征

（1）不重复征税。增值税以增值额作为计税依据，只对销售额中本企业新创造的、未征过税的价值征税。因此，在理论上不存在重复征税的问题。

（2）普遍征收和多环节征收。从征税范围看，增值税本着普遍征收的原则，对从事商品生产经营和提供劳务服务的所有单位和个人征税；从纳税环节看，增值税实行多环节征收原则，在生产、批发、零售、劳务服务提供和进口等各个经营环节分别课税，而且仅就纳税人在该环节的增值额部分征收。

（3）同种产品最终售价相同，税负就相同。在增值税下，由于只就增值额征税，因此，同一种产品，无论采用何种方式生产销售，也不论经过多少流转环节，只要其最终售价相同，其总体税负就相同。

拓展阅读3-3 营改增后“应税销售行为”的内容

3.1.2 增值税的征税范围

2016年5月1日起，增值税的征税范围包括在境内进行经营活动所取得的一切经营收入及处置固定资产及无形资产所取得的利得收入。增值税具体征税范围如下：

1. 境内销售或者进口货物

货物是指有形动产，包括电力、热力、气体在内。销售货物是指有偿转让货物的所有权。进口货物是指报关进口的货物。

2. 境内提供加工、修理修配劳务

加工是指受托加工货物，即委托方提供原料及主要材料，受托方按照委托方的要求制造货物并收取加工费的业务；修理修配是指受托方对损伤和丧失功能的货物进行修复，使其恢复原状和功能的业务。

提供加工、修理修配劳务是指有偿提供加工、修理修配劳务。有偿是指从购买方取得货币、货物或者其他经济利益。单位或者个体工商户聘用的员工为本单位或者雇主提供加工、修理修配劳务不包括在内。

“境内”是指销售货物的起运地或者所在地在中华人民共和国境内，或者提供的应税劳务发生在中华人民共和国境内。

3. 境内销售服务

销售服务是指提供交通运输服务、邮政服务、电信服务、建筑服务、金融服务、现代服务、生活服务。销售服务包括服务的销售方在境内和购买方在境内两种情形。

1）交通运输服务，包括陆路运输服务、水路运输服务、航空运输服务和管道运输服务。

（1）出租车公司向使用本公司自有出租车的出租车司机收取的管理费用，按照陆路运输服务缴纳增值税。

（2）水路运输的程租、期租业务属于水路运输服务。（程租业务是指运输企业为租船人完成某一特定航次的运输任务并收取租赁费的业务。期租业务是指运输企业将配备有操作人员的船舶承租给他人使用一定期限，承租期内听候承租方调遣，不论是否经营，均按天向承租方收取租赁费，发生的固定费用均由船东负担的业务。）

（3）航空运输的湿租业务属于航空运输服务。（湿租业务是指航空运输企业将配备有机组人员的飞机承租给他人使用一定期限，承租期内听候承租方调遣，不论是否经营，均按一定标准向承租方收取租赁费，发生的固定费用均由承租方承担的业务。）

（4）航天运输服务（指利用火箭等载体将卫星、空间探测器等空间飞行器发射到空间轨道的业务活动）按照航空运输服务缴纳增值税。

2）邮政服务。邮政服务包括邮政普遍服务、邮政特殊服务和其他邮政服务。

3）电信服务。电信服务包括基础电信服务和增值电信服务。基础电信服务是指利用固网、移动网、卫星、互联网，提供语音通话服务的业务活动，以及出租或出售带宽、波长等网络元素的业务活动。增值电信服务是指利用固网、移动网、卫星、互联网、有线电视网络，提供短信和彩信服务、电子数据和信息的传输及应用服务、互联网接入服务等业务活动。卫星电视信号落地转接服务，按照增值电信服务缴纳增值税。

4）建筑服务。建筑服务包括工程服务、安装服务、修缮服务、装饰服务和其他建

筑服务。固定电话、有线电视、宽带、水、电、燃气、暖气等经营者向用户收取的安装费、初装费、开户费、扩容费以及类似收费，按照安装服务缴纳增值税。

5）金融服务。金融服务包括贷款服务、直接收费金融服务、保险服务和金融商品转让。

6）现代服务。现代服务包括研发和技术服务、信息技术服务、文化创意服务、物流辅助服务、租赁服务、鉴证咨询服务、广播影视服务、商务辅助服务和其他现代服务。各项具体内容如下：

（1）研发和技术服务包括研发服务、合同能源管理服务、工程勘察勘探服务和专业技术服务。

（2）信息技术服务包括软件服务、电路设计及测试服务、信息系统服务、业务流程管理服务和信息系统增值服务。

（3）文化创意服务包括设计服务、知识产权服务、广告服务和会议展览服务。

（4）物流辅助服务包括航空服务、港口码头服务、货运客运场站服务（以取得的全部价款和价外费用，扣除支付给承运方运费后的余额为销售额）、打捞救助服务、装卸搬运服务、仓储服务和收派服务。

（5）租赁服务包括融资租赁服务和经营租赁服务。按照标的物的不同，融资租赁服务可分为有形动产融资租赁服务和不动产融资租赁服务。融资性售后回租不按照本税目缴纳增值税。

经营租赁服务可分为有形动产经营租赁服务和不动产经营租赁服务。将不动产或动产的广告位出租用于发布广告,按照经营租赁服务缴纳增值税。水路运输的光租业务(光租业务是指远洋运输企业将船舶在约定的时间内出租给他人使用，不配备操作人员，不承担运输过程中发生的各种费用，只收取固定租赁费的业务)、航空运输的干租业务（干租业务是指航空运输企业将飞机在约定的时间内出租给他人使用，不配备机组人员，不承担运输过程中发生的各项费用，只收取固定租赁费），属于经营租赁。车辆停放服务、道路通行服务（包括过路费、过桥费、过闸费等）等按照不动产经营租赁服务缴纳增值税。

（6）鉴证咨询服务包括认证服务、鉴证服务和咨询服务。

（7）广播影视服务包括广播影视节目（作品）的制作服务、发行服务和播映（含放映）服务。

（8）商务辅助服务包括企业管理服务、经纪代理服务、人力资源服务、安全保护服务。

（9）其他现代服务是指除研发和技术服务、信息技术服务、文化创意服务、物流辅助服务、租赁服务、鉴证咨询服务、广播影视服务和商务辅助服务以外的现代服务。

7）生活服务。生活服务包括文化体育服务、教育医疗服务、旅游娱乐服务、餐饮住宿服务、居民日常服务和其他生活服务。

4. 境内销售无形资产

销售无形资产是指转让无形资产所有权或者使用权的业务活动，包括无形资产的销售方或购买方在境内两种情形。无形资产包括技术、商标、著作权、商誉、自然资源使用权和其他权益性无形资产。技术包括专利技术和非专利技术。自然资源使用权包括土地使用权、海域使用权、探矿权、采矿权、取水权和其他自然资源使用权。其他权益性无形资产，包括基础设施资产经营权、公共事业特许权、配额、经营权（包括特许经营权、连锁经营权、其他经营权）、经销权、分销权、代理权、会员权、席位权、网络游戏虚拟道具、域名、名称权、肖像权、冠名权、转会费等。

5. 销售不动产

销售不动产是指转让境内不动产所有权的业务活动。不动产包括建筑物、构筑物等。建筑物包括住宅、商业营业用房、办公楼等可供居住、工作或者进行其他活动的建造物。构筑物包括道路、桥梁、隧道、水坝等建造物。

转让建筑物有限产权或者永久使用权的，转让在建的建筑物或者构筑物所有权的，以及在转让建筑物或者构筑物时一并转让其所占土地的使用权，均按照销售不动产缴纳增值税。

6. 视同销售货物行为

视同销售行为是指在财务会计中一般不确认销售收入，但按照税法规定属于应税行为，应确认收入并计算缴纳税款的销售行为。

1）企业的下列行为视同销售货物：

① 将货物交付其他单位或者个人代销；

② 销售代销货物；

③ 设有两个以上机构并实行统一核算的纳税人，将货物从一个机构移送至其他机构用于销售，但相关机构设在同一县（市）的除外；

④ 将自产、委托加工的货物用于非增值税应税项目，对内用于集体福利或者个人消费；

⑤ 将自产、委托加工或者购进的货物作为投资，分配给股东或投资者，无偿赠送他人；

⑥ 将资产用于市场推广、交际应酬（仅指交际应酬中的赠送行为）、职工奖励、对外捐赠以及其他改变资产所有权权属的情况；

2）视同销售服务、无形资产、不动产的行为。单位或个体工商户向其他单位或者个人无偿提供服务、无偿转让无形资产或者不动产（但以公益活动为目的或者以社会公众为对象的除外），视同应税行为。

【思考 3-3】 请举例说明将自产、委托加工的货物用于集体福利或者个人消费的业务。

7. 混合销售

一项销售行为如果既涉及货物又涉及服务，为混合销售。从事货物的生产、批发或者零售的单位和个体工商户的混合销售行为，按照销售货物缴纳增值税；其他单位和个体工商户的混合销售行为，按照销售服务缴纳增值税。

注意，上述从事货物的生产、批发或者零售的单位和个体工商户，包括以从事货物的生产、批发或者零售为主，并兼营销售服务的单位和个体工商户在内。

3.1.3 增值税的纳税人及其分类

1. 增值税的纳税人

增值税的纳税人是指在中华人民共和国境内销售货物或者加工、修理修配劳务（以下简称劳务），销售服务、无形资产、不动产以及进口货物的单位和个人。

（1）单位。一切从事销售商品、劳务、服务、无形资产、不动产以及进口货物的单位都是增值税纳税人。单位包括国有企业、集体企业、私营企业、股份制企业、外商投资企业和外国企业、其他企业和行政单位、事业单位、社会团体和其他单位。既包括独立核算的单位，也包括不独立核算的单位。

（2）个人。凡从事销售商品、劳务、服务、无形资产、不动产以及进口货物的个人都是增值税的纳税人。个人是指个体经营者及其他个人。

（3）承租人和承包人。企业租赁或承包给其他人经营的，承租人或承包人为纳税人。

（4）扣缴义务人。境外机构或者个人在境内从事销售商品、劳务、服务、无形资产、不动产，在境内未设机构、场所的，其代理人为扣缴义务人；没有代理人的，购买人为扣缴义务人。

2. 增值税纳税人分类

在我国，为了便于增值税的征收管理并简化计算，按照增值税纳税人应税商品和应税服务年应税销售额的不同，将增值税纳税人划分为一般纳税人和小规模纳税人。一般纳税人与小规模纳税人两者的适用税率、计税方法以及账务处理等方面均有所不同。这里的“年应税销售额”是指纳税人在一个公历年度内的全部应税销售额，包括纳税申报销售额、稽查查补的销售额、纳税评估调整的销售额、税务机关代开发票销售额和免税销售额。

拓展阅读3-4 注册公司是选择一般纳税人还是小规模纳税人?

1）小规模纳税人

小规模纳税人，是指年应税销售额在规定标准以下，不能按规定报送有关纳税资料的增值税纳税人。年应税销售额，是指纳税人在连续不超过 12 个月或四个季度的经营期内累计应征增值税销售额，包括纳税申报销售额、稽查查补销售额、纳税评估调整销售额。

根据现行《中华人民共和国增值税暂行条例实施细则》的规定，小规模纳税人的认定标准是：

（1）工业企业、商业企业、提供服务的纳税人，年应税销售额在 500 万元及以下的；

（2）年应税销售额超过小规模纳税人标准的个人，按小规模纳税人纳税；

（3）年应税销售额超过规定标准但不经常发生应税行为的单位和个体工商户，可选择按照小规模纳税人纳税。

2）一般纳税人

一般纳税人是指年应税销售额超过小规模纳税人规定标准的企业和企业性单位。一般纳税人应按规定办理资格登记。

自 2018 年 2 月 1 日起施行的《增值税一般纳税人登记管理办法》（国家税务总局令第 43 号）中明确规定：

（1）年应税销售额未超过规定标准以及新开业的纳税人，会计核算健全，能够提供准确税务资料的，可以向主管税务机关办理一般纳税人登记。

（2）纳税人登记为一般纳税人后，不得转为小规模纳税人，国家税务总局另有规定的除外。

（3）纳税人兼有销售货物，提供加工修理修配劳务和销售服务、无形资产、不动产的，应税货物及劳务销售额与应税行为销售额分别计算，分别适用增值税一般纳税人登记标准，其中有一项销售额超过规定标准，就应当按照规定办理增值税一般纳税人登记相关手续。

（4）不办理一般纳税人登记的纳税人

① 按照政策规定，选择按照小规模纳税人纳税的；

② 年应税销售额超过规定标准的其他个人（指自然人）。

（5）自一般纳税人生效之日起，纳税人按照增值税一般计税方法计算应纳税额，并可以按照规定领用增值税专用发票。

（6）纳税人办理一般纳税人登记的程序如下：

① 纳税人向主管税务机关填报增值税一般纳税人登记表（见表 3-2），如实填写固定生产经营场所等信息，并提供税务登记证件；

② 纳税人填报内容与税务登记信息一致的，主管税务机关当场登记；

③ 纳税人填报内容与税务登记信息不一致，或者不符合填列要求的，税务机关应当场告知纳税人需要补正的内容。

表 3-2　增值税一般纳税人登记表

纳税人名称			社会信用代码（纳税人识别号）		
法定代表人（负责人、业主）		证件名称及号码		联系电话	
财务负责人		证件名称及号码		联系电话	
办税人员		证件名称及号码		联系电话	
税务登记日期					
生产经营地址					
注册地址					
纳税人类别：企业□　非企业性单位□　个体工商户□　其他□					
主营业务类别：工业□　商业□　服务业□　其他□					
会计核算健全：是□					
一般纳税人生效之日：当月 1 日□　次月 1 日 □					

续表

纳税人（代理人）承诺： 会计核算健全，能够提供准确税务资料，上述各项内容真实、可靠、完整。如有虚假，愿意承担相关法律责任。 经办人： 法定代表人： 代理人： （签章） 年 月 日	
以下由税务机关填写	
税务机关受理情况	受理人： 受理税务机关（章） 年 月 日

【思考 3-4】 国家税务总局制发《国家税务总局关于调整增值税一般纳税人管理有关事项的公告》规定，自 2015 年 4 月 1 日起将一般纳税人管理由审批制改为登记制。请问这种变革的好处是什么？

拓展阅读3-5 小规模纳税人和一般纳税人的主要区分总结

3. 扣缴义务人

境外的单位或者个人在境内提供应税服务、转让无形资产或销售不动产，在境内未设有经营机构的，以其购买方为增值税扣缴义务人。

3.1.4 增值税税率、征收率和扣除率

1. 增值税税率

当前，增值税一般纳税人适用税率分为 13%、9%、6% 和零税率。

1）13% 税率

13% 税率适用于一般纳税人销售或进口货物，提供加工、修理、修配劳务，有形动产租赁服务。有形动产租赁包括有形动产融资租赁和有形动产经营性租赁。

2）9% 税率

一般纳税人销售或进口下列商品适用 9% 税率：农产品（含粮食）、食用植物油、食用盐；自来水、暖气、石油液化气、天然气、冷气、热水、煤气、居民用煤炭制品、沼气、二甲醚；农机、农药、农膜、化肥、饲料；图书、报纸、杂志、音像制品、电子出版物。

上述农产品指种植业、养殖业、林业、牧业、水产业生产的各种植物、动物的初级产品，另外，还包括挂面、干姜、姜黄、玉米胚芽、动物骨粒、巴氏杀菌乳、灭菌乳。

9% 税率还适用于下列服务业：提供交通运输、邮政、基础电信、建筑服务，销售不动产和不动产租赁服务，以及转让土地使用权。

3）6% 税率

6% 税率适用于一般纳税人提供现代服务（除租赁服务以外）、增值电信服务、金融

服务、生活服务以及销售无形资产（除土地使用权以外）。

4）零税率

零税率适用于一般纳税人出口货物以及跨境应税行为。境内的单位和个人跨境销售的下列服务和无形资产，适用增值税零税率。

（1）国际运输服务。国际运输服务是指，在境内载运旅客或者货物出境，在境外载运旅客或者货物入境，在境外载运旅客或者货物。

（2）航天运输服务。

（3）向境外单位提供的完全在境外消费的下列服务：研发服务、合同能源管理服务、设计服务、广播影视节目（作品）的制作和发行服务、软件服务、电路设计及测试服务、信息系统服务、业务流程管理服务、离岸服务外包业务、转让技术。

（4）财政部和国家税务总局规定的其他服务。

除上述跨境行为适用增值税零税率外，境内的单位和个人跨境销售的下列服务和无形资产免征增值税。

（1）下列在境外的服务：在境外的建筑服务、工程监理服务、工程勘察勘探服务、会议展览服务、仓储服务、广播影视节目（作品）的播映服务、文化体育服务、教育医疗服务、旅游服务以及在境外使用的有形动产租赁服务。

（2）为出口货物提供的邮政服务、收派服务、保险服务（包括出口货物保险和出口信用保险）。

（3）向境外单位提供的完全在境外消费的下列服务和无形资产：电信服务、知识产权服务、物流辅助服务（仓储服务和收派服务除外）、鉴证咨询服务、专业技术服务、商务辅助服务、广告投放地在境外的广告服务、无形资产。

（4）以无运输工具承运方式提供的国际运输服务。

（5）为境外单位之间的货币资金融通及其他金融业务提供的直接收费金融服务，且该服务与境内的货物、无形资产和不动产无关。

（6）财政部和国家税务总局规定的其他服务。

另外，纳税人已取得国际运输资质，从事国际运输服务适用零税率；纳税人未取得国际运输资质，从事国际运输服务免增值税。提供程租服务的交通工具用于国际运输服务和港澳台地区运输服务，以及直接向境外单位或个人提供期租、湿租服务，由出租方申请适用增值税零税率。提供期租、湿租服务的交通工具被承租方用于提供国际运输服务和香港、澳门、台湾运输服务，由承租方适用增值税零税率。

值得注意的是，纳税人销售货物、加工修理修配劳务、服务、无形资产或者不动产适用不同税率或者征收率的，应当分别核算适用不同税率或者征收率的销售额；未分别核算销售额的，从高适用税率或者征收率。

2. 增值税征收率

1）小规模纳税人征收率的规定

考虑到小规模纳税人经营规模小，且会计核算不健全，难以按一般纳税人三档税率计税和使用增值税专用发票抵扣进项税款，因此，按照简易办法，将销售额乘以征收率计算应纳增值税。

（1）小规模纳税人（除从事房地产开发和出租不动产的小规模纳税人以外）发生应税销售行为适用的征收率为 3%。小规模纳税人销售已使用过的固定资产，减按 2% 征收增值税。

（2）小规模纳税人出租不动产，单位出租不动产，个体工商户和个人出租非住房，均按 5% 征收率计算应纳税额，个体工商户和个人出租住房，按 5% 征收率减按 1.5% 计算应纳税额。

（3）小规模房地产开发企业销售自行开发的房地产，适用 5% 征收率。

2）选择简易计税方法的一般纳税人征收率的规定

一般纳税人发生特定应税行为，可以选择适用简易计税方法计税。但一经选择，36 个月内不得变更。按简易办法征收增值税的纳税人，增值税的征收率为 2%、3% 和 5%。

根据“财税〔2014〕57 号”“国家税务总局公告〔2014〕36 号”及国家税务总局“营改增”的一系列文件，一般纳税人可选择按简易办法征收增值税的情况如下。

（1）下列按售价金额依 3% 征收率，减按 2% 征收。

① 销售营改增试点以前（2009 年 1 月 1 日以前）购进或自制并使用过的固定资产。

② 购进或者自制固定资产时为小规模纳税人，登记为一般纳税人后销售该固定资产。

③ 按简易办法征税，销售其按照规定不得抵扣且未抵扣进项税额的固定资产（企业自用小轿车自 2013 年 8 月 1 日起，允许抵扣进项税额）。

④ 旧机动车经营单位销售旧机动车、旧摩托车、旧游艇等。

（2）拍卖收入、临时外出经营在经营地开票的收入，依 3% 征收率在经营地预征。

（3）一般纳税人下列情形，按 3% 的征收率简易计税。寄售商店代销寄售物品，典当业销售死当物品，经国务院或国务院授权机关批准的免税商店零售的免税品。

（4）一般纳税人销售自产货物，特殊情况因无法取得进项税额抵扣凭证，可选择按照简易办法依照 3% 征收率缴纳增值税，如建筑用或生产建材所用的砂、土、石料，自来水生产厂生产的自来水，小型水力发电单位生产的电力。

（5）一般纳税人提供下列服务，可选择按简易计税，适用 3% 的征收率。

① 公共交通运输服务，包括轮客渡、公交客运、地铁、城市轻轨、出租车、长途客运、班车。

② 以营改增前取得的有形动产为标的物提供的经营租赁服务，以及在营改增前签订的尚未执行完毕的有形动产租赁合同。

③ 经认定的动漫企业为开发动漫产品提供的动漫脚本编撰、形象设计、背景设计、动画设计、分镜、动画制作、摄制、描线、上色、画面合成、配音、配乐、音效合成、剪辑、字幕制作、压缩转码服务，以及在境内转让动漫版权。

④ 电影放映服务、仓储服务、装卸搬运服务、收派服务和文化体育服务。

（6）一般纳税人提供建筑服务，特殊情况下可选择简易计税，适用 3% 征收率。

一般纳税人提供建筑服务，可选择简易计税的情况：清包工方式、甲供工程和建筑工程老项目。选择简易计税一般纳税人，以实际价款（全部价款和价外费用扣除分包款后的余额）为销售额。

一般纳税人跨县（市）提供建筑服务，适用一般计税方法的，以实际价款为销售额，在服务发生地，按 2% 的预征率预缴税款。

（7）一般纳税人出租其 2016 年 4 月 30 日前取得的不动产，可选择适用简易计税方法，按照 5% 征收率计算应纳税额。

（8）一般纳税人销售自行开发的房地产老项目，可以选择简易办法按 5% 征收率计税，此时以取得的全部价款和价外费用为销售额，不得扣除土地价款。

3. 增值税扣除率

对企业从非增值税纳税人购进免税农产品，由于不能取得增值税专用发票，为了不增加企业的增值税税负，税法规定可按规定的扣除率计算抵扣进项税额。

增值税一般纳税人购进免税农产品，除取得增值税专用发票或者海关进口增值税专用缴款书外，按照农产品收购发票或者销售发票上注明的农产品买价和 9% 的扣除率计算的进项税额；纳税人购进用于生产销售或委托加工 13% 税率货物的农产品，按照 10% 的扣除率计算进项税额。国务院另有规定的除外。进项税额计算公式为：

进项税额 = 买价 × 扣除率

3.1.5 增值税的征收管理

1. 增值税纳税义务发生时间

1）纳税人发生应税行为并收讫销售款项或者取得索取销售款项凭据的当天；先开具发票的，为开具发票的当天。取得索取销售款项凭据的当天，是指书面合同确定的付款日期；未签订书面合同或者书面合同未确定付款日期的，为服务、无形资产转让完成的当天或者不动产权属变更的当天。

2）纳税人提供建筑服务、租赁服务采取预收款方式的，其纳税义务发生时间为收到预收款的当天。

3）纳税人从事金融商品转让的，为金融商品所有权转移的当天。

4）纳税人视同销售行为，纳税义务发生时间为货物移送当天，服务完成当天，无形资产转让完成的当天，不动产权属变更的当天。

5）增值税扣缴义务发生时间为纳税人增值税纳税义务发生的当天。

6）销售货物根据结算方式不同纳税义务发生时间也不一样。

（1）采用直接收款方式销售的，不论货物是否发出，均为收到销售款或取得索取销售款凭据的当天；若未取得销售款或索取货款凭据，也未开销售发票的，纳税义务发生时间为取得销售款或取得索取销售款凭据的当天。

（2）采用托收承付和委托银行收款方式销售的，为办妥托收手续的当天。

（3）采用赊销和分期收款方式销售的，为按合同约定的收款日期的当天；无约定收款日的，为货物发出的当天。

（4）采取预收货款方式销售的，为货物发出的当天，但生产工期超过 12 个月的大型机械设备、船舶、飞机等，为收到预收款或合同约定收款日。

（5）委托其他纳税人代销货物，为收到代销单位销售的代销清单的当天；收到代销清单时已收到全部或部分货款的，为收到货款的当天；发出商品满 180 天仍未取得代销清单或货款的，视同销售，为满 180 天的当天；

7）销售应税劳务，为收取销售额或取得索取销售额凭据的当天；

8）进口货物，为报关进口的当天。

2. 增值税纳税期限

增值税的纳税期限分别为 1 日、3 日、5 日、10 日、15 日、1 个月或者 1 个季度（1 个季度只适用于小规模纳税人）。纳税人的具体纳税期限，由主管税务机关根据纳税人应纳税额的大小分别核定；不能按照固定期限纳税的，可以按次纳税。

纳税人以 1 个月或者 1 个季度为 1 个纳税期的，自期满之日起 15 日内申报纳税；以 1 日、3 日、5 日、10 日或者 15 日为 1 个纳税期的，自期满之日起 5 日内预缴税款，于次月 1 日起 15 日内申报纳税并结清上月应纳税款。

纳税人进口货物，应当自海关填发进口增值税专用缴纳书之日起 15 日内缴纳税款。

3. 增值税纳税地点

1）固定业户的纳税地点

固定业户应当向其机构所在地的主管税务机关申报纳税。总机构和分支机构不在同一县（市）的，应当分别向各自所在地的主管税务机关申报纳税；经国务院财政、税务主管部门或者其授权的财政、税务机关批准，可以由总机构汇总向总机构所在地的主管税务机关申报纳税。

固定业户到外县（市）销售货物或者劳务、服务，应当向其机构所在地的主管税务机关报告外出经营事项，并向其机构所在地的主管税务机关申报纳税；未报告的，应当向销售地或者劳务发生地的主管税务机关申报纳税；未向销售地或者劳务、服务发生地的主管税务机关申报纳税的，由其机构所在地的主管税务机关补征税款。

2）非固定业户纳税地点

非固定业户销售货物或者劳务、服务，应当向销售地或者劳务、服务发生地的主管税务机关申报纳税；未向销售地或者劳务、服务发生地的主管税务机关申报纳税的，由其机构所在地或者居住地的主管税务机关补征税款。

3）进口货物的纳税地点

进口货物，应当向报关地海关申报纳税。

4）其他个人纳税地点

其他个人提供建筑服务，销售或租赁不动产，转让自然资源使用权，应向建筑服务发生地、不动产所在地、自然资源所在地主管税务机关申报纳税。

5）扣缴义务人的纳税地点

扣缴义务人应当向其机构所在地或者居住地的主管税务机关申报缴纳其扣缴的税款。

3.1.6 增值税的税收优惠

1. 增值税起征点的规定

（1）按期纳税的，起征点为月应税销售额 5 000~20 000 元（含本数）。

（2）按次纳税的，起征点为每次（日）应税销售额 300~500 元（含本数）。

这里的“应税销售额”为不含增值税的销售额。增值税的起征点仅适用于按照小规模纳税人纳税的个体工商户和其他个人，不适用于登记认定为一般纳税人的个体工商户。个人提供应税商品或应税服务的销售额，对销售额未达到国务院财政、税务主管部门规定的增值税起征点的个人，免征增值税；达到起征点的，依照《中华人民共和国增值税暂行条例》规定全额计算缴纳增值税。

2. 增值税减免税规定

免税是指对货物或应税劳务、服务在本环节的应纳税额全部免缴增值税。免税只免本环节的应纳税额，对货物以前生产流通环节所缴纳的税款不予退还。

1）增值税的免税规定

《中华人民共和国增值税暂行条例》规定的免税项目有：

（1）农业生产者销售的自产农产品。

（2）避孕药品和用具。

（3）古旧图书，指向社会收购的古书和旧书。

（4）直接用于科学研究、科学试验和教学的进口仪器、设备。

（5）外国政府、国际组织无偿援助的进口物资和设备。

（6）由残疾人组织直接进口供残疾人专用的物品。

（7）销售自己使用过的物品，是指其他个人自己使用过的物品。

2）增值税减征的规定

（1）纳税人（一般指旧货经营单位）销售旧货，依 3% 的征收率减按 2% 征收增值税，且只能开具普通发票，不得自行或由税务机关代开增值税专用发票。“旧货”是指进入二次流通的具有部分使用价值的货物（含旧汽车、旧摩托车和旧游艇），但不包括自己使用过的物品。

（2）一般纳税人销售自己使用过的固定资产（指纳税人根据财务会计制度已经计提折旧的固定资产），适宜按简易计税方法依 3% 的征收率减按 2% 计缴增值税的，可以放弃减税，按照简易办法依 3% 征收率缴纳增值税，并可以开具（自开或代开）增值税专用发票。

3）不征收增值税项目

按照《关于全面推开营业税改征增值税试点的通知》（财税〔2016〕36 号）附件 2

中的规定，不征收增值税的项目有：

① 根据国家指令无偿提供的铁路运输服务、航空运输服务，属于用于公益事业的服务。

② 存款利息。

③ 被保险人获得的保险赔付。

④ 房地产主管部门或者其指定机构、公积金管理中心、开发企业以及物业管理单位代收的住宅专项维修资金。

⑤ 在资产重组过程中，通过合并、分立、出售、置换等方式，将全部或者部分实物资产以及与其相关联的债权、负债和劳动力一并转让给其他单位和个人，其中涉及的不动产、土地使用权转让行为。

另外，企业取得的下列收入属于资本利得，无须缴纳增值税，只需要缴纳企业所得税，如股息红利收入、股权转让收入、无法偿付的应付款收入、债务重组收入、补贴收入和汇兑收益等。

3.“营改增”规定的税收优惠政策

（1）原营业税的免税项目继续免征增值税

① 托儿所、幼儿园提供的保育和教育服务。超标准收费，以开办实验班、特色班和兴趣班等为由另外收费以及赞助费、文教费等，不属于免征增值税的收入。

② 养老机构提供的养老服务、残疾人福利机构提供的育养服务、婚姻介绍服务、殡葬服务、残疾人员本人为社会提供的服务、医疗机构提供的医疗服务。

③ 从事学历教育的学校提供的教育服务。其包括公办学校和民办学校，但不包括职业培训机构。免征增值税的收入不包括学校以各种名义收取的赞助费、择校费等。

政府举办的从事学历教育的高等、中等和初等学校，举办进修班、培训班取得的全部归学校所有的收入免税，但收入进下属部门自行开设账户的，不予免税。

政府举办的职业学校设立的主要为在校学生提供实习场所并由学校出资自办，由学校负责经营管理，经营收入归学校所有的企业，从事现代服务（不含融资租赁、广告和其他现代服务）和生活服务（不含文化体育、其他生活服务和桑拿、氧吧）业务活动取得的收入。

④ 农业机耕、排灌、病虫害防治、植物保护、农牧保险以及相关技术培训业务，家禽、牲畜、水生动物的配种和疾病防治。

⑤ 纪念馆、博物馆、文化馆、文物保护单位管理机构、美术馆、展览馆、书画院、图书馆在自己的场所提供文化体育服务取得的第一道门票收入，寺院、宫观、清真寺和教堂举办文化、宗教活动的门票收入。

⑥ 行政单位之外的其他单位收取的符合规定的政府性基金和行政事业性收费。

⑦ 学生勤工俭学提供的服务，个人转让著作权，个人销售自建自用住房。

（2）原营改增免税项目继续免征增值税

① 台湾航运公司、航空公司从事海峡两岸海上直航、空中直航业务在大陆取得的运输收入。

② 纳税人提供的直接或者间接国际货物运输代理服务。收入和费用必须通过金融机构进行结算。纳税人应当就国际货物运输代理服务收入向委托方金额开具增值税普通发票。

③ 国家商品储备管理单位及其直属企业承担商品储备任务，从中央或者地方财政取得的利息补贴收入和价差补贴收入。

④ 纳税人提供技术转让，技术开发和与之相关的技术咨询、技术服务。享受免税的技术咨询、技术服务价款与技术转让或者技术开发价款应当在同一张发票上开具。纳税人须持技术转让、开发的书面合同，到所在地省级科技主管部门进行认定，并持有关的书面合同和科技主管部门审核意见证明文件报主管税务机关备查。

⑤ 符合条件的合同能源管理服务。

（3）金融机构相关的免征增值税项目

① 利息收入。自 2018 年 9 月 1 日至 2020 年 12 月 31 日，金融机构向小型企业、微型企业和个体工商户发放小额贷款取得的利息收入；国家助学贷款利息收入；国债、地方政府债利息收入；人民银行对金融机构的贷款利息收入；住房公积金贷款利息收入；外汇管理部门委托金融机构发放的外汇贷款利息收入；统借统还业务中，企业集团（或核心企业及财务公司）向集团内单位收取的利息收入（若收取的利息高于金融机构借款利率水平，应全额缴纳增值税）。

② 被撤销金融机构以货物、不动产、无形资产、有价证券、票据等财产清偿债务。

③ 保险公司开办的一年期以上人身保险产品取得的保费收入。

④ 金融商品转让收入。QFII 委托境内公司从事证券买卖业务，香港投资者通过沪港通买卖上交所 A 股或通过基金互认买卖内地基金份额，证券投资基金管理人运用基金买卖股票、债券，个人从事金融商品转让业务。

⑤ 金融同业往来利息收入。金融机构与人民银行所发生的资金往来业务，银行联行往来业务，金融机构间的资金往来业务，金融机构之间开展的转贴现业务。

⑥ 符合条件的担保机构从事中小企业信用担保或再担保业务取得的收入（不含信用评级、咨询、培训等收入），3 年内免征增值税。

（4）与房地产相关的免征增值税项目

① 企业、行政事业单位按房改成本价、标准价出售住房取得的收入。

② 将土地使用权转让给农业生产者用于农业生产。

③ 土地所有者出让土地使用权和土地使用者将土地使用权归还给土地所有者。

④ 县级以上地方人民政府或自然资源行政主管部门出让、转让或收回自然资源使用权。

⑤ 涉及家庭财产分割的个人无偿转让不动产、土地使用权。家庭财产分割包括下列情形：离婚财产分割；无偿赠与配偶、父母、子女、祖父母、外祖父母、孙子女、外孙子女、兄弟姐妹；无偿赠与对其承担直接抚养或者赡养义务的抚养人或者赡养人；房屋产权所有人死亡，法定继承人、遗嘱继承人或者受遗赠人依法取得房屋产权。

（5）其他免征增值税项目

① 家政服务企业由员工制家政服务员提供家政服务取得的收入。

② 福利彩票、体育彩票的发行收入。

③ 军队空余房产租赁收入。

④ 为安置随军家属或军队转业干部就业而新开办的企业，（随军家属或军转干部占60% 以上）3 年内免征增值税。

⑤ 从事个体经营的随军家属或军队转业干部，3 年内免征增值税。

4. 增值税即征即退

① 增值税一般纳税人销售其自行开发生产的软件产品，按 13% 税率征收增值税后，对其增值税实际税负超过 3% 的部分实行即征即退政策。

② 一般纳税人提供管道运输服务，对其增值税实际税负超过 3% 的部分实行增值税即征即退政策。

③ 经人民银行、银监会或者商务部批准从事融资租赁业务的一般纳税人，提供有形动产融资租赁服务和有形动产融资性售后回租服务，对其增值税实际税负超过 3% 的部分实行增值税即征即退政策。商务部授权的省级商务主管部门和国家经济技术开发区批准的从事融资租赁业务和融资性售后回租业务的一般纳税人，2016 年 5 月 1 日后实收资本达到 1.7 亿元的，从达到标准的当月起执行。

上述增值税实际税负是指纳税人当期提供应税服务实际缴纳的增值税额占纳税人当期提供应税服务取得的全部价款和价外费用的比例。

纳税人发生应税行为适用免税、减税规定的，可以放弃免税、减税，依照规定缴纳增值税。放弃免税、减税后，36 个月内不得再申请免税、减税。

5. 可抵扣进项税额加计抵减的规定

2019 年 10 月 1 日至 2021 年 12 月 31 日，允许生活性服务业纳税人按照当期可抵扣进项税额加计 15%，抵减应纳税额。生活性服务，即为满足城乡居民日常生活需求提供的各类服务活动，包括文化体育服务、教育医疗服务、旅游娱乐服务、餐饮住宿服务、居民日常服务和其他生活服务。

3.2 增值税应纳税额的计算

3.2.1 增值税计算方法

从理论上讲，增值税的计税方法有直接计税法和间接计税法两种。

1. 直接计税法

直接计税法是按照规定直接计算出应税货物（或劳务）的增值额，然后用该增值额乘以适用的税率，计算出应纳税额的一种计税方法。其计算公式为：

应纳增值税税额 = 增值额 × 适用税率

2. 间接计税法

间接计税法，又称税金扣除法或购进扣税法，是指不直接计算增值额，而是先计算出销售货物或服务应纳增值税总额，再根据购进货物或服务取得的增值税专用发票，减除允许抵扣的购进货物或服务已纳增值税税额。其计算公式为：

应纳税额 = 销项税额 − 进项税额

这种计算方法简便易行，体现了按增值因素计税的原理，具体如表 3-3 所示，目前为大多数国家所采用。在纳税实务中，各国增值税法规定的扣除项目和税率有所不同。

表 3-3　货物在各环节增值额与应纳税额对比表

生产经营环节	税率 ①	销售额 ②	购进额 ③	增值额 ④=②−③	销售税额 ⑤=②×①	已纳税额 ⑥=③×①	应纳税额 ⑦=⑤−⑥
原材料生产	13%	30	0	30	3.90	0	3.90
产成品生产		70	30	40	9.10	3.90	5.20
批　　发		90	70	20	11.70	9.10	2.60
零　　售		100	90	10	13.00	11.70	1.30
合　　计	—	—	—	100	—	—	13.00

3.2.2　一般纳税人应纳税额的计算

一般纳税人增值税应纳税额的计算采用间接计税法。用公式表示为：

应纳税额 = 当期销项税额 − 当期进项税额

1. 当期销项税额的计算

纳税人发生应税行为，按照规定的税率计算并向购买方收取的增值税税额，称为销项税额。其计算公式为：

当期销项税额 = 应税销售额 × 适用税率

值得注意的是，销项税额不是本环节销售方应纳的增值税税额，而是随同货物价格一起向购买方收取的所销售货物的整体税负。在税率一定的情况下，应税销售额是计算销项税额的依据和基础。该销售额是不包含销项税额的，这也是增值税被称为价外税的原因，税法明确规定了应税销售额的确定范围和确定方法。

1）销售额的一般规定

（1）销售额内容。销售额为纳税人发生应税销售行为向购买方收取的全部价款和价外费用，但不包括收取的销项税额。其中，价外费用包括向购买方收取的手续费、补贴、基金、集资费、返还利润、奖励费、违约金（延期付款利息）、包装费、包装物租金、储备费、优质费、运输装卸费、代收款项、代垫款项及其他各种性质的价外收费。凡收取的价外费用，无论其会计制度如何核算，均应并入销售额计算应纳税额。

（2）含税销售额换算成不含税销售额

价外费用一般开出的是普通发票，票面所记录的金额是含增值税的金额，在征税时换算成不含税收入再并入销售额。不含税销售额的换算公式为：

$$不含税销售额=含税销售额÷(1+税率)$$

（3）不包括在销售额内的项目

① 向购买方收取的销项税额。

② 受托加工应征消费税的消费品所代收代缴的消费税。

③ 同时符合下列条件的代垫运费。

a. 承运者的运费发票开具给购货方；

b. 纳税人将该项发票转交给购货方。

④ 同时符合以下条件代为收取的政府基金或者行政事业性收费。

a. 由国务院或者财政部批准设立的政府性基金，由国务院或者省级人民政府及其财政、价格主管部门批准设立的行政事业性收费；

b. 收取时开具省级以上财政部门印刷的财政票据；

c. 所收款项全额上缴财政。

⑤ 销售货物的同时代办保险等而向购买方收取的保险费，以及向购买方收取的代购买方缴纳的车辆购置税、车辆牌照费。

【例 3-1】 某公司为一般纳税人，适用的增值税税率为 13%，6 月销售商品一批，开具普通发票价税合计 113 000 元。请计算：该公司 10 月份增值税应税销售额为多少？

应税销售额 = 113 000 ÷（1 + 13%）= 100 000（元）

（4）其他关于销售额的一般规定

① 纳税人兼营销售货物、劳务、服务、无形资产或者不动产，适用不同税率或者征收率的，应当分别核算适用不同税率或者征收率的销售额；未分别核算的，从高适用税率。

② 纳税人兼营免税、减税项目的，应当分别核算免税、减税项目的销售额；未分别核算的，不得免税、减税。

③ 纳税人发生应税行为价格明显偏低或者偏高且不具有合理商业目的的，或者发生视同销售货物行为而无销售额的，主管税务机关有权按照下列顺序确定销售额：

a. 按照纳税人最近时期销售同类货物、服务、无形资产或者不动产的平均价格确定；

b. 按照其他纳税人最近时期销售同类货物、服务、无形资产或者不动产的平均价格确定；

c. 按照组成计税价格确定。组成计税价格的公式为：

$$组成计税价格=成本×(1+成本利润率)$$

属于应征消费税的货物，其组成计税价格中应加计消费税税额。成本利润率由国家税务总局确定。不具有合理商业目的是指以谋取税收利益为主要目的，通过人为安排，减少、免除、推迟缴纳增值税税款，或者增加退还增值税税款。

2）销售额的特殊规定

除以上一般规定以外，税法对在确定销售额时可能遇到的一些特殊情况也作了具体的规定。

（1）折扣方式销售

纳税人采取折扣方式销售货物的，销售额的确定具体可分为三种情况：

① 实物折扣，目的是促销，相当于无偿赠送，应按视同销售处理，不得扣除实物款额。

② 现金折扣，是融资性质的理财费用，折扣额不得扣除。

③ 商业折扣，也是促销的一种手段，因购买方购货数量较大等原因而给予购买方的价格优惠。此种情况下，只有销售额与折扣额在同一张发票上分别注明的可按扣除折扣后的余额为应税销售额，如果折扣额另开发票，不得从销售额中减除折扣额。

④ 销售折让，是货物销售后由于其品种、质量等原因，销售方需给予购买方的一定的价格折让，税法中规定应以折让后的货款为销售额。

【例 3-2】 某公司 1 月 1 日销售货物一批，原价 150 000 元，予以购货方商业折扣 5%，并将销售额与折扣额在同一张增值税专用发票上予以注明。该公司为了提前收回货款，许诺给购货方现金折扣条件为（2/10，1/20，n/30），客户在 1 月 20 日付款。但是客户在收到货物后发现一部分存在质量问题，该公司经核实，同意给予销售折让 10%，请计算该公司应税销售额。

应税销售额 = 150 000 ×（1−5%）×（1−10%）= 128 250（元）

（2）以旧换新方式销售

纳税人采取以旧换新方式销售货物的，其计税销售额按新货物同期销售价格确定销售，不得扣减旧货物收购价格。

【例 3-3】 某企业开展促销活动，采取以旧换新方式销售 50 台彩电，每台彩电正常零售价 2 800 元，收回的旧彩电每台折价 400 元，共计收回彩电销货款 120 000 元，适用的增值税税率为 13%。则该批彩电应税销售额为多少元?

应税销售额 = 50 × 2 800 ÷（1 + 13%）

或　　　　= （50 × 400 + 120 000）÷（1 + 13%）

　　　　　≈ 123 893.81（元）

（3）还本销售方式销售

还本销售是指纳税人在销售货物后，到一定期限由销售方一次或分次退还给购货方全部或部分价款。这种方式实际上是一种筹资，是以货物换取资金的使用价值，到期还本不付息的方法。税法规定，还本销售应税销售额就是货物销售价格，不得扣减还本支出。这一销售方式未经工商行政管理部门特别批准，不得擅自实施。

（4）以物易物方式销售

以物易物销售双方均应作购销处理，以各自发出的货物核算销售额并计算销项税额，以各自收到的货物核算购货额，但必须凭增值税专用发票确认进项税额。

（5）包装物押金收入处理

销售货物收取的包装物（含啤酒、黄酒包装物）押金，如果单独记账核算，不并入销售额计算销项税额，但因逾期（超过1年）未收回包装物不再退还的押金，应并入销售额计算销项税额。

计算销项税额时应注意以下几点：

① 逾期包装物押金为含税收入，须换算成不含税收入再并入销售额。

② 征税税率为所包装货物适用的税率。

③ 酒类包装物（除啤酒、黄酒外）一经收取押金，不论是否返还，均作为价外费用并入销售额计算销项税额。

3）视同销售行为销售额的确定

在视同销售行为中，有些属于无销售额现象的行为，例如将自产、委托加工或购买的货物无偿赠送他人等。在销售额的确定过程中，纳税人销售货物（或提供应税劳务）可能会出现价格明显偏低而无正当理由的现象。针对上述两种情形，税法规定按下列顺序和方法确定其销售额：

（1）按纳税人最近时期同类货物平均售价确定；

（2）按其他纳税人最近时期同类货物的平均销售价格确定；

（3）按组成计税价格确定。组成计税价格计算公式为：

$$组成计税价格=成本\times(1+成本利润率)$$

公式中"成本"，对于销售自产货物，是指其实际生产成本；对于销售外购货物，是指其实际采购成本。除另有规定外，"成本利润率"一般为10%。

征收增值税的货物，同时又征收消费税的，其组成计税价格应加消费税税额，计算公式为：

$$\begin{aligned}组成计税价格&=成本+利润+消费税税额\\&=成本\times(1+成本利润率)+消费税税额\\&=[成本\times(1+成本利润率)]\div(1-消费税税率)\end{aligned}$$

上式中的"成本利润率"应按《中华人民共和国消费税暂行条例》中规定的成本利润率计算（将在第4章中学习）。

4）当期销项税额计算举例

【例3-4】 某厨具公司属于一般纳税人，适用的增值税税率为13%，8月份销售情况如下：

（1）向当地沃尔玛商场销售厨具100件，每件不含税售价600元，开出增值税专用发票所列价款60 000元，税率13%，税额7 800元，另收取包装费，取得专用发票所列金额400元，税率13%，税额52元，款项已存入银行。

（2）向小规模人销售厨具20件，每件含税售价793.26元，开出普通发票，金额为14 040元，税率13%，税额1 825.2元，另向买方提供运输服务，将货物运到买方指定地点，应向买方收取运费109元，开出专用发票列明金额100元，税率9%，税额9元，运费收入与销货收入分别核算，所有款项均未收到。

（3）以物易物销售，用产品换入设备，双方分别开出专用发票，金额300 000元，税率 13%，税额 39 000 元。

（4）以旧换新向消费者销售产品，实收价款 120 000 元，旧货折价 23 202 元。

（5）本月共收取包装物押金 2 000 元，没收到期末退还包装物押金 565 元。

（6）将厨具 300 件赠送灾区，每件生产成本 450 元。

（7）将 30 套新产品作为奖品奖励给职工试用，该新产品没有市场售价，其账面成本为 2 000 元 / 套，行业成本利润率为 10%。

要求：计算该公司本月份应申报的销项税额。

分析：

（1）销项税额为 7 800 + 52 = 7 852（元）

（2）由于运费收入与销货收入分别核算，所以运费适用税率为 9%，销项税额为 1 825.2 + 9 = 1 834.2（元）

（3）双方应分别做购销处理，换出产品记销项税额 39 000 元。

（4）向消费者销售产品是含税价，以旧换新按新货全价计税，销项税额为 12 000 + 23 202 ÷（1 + 13%）× 13% = 16 474.57（元）

（5）包装物押金收取时不计税，没收包装物押金时计税，其销项税额为 565 ÷（1 + 13%）× 13% = 65（元）

（6）赠送厨具因为有同类产品的销售价格，所以按同类产品的不含税价 600 元 / 件计税，其销项税额为 300 × 600 × 13% = 23 400（元）

（7）奖励给职工的新产品没有市场售价，所以应按组成计税价格计税，组成计税价格为 30 × 2 000 ×（1 + 10%）= 66 000（元），其销项税额为 66 000 × 13% = 8 580（元）

该公司 8 月份应申报的销项税额为：

7 800 + 52 + 1 825.2 + 9 + 39 000 + 16 474.57 + 65 + 23 400 + 8 580 = 97 205.77（元）

2. 当期进项税额的计算

纳税人购进货物、劳务、服务、无形资产、不动产所支付或负担的增值税税额为进项税额。增值税是价外税，销售方收取的销项税额，就是购买方支付的进项税额。对于同一纳税人，既要购货又要销货，购货时要支付进项税额，销货时要收取销项税额，销项税额与进项税额的差额为纳税人应向税务机关申报缴纳的增值税。因此，在销项税额一定的情况下，可抵扣的进项税额越多，纳税人实际缴纳的增值税就越少。然而，并不是纳税人支付的所有进项税额都可以用于抵扣销项税额。

1）准予从销项税额中抵扣的进项税额

（1）从销售方取得的增值税专用发票（含税控机动车销售统一发票）上注明的增值税税额。

（2）从海关取得的海关进口增值税专用缴款书上注明的增值税税额。

（3）购进农产品，除取得增值税专用发票或者海关进口增值税专用缴款书之外，按照农产品收购发票或者销售发票上注明的农产品买价和 9% 的扣除率计算的进项税额；纳税人购进用于生产销售或委托受托加工 13% 税率货物的农产品，按照 10% 的扣除率计算进项税额。

另外，从批发、零售环节购进适用免征增值税政策的蔬菜、部分鲜活肉蛋而取得的普通发票，不得作为计算抵扣进项税额的凭证。

（4）从境外单位或者个人购进劳务、服务、无形资产或者境内的不动产，自税务机关或者扣缴义务人取得的代扣代缴税款的完税凭证上注明的增值税税额。凭完税凭证抵扣进项税额时，应当具备书面合同、付款证明和境外单位的对账单或者发票，资料不全的，其进项税额不得抵扣。

（5）取得小规模纳税人委托税务机关代开的增值税专用发票上注明的增值税税额。

（6）纳税人购进国内旅客运输服务，其进项税额允许从销项税额中抵扣。纳税人未取得增值税专用发票的，暂按照以下规定确定进项税额：

① 取得增值税电子普通发票的，为发票上注明的税额；

② 取得注明旅客身份信息的航空运输电子客票行程单的，进项税额计算公式为：

$$\text{航空旅客运输进项税额}=(\text{票价}+\text{燃油附加费})\div(1+9\%)\times 9\%$$

③ 取得注明旅客身份信息的铁路车票的，进项税额计算公式为：

$$\text{铁路旅客运输进项税额}=\text{票面金额}\div(1+9\%)\times 9\%$$

④ 取得注明旅客身份信息的公路、水路等其他客票的，进项税额计算公式为：

$$\text{公路、水路等其他旅客运输进项税额}=\text{票面金额}\div(1+3\%)\times 3\%$$

2）进项税额抵扣时限规定

根据规定，自 2017 年 7 月 1 日起，允许抵扣的进项税额应按照下列时限规定进行申报抵扣。

（1）增值税一般纳税人取得的 2017 年 7 月 1 日及以后开具的增值税专用发票和机动车销售统一发票，应自开具之日起 360 日内认证或登录增值税发票选择确认平台进行确认，并在规定的纳税申报期内，向主管国税机关申报抵扣进项税额。

（2）增值税一般纳税人取得的 2017 年 7 月 1 日及以后开具的海关进口增值税专用缴款书，应自开具之日起 360 日内向主管国税机关报送《海关完税凭证抵扣清单》，申请稽核比对。

（3）增值税一般纳税人取得的增值税专用发票以及海关缴款书，未在规定期限内到税务机关办理认证、申报抵扣或者申请稽核比对的，不得作为合法的增值税扣税凭证，不得计算进项税额抵扣。

3）不允许抵扣的进项税额

根据税法规定，取得下列项目专用发票抵扣联的进项税额不得从销项税额中抵扣：

拓展阅读3-6 租入固定资产进项税额为什么能抵扣？

（1）用于简易计税方法计税项目、免征增值税项目、集体福利或者个人消费（纳税人的交际应酬消费属于个人消费）的购进货物、劳务、服务、无形资产和不动产。

（2）非正常损失（非正常损失是指因管理不善造成被盗、丢失、霉烂变质的损失，以及因违反法律法规造成货物或者不动产被依法没收、销毁、拆除的情形）的购进货物，以及相关的劳务和交通运输服务。

（3）非正常损失的在产品、产成品所耗用购进货物及其相关的劳务和交通运输服务。

（4）非正常损失的不动产和不动产在建工程相关的购进货物、设计服务和建筑服务。纳税人新建、改建、扩建、修缮、装饰不动产，均属于不动产在建工程。

（5）购进的贷款服务、餐饮服务、居民日常服务和娱乐服务。

（6）国务院规定的其他项目。

拓展阅读3-7　纳税人取得增值税扣税凭证就能抵扣进项税吗？

4）可抵扣进项税额的加计抵减额的计算

生活性服务业纳税人应按照当期可抵扣进项税额的15%计提当期加计抵减额。按照现行规定不得从销项税额中抵扣的进项税额，不得计提加计抵减额；已按照15%计提加计抵减额的进项税额，按规定作进项税额转出的，应在进项税额转出当期，相应调减加计抵减额。计算公式如下：

当期计提加计抵减额 = 当期可抵扣进项税额 ×15%

当期可抵减加计抵减额 = 上期末加计抵减额余额 + 当期计提加计抵减额 − 当期调减加计抵减额

5）当期进项税额计算举例

【例3-5】【例3-4】中的厨具公司8月份采购情况如下：

（1）从一般纳税人处购进原材料，取得了专用发票列明价款200 000元，税率13%，税额26 000元，另支付运费，取得普通发票，列明金额800元，税率3%，税额24元。材料已入库，货款已转账支付。

（2）从小规模纳税人处购进原材料，取得了普通发票列明金额为11 000元，税率3%，税额330元，另支付运费，并取得专用发票，金额500元，税率9%，税额45元。材料已入库，货款已支付。

（3）购进改扩建办公楼需用钢材，取得了专用发票，列明价款60 000元，税率13%，税额7 800元，钢材已入库。

（4）接受投资人投入设备一批，取得了专用发票所列金额400 000元，税率13%，税额52 000元，该批设备已投入使用。

（5）从农业生产者手中购入苹果一批，取得了普通发票，列明金额为40 000元，另支付运费800元，苹果用于发放职工福利。

上述业务的专用发票都已通过认证。请计算该公司6月份应申报的进项税额。

分析：

（1）专用发票进行税额26 000元可抵扣，运费取得普通发票不可以抵扣。

（2）普通发票不能作为抵扣依据，货物的进项税额不能抵扣，但运费可进行抵扣45元。

（3）办公楼改扩建工程购进货物，取得了增值税专用发票，7 800元进项税额可以抵扣。

（4）接受投资人投入设备，取得了专用发票，可以抵扣进项税额为 52 000 元。

（5）苹果虽然是农产品，但是购入苹果是作为职工福利，因此其进项税额不得抵扣，进而其对应的运费也不得抵扣。如果食品厂购入苹果用于生产罐头，则可按普通发票所列金额的 10% 抵扣（因为水果罐头适用的增值税税率是 13%），则其运费对应的增值税也可以抵扣。

该公司 6 月份应申报的进项税额为：26 000 + 45 + 7 800 + 52 000 = 85 845（元）

3. 增值税应纳税额的计算

一般纳税人发生应税销售行为，其应纳税额在一般情况下为当期销项税额减去当期准予抵扣的进项税额后的余额，计算公式为：

应纳税额 = 当期销项税额−当期准予抵扣的进项税额

当期是指税务机关依照规定对纳税人确定的纳税期限。只有在纳税期限内实际发生的进项税额、销项税额，才是法定的当期进项税额和当期销项税额。

若当期销项税额小于当期准予抵扣的进项税额而不足抵扣时，其不足部分结转下期继续抵扣。

因销货退回或折让而退还给购买方的增值税税额，应从发生销货退回或折让当期的销项税额中扣减；因进货退出或折让而收回的增值税税额，应从发生进货退出或折让当期的进项税额中扣减。但无论扣减销项税额还是扣减进项税额，都应有合法的票据作为依据。

【例 3-6】 根据【例 3-4】和【例 3-5】资料，计算该厨具公司 6 月份的应纳税额。

应纳税额 = 97 205.77 − 85 845 = 11 360.77（元）

【例 3-7】 某零售商场为增值税一般纳税人，2019 年 8 月份有关业务如下：

（1）购进货物，取得增值税专用发票上列明金额 10 000 元，税率 13%，税额 1 300 元；另支付运费，取得增值税专用发票上列明金额 500 元，税率 9%，税额 45 元，货物已验收入库。

（2）购进货物，取得增值税普通发票上列明金额 8 000 元，税率 3%，税额 240 元，货物已验收入库。

（3）从农民手中收购免税农产品一批，收购凭证上金额 30 000 元，另支付运费，取得增值税专用发票上列明金额 1 000 元，税率 9%，税额 90 元，货物已验收入库。

（4）进口货物一批，到岸价 10 000 美元，汇率 1∶6.5，关税税率 10%，取得了海关完税凭证，货物已验收入库。

（5）收回委托加工货物一批，取得的增值税专用发票上列明加工费金额 40 000 元，税率 13%，税额 5 200 元。

（6）销售货物一批，开出增值税专用发票上列明金额 100 000 元，税率 13%，税额 13 000 元，款项已存入银行。另以现金支付给运输单位应由本单位负担的运费，取得专用发票上列明金额 2 000 元，税率 9%，税额 180 元。

（7）向个人销售货物，开出增值税普通发票上所列金额 10 000 元，税率 13%，税额 1 300 元；将货物运到指定地点，价外另收取运费开出增值税普通发票上所列金额 300 元，税率 9%，税额 27 元。运费收入与销售收入分别核算，分别开票。

（8）以物易物方式销售货物，用商品换设备，双方分别开出增值税专用发票，金额 200 000 元，税率 13%，税额 26 000 元。

（9）将经销的商品用于职工福利，该批货物原不含税进价 20 000 元，不含税售价 30 000 元，适用税率 13%。

（10）本月共收取销售货物的包装物押金 1 130 元，没收到期未退还的包装物押金 400 元。

（11）购入办公用固定资产，取得增值税专用发票上列明金额 60 000 元，税率 13%，税额 7 800 元；另支付运费，取得专用发票上列明金额 700 元，税率 9%，税额 63 元。

（12）本月出售办公设备一件，开具普通发票所列价款 22 600 元，款项已存入银行，该办公设备账面原值 30 000 元，已提折旧 5 000 元，购入时间为 2017 年 4 月。

假设上述票据都在规定时限内通过认证，根据以上资料，计算该企业当期进项税额和当期销项税额。

解析：

（1）购货取得了专用发票，税额 1 300 元允许抵扣。支付运费也取得了专用发票，允许抵扣 45 元。

（2）普通发票不能作为抵扣依据。

（3）收购农产品抵扣 9%，30 000 × 9% = 2 700（元），支付运费，取得了专用发票，允许抵扣 90 元。

（4）进口货物是为了销售，在进口环节缴纳的增值税允许抵扣。组成计税价格 = 10 000 × 6.5 ×（1 + 10%）= 71 500（元），进口环节缴纳增值税 = 71 500 × 13% = 9 295（元）。

（5）收回委托加工货物用于销售，提货时支付增值税 5 200 元，并取得了专用发票，故允许抵扣。

（6）销售货物的销项税额 13 000 元。销货支付运费，取得了专用发票，允许抵扣 180 元。

（7）一般纳税人销售货物，无论开出的是专用发票还是普通发票，适用税率都一样。故销项税额 1 300 元。价外收取运费属于价外费用，因已分别核算，分别开票，故适用 9% 税率，销项税额 27 元。

（8）用产品换材料，换出产品计算销项税额 26 000 元，换入材料因取得了专用发票，允许抵扣进项税额 26 000 元。

（9）商业企业将经销的商品用于职工福利，属于视同销售行为，应按照售价计算销项税额 = 30 000 × 13% = 3 900（元）。

（10）销售白酒的押金，收取时纳税，没收时不再纳税。销项税额 = 1 130 ÷（1 + 13%）× 13% = 130（元）。

（11）购入办公用固定资产，进项税额 = 7 800 + 63 = 7 863（元）。

（12）所售旧办公设备购入日期为 2017 年 4 月，为增值税转型后购入，购入时已经抵扣进项税额，故出售后按照新售价金额和税率 13% 计算增值税销项税额。销项税额 =

22 600 ÷ 1.13 × 13% = 2 600（元）。

综上分析，该企业本月增值税的申报情况如下：

当期进项税额 = 1 300 + 45 + 2 700 + 90 + 9 295 + 5 200 + 180 + 26 000 + 7 863 = 52 673（元）

当期销项税额 = 13 000 + 1 300 + 27 + 26 000 + 3 900 + 130 + 2 600 = 46 957（元）

应纳税额 = 46 957 − 52 673 = −5 716（元）

该企业当期进项税额大于销项税额，应纳税额为 −5 716 元，应留下期继续抵扣。

【例 3-8】 某航空公司为增值税一般纳税人，2019 年 8 月发生如下经济业务：

（1）本月取得国内运输收入，增值税专用发票总计金额 60 000 万元，税率 9%，销项税额 5 400 万元；国际运输收入 10 000 万元；另代收的机场建设费共计 600 万元。

（2）本月购进燃料油，增值税专用发票列明金额 20 000 万元，税率 13%，税额 2 600 万元。

（3）干租业务收取租赁费，开出专用发票，金额 30 万元，税率 13%，税额 3.9 万元。

（4）湿租业务收取租赁费，开出专用发票，金额 300 万元，税率 9%，税额 27 万元。

（5）购进高价周转件，取得专用发票上列明金额 20 万元，税率 13%，税额 2.6 万元。

（6）购进飞机发动机，取得专用发票上列明金额 200 万元，税率 13%，税额 26 万元。

（7）购进员工统一着装服装，取得专用发票上列明金额 40 万元，税率 13%，税额 5.2 万元。

航空公司将上述适用不同税率的业务收入已按税法规定分别核算，分别开票。

要求：根据以上资料计算该航空公司 8 月份应纳增值税税额。

解析：

（1）航空运输企业的销售额不包括代收的机场建设费和代售其他航空运输企业客票而代收转付的价款。国内运输有销项税额 5 400 万元，国际运输适用零税率，故无销项税额。

（2）购进燃料油允许抵扣进项税额 2 600 万元。

（3）干租业务属于有形动产经营租赁业务，税率 13%，销项税额 3.9 万元。

（4）湿租业务属于航空运输服务，税率 9%，销项税额 27 万元。

（5）购进高价周转件允许抵扣进项税额 2.6 万元。

（6）购进飞机发动机允许抵扣进项税额 26 万元。

（7）根据国家税务总局公告 2011 年第 34 号文规定：企业根据工作性质和特点，由企业统一制作并要求员工工作时统一着装所发生的工作服饰费用，可以作为企业合理的支出给予税前扣除。既然服装费在所得税前扣除，则其增值税也应允许扣除。航空公司统一着装是工作所需，允许抵扣进项税额 5.2 万元。

该企业增值税应纳税额的计算如下：

当期销项税额 = 5 400 + 3.9 + 27 = 5 430.9（万元）

当期进项税额 = 2 600 + 2.6 + 26 + 5.2 = 2 633.8（万元）

应纳税额 = 5 430.9−2 633.8 = 2 797.1（万元）

【例 3-9】 某电信企业为增值税一般纳税人，2019 年 9 月份发生下列业务：

（1）基础电信业务收入：固定通信业务收入 120 万元，卫星通信业务收入 180 万元，数据通信业务收入 90 万元，网络接入业务收入 160 万元，国内通信设施服务收入 30 万元，以上业务收入均不含税。

（2）增值电信业务收入：在线数据处理与交易处理业务 350 万元，存储转发类业务 80 万元，因特网数据中心业务及因特网接入服务业务收入 70 万元，信息服务业务收入 50 万元，上述业务收入均不含税。

（3）购入电信设备，取得增值税专用发票所列金额为 120 万元，税率 13%，税额 15.6 万元；另支付运输费，取得增值税专用发票所列金额 0.8 万元，税率 9%，税额 0.072 万元。

（4）购入网络维护材料，取得专用发票所列金额 10 万元，税率 13%，税额 1.3 万元。

（5）支付电费，取得专用发票所列金额 2 万元，税率 13%，税额 0.26 万元；支付水费，取得专用发票所列金额 1 万元，税率 9%，税额 0.09 万元。

（6）购进一项专利权，取得专用发票所列金额 200 万元，税率 6%，税额 12 万元。

（7）委托某广告公司发布广告，取得专用发票所列金额 60 万元，税率 6%，税额 3.6 万元。

该企业对适用不同税率的收入已经实行分别核算，分别开票。

要求：根据以上资料计算该企业 9 月份应缴纳的增值税税额。

解析：基础电信业务收入适用 9% 税率，增值电信业务适用 6% 税率。

当期销项税额 =（120 + 180 + 90 + 160 + 30）× 9% +（350 + 80 + 70 + 50）× 6%
= 580 × 9% + 550 × 6%
= 85.2（万元）

当期进项税额 = 15.6 + 0.072 + 1.3 + 0.26 + 0.09 + 12 + 3.6 = 32.922（万元）

应纳税额 = 85.2−32.922 = 52.278（万元）

4. 进口环节应纳增值税税额的计算

凡申报进入中华人民共和国海关境内，并办理报关手续的应税货物，不论是国外制造还是我国出口后转销国内，不论是进口者自行采购还是国外捐赠，不论进口后自用还是作为贸易货物或其他用途，均应按规定缴纳进口环节增值税。进口货物应纳税额应按照组成计税价格和适用税率计算，不得抵扣任何税额，其计算公式为：

应纳进口增值税税额 = 组成计税价格 × 税率

组成计税价格 = 关税完税价格 + 关税

如果进口货物属于消费税应税消费品，还需包括进口环节的消费税税额，即

组成计税价格 = 关税完税价格 + 关税 + 消费税
=（关税完税价格 + 关税）÷（1− 消费税税率）

进口货物的收货人或办理报关手续的单位和个人为进口货物增值税的纳税人，包括国内一切从事进口业务的企业、事业单位、机关团体和个人。委托代理进口的货物，以海关开具的完税凭证上的纳税人为增值税的纳税人。实务中，一般由进口代理者代缴进

口环节增值税，纳税后，由代理者将已纳税款和进口货物价款、代理费等与委托方结算，由委托方承担已纳税款。

【例 3-10】 某商贸公司（有进出口经营权）12 月进口货物一批。该批货物在国外的买价为 500 000 元，另该批货物运抵我国海关前发生的包装费、运输费、保险费等共计 250 000 元。货物报关后，公司按规定缴纳了进口环节的增值税并取得了海关开具的海关进口增值税专用缴款书。假定该批进口货物在国内全部销售，取得不含税销售额 1 000 000 元。已知该货物进口关税税率为 15%，增值税税率为 13%。

请计算：

（1）计算关税的组成计税价格；

（2）计算进口环节应纳的进口关税；

（3）计算进口环节应纳增值税的组成计税价格；

（4）计算进口环节应缴纳增值税的税额；

（5）计算国内销售环节的销项税额；

（6）计算国内销售环节应缴纳的增值税税额。

解析：

（1）关税的组成计税价格 = 500 000 + 250 000 = 750 000（元）

（2）应纳进口关税 = 750 000 × 15% = 112 500（元）

（3）进口环节应纳增值税的组成计税价格 = 750 000 + 112 500 = 862 500（元）

（4）进口环节应缴纳增值税税额 = 862 500 × 13% = 112 125（元）

（5）国内销售环节的销项税额 = 1 000 000 × 13% = 130 000（元）

（6）国内销售环节应缴纳增值税税额 = 130 000−112 125 = 17 875（元）

5. 增值税出口退税的计算

出口退税是国际贸易中通常采用的并为世界各国普遍接受，目的在于鼓励各国出口货物、劳务公平竞争的一种退还或免征间接税（目前主要是增值税和消费税）的税收措施。国务院于 2017 年 11 月 19 日公布并实施了“关于废止《中华人民共和国营业税暂行条例》和修改《中华人民共和国增值税暂行条例》的决定”（国令第 691 号），修改后的《中华人民共和国增值税暂行条例》中第 2 条第 4 款规定“纳税人出口货物，税率为零”。《中华人民共和国消费税暂行条例》中第 11 条规定“对纳税人出口应税消费品，免征消费税”。

1）增值税出口货物税率为零的规定的理解

关于增值税出口货物税率为零的规定，税法上有两层含义的理解：一是对本道环节生产或销售货物的增值部分免征增值税；二是对出口货物前一道环节所含的进项税额进行退付。但是，在实务中由于各种货物出口政策不同，则会出现多种不同复杂程度的具体情况。

2）出口货物退（免）税的适用条件

《出口货物退（免）税管理办法》规定，可以退（免）税的出口货物一般应具备以下四个条件：

（1）必须是属于增值税、消费税征税范围的货物。

（2）必须是报关离境的货物（报关离境是指货物输出海关，即出口）。

（3）必须是在财务上作销售处理的货物。

（4）必须是出口收汇并已核销的货物。

3）出口退（免）税的基本政策

目前，我国的出口货物税收政策分为以下三种形式。

（1）出口免税并退税。出口免税是指货物出口环节不征增值税、消费税；出口退税是指对货物在出口前实际承担的税收负担，按规定的退税率计算后予以退还。

（2）出口免税但不退税。是指货物出口环节不征增值税、消费税，出口前一道生产、销售或进口环节是免税的，使得出口货物本身就不含税，因而无须退税。

对企业出口的货物给予免税，但不予退税的具体情况有：

① 增值税小规模纳税人出口货物。

② 外贸企业取得普通发票、农产品收购发票、政府非税收入票据的货物出口。

③ 农业生产者自产农产品出口。

④ 来料加工复出口的货物。

⑤ 软件产品（规定范围内的部分产品）。

⑥ 含黄金、铂金成分的货物，钻石及其饰品。

⑦ 国家计划内出口的卷烟等。

营改增后，境内的单位和个人跨境销售服务和无形资产免征增值税，但不退税的情况有：

① 在境外的服务。包括建筑服务、工程监理服务、工程勘察勘探服务、会议展览服务、仓储服务、广播影视节目（作品）的播映服务、文化体育服务、教育医疗服务、旅游服务以及在境外使用的有形动产租赁服务。

② 为出口货物提供的邮政服务、收派服务、保险服务（包括出口货物保险和出口信用保险）。

③ 向境外单位提供的完全在境外消费的服务和无形资产。包括电信服务、知识产权服务、物流辅助服务（仓储服务和收派服务除外）、鉴证咨询服务、专业技术服务、商务辅助服务、广告投放地在境外的广告服务、无形资产。

④ 以无运输工具承运方式提供的国际运输服务。

⑤ 为境外单位之间的货币资金融通及其他金融业务提供的直接收费金融服务，且该服务与境内的货物、无形资产和不动产无关。

⑥ 财政部和国家税务总局规定的其他服务。

（3）出口不免税也不退税。出口不免税指对国家限制或禁止出口的某些货物的出口环节视同内销环节，照常征税；出口不退税指对这些货物出口不退还出口前其所负担的税款。

出口货物和劳务视同内销，照常征收增值税的情况有：

① 出口企业或其他单位销售给特殊区域内的生活消费用品和交通运输工具。

② 取消出口退税的货物，如化肥等。

③ 出口企业或其他单位在办理出口退税过程中有问题，如提供虚假备案单证的货物。

4）增值税退（免）税政策的范围

（1）一般退（免）税货物范围

除适用出口免税不退税和出口不免税也不退税的项目外，企业出口货物或服务，凡属于已征或应征增值税、消费税的货物和服务，都是出口免税并退税的范围。

（2）视同出口货物，适用增值税退（免）税政策的情况

① 出口企业对外援助、对外承包、境外投资的出口货物。

② 出口企业经海关报关进入国家批准的特殊区域并销售给特殊区域内单位或境外单位、个人的货物。特殊区域指出口加工区、保税物流园区、保税港区、综合保税区、珠澳跨境工业区（珠海园区）、中哈霍尔果斯国际边境合作中心（中方配套区域）、保税物流中心（B 型）等。

③ 免税品经营企业销售的货物。

④ 国际金融组织或外国政府贷款国际招标建设项目的中标机电产品。

⑤ 销售给国际运输企业用于国际运输工具上的货物（暂仅限于外轮供应公司、远洋运输供应公司销售给外轮、远洋国轮的货物，国内航空供应公司销售给国际航班的航空食品）。

⑥ 销售给特殊区域内生产企业耗用且不向海关报关而输入特殊区域的水电气。

⑦ 以融资租赁方式租赁给境外承租人且租赁期限在 5 年以上，并向海关报关后实际离境的货物，试行增值税、消费税出口退税政策。

（3）营改增后，境内单位跨境销售服务和无形资产，适用增值税一般计税方法的，视同生产企业实行“免、抵、退”政策。具体包括如下销售内容。

① 国际运输服务。

② 航天运输服务。

③ 向境外单位提供的完全在境外消费的研发服务、合同能源管理服务、设计服务、广播影视制作和发行服务、软件服务、电路设计及测试服务、信息系统服务、业务流程管理服务、离岸服务外包业务、转让技术。

5）增值税出口退税率

出口退税率其在数额上表现为出口货物的实际退税额与退税计税依据的比例。

（1）出口货物的退税率。除财政部和国家税务总局根据国务院决定而明确的增值税出口退税率（以下简称退税率）外，出口货物的退税率为其适用税率。

（2）境内单位跨境销售服务和无形资产的出口退税率为其按照“营改增”规定适用的增值税税率，即 9% 或 6%。

（3）退税率的特殊规定

① 外贸企业购进按简易办法征税的出口货物、从小规模纳税人购进的出口货物，其退税率分别为简易办法实际执行的征收率、小规模纳税人征收率。

② 出口企业委托加工修理修配货物，其加工修理修配费用的退税率为出口货物的退税率。

③ 中标机电产品、出口企业向海关报关进入特殊区域销售给特殊区域内生产企业生产耗用的列名原材料、输入特殊区域的水电气，其退税率为适用税率。

（4）适用不同退税率的货物、劳务及跨境应税行为，应分开报关、核算并申报退（免）税，未分开报关、核算或划分不清的，从低适用退税率。

6）"免、抵、退"税的计算

（1）"免、抵、退"计税方法的含义

"免、抵、退"计税方法适用于生产企业出口自产货物和视同自产货物、对外加工修理修配劳务，以及列名的74家生产企业出口非自产货物和跨境销售适用零税率的应税服务和无形资产。"免"是指出口销售货物，实行零税率，免征出口环节增值税。"抵"指兼营内销和外销货物的企业，用内销货物的应纳增值税税额，抵顶外销货物应退增值税税额（不包括适用增值税即征即退、先征后退政策的应纳增值税税额）。"退"指只有当外销货物应退增值税税额大于内销货物应纳增值税税额，抵顶后出现负数时，才将未抵顶完的数额退还给出口企业。该办法适用于从未发生违反增值税发票管理规定的生产企业自营出口和委托代理出口的自产货物。

（2）出口外购货物视同出口自产货物退税情况

出口外购货物符合下列条件之一的，可视同自产货物申报适用增值税退（免）税政策。

① 同时符合下列条件的外购货物，视同自产货物退税。

a. 与本企业生产的货物名称、性能相同；

b. 使用本企业注册商标或境外单位或个人提供给本企业使用的商标；

c. 出口给进口本企业自产货物的境外单位或个人。

② 生产企业外购的与本企业所生产的产品配套出口的产品，视同自产货物退税。

③ 经总部所在地税务机关认定的集团公司，其控股的生产企业之间收购的自产货物以及集团公司与其控股的生产企业之间收购的自产货物，视同自产货物退税。

④ 生产企业委托加工收回的产品，视同自产货物退税。

⑤ 用于本企业中标项目下的机电产品。

⑥ 用于对外承包工程、境外投资、对外援助等项目下的货物。

（3）"免、抵、退"计税方法计算出口退税的具体步骤

① 当期应纳税额的计算

当期应纳税额 = 当期内销货物的销项税额 −（当期进项税额 − 当期"免、抵、退"税不得免征和抵扣税额）− 上期留抵税额　（a）

当期"免、抵、退"税不得免征和抵扣税额 = 出口货物离岸价 × 外汇人民币牌价 ×（出口货物征税率 − 出口货物退税率）− 免抵退税不得免征和抵扣税额抵减额　（b）

"免、抵、退"税不得免征和抵扣税额抵减额 = 免税购进原材料价格 ×（出口货物征税率 − 出口货物退税率）　（c）

因为出口免销项税额，所以销项税额中只有内销货物的销项税额；购入的原材料中

如果有之前未交过增值税的部分(即免税购进的原材料),在计算可以抵扣的进行税额时,为避免税收流失，要将该之前未交过增值税的部分扣除。(c)式中免税购进原材料包括从国内购进免税原材料和从国外进料加工免税进口料件，其中从国内购进免税原材料的价格为不含增值税的收购金额，进料加工免税进口料件的价格为组成计税价格(包括货物到岸价、海关实征关税和消费税)。

我国出口退税实行的是非全额退税，即出口货物退税时的退税率与该货物购进时的征税率有差额,如(b)式所示,这会导致产品出口后,其进项税额的一小部分不能抵扣,也不得免征，而是打入产品销售成本，由出口企业负担。

对(a)式中当期应纳税额结果的判断：若计算出的应纳税额大于0，余额在贷方，表示当月应该交税，则不存在退税情况。即该出口企业当月虽然有出口货物，但是因内销货物应纳税额多，出口货物应退税额用内销货物应纳税额抵顶后，还得向税务机关缴税；若计算出的应纳税额小于0，余额在借方，意味着“免、抵、退”税额尚未抵扣完或未抵扣内销，应该退税。形成负数的原因可能有两个：一是内销货物的应纳税额小于出口货物的应退税额，此时的负数应为向税务机关申请退税的金额，但是实际应退金额还要根据下面第③步判断；二是内销货物本身的销项税额小于其进项税额，这部分的负数值应留到下期继续抵扣。

②“免、抵、退”税额的计算

“免、抵、退”税额 = 出口货物离岸价 × 外汇人民币牌价 × 出口货物退税率 − “免、抵、退”税额抵减额

“免、抵、退”税额抵减额 = 免税购进原材料价格 × 出口货物退税率

③当期应退税额和免抵税额的计算

a. 若当期应纳税额的绝对值(因为是负数)小于或等于当期“免、抵、退”税额，则表明“免、抵、退”税额部分抵内销，剩余部分为退税额。

当期应退税额 = 当期应纳税额的绝对值

当期免抵税额 = 当期“免、抵、退”税额 − 当期应退税额

b. 若当期应纳税额的绝对值大于当期“免、抵、退”税额，则表明“免、抵、退”税额未抵内销，应全部退税。

当期应退税额 = 当期“免、抵、退”税额

当期免抵税额 = 0

其中，当期期末留抵税额根据当期增值税纳税申报表中“期末留抵税额(名义留抵额)”确定。而实际期末留抵额 = 当期应纳税额的绝对值 − 当期实际退税额

【例 3-11】 某公司为自营出口生产性企业，增值税一般纳税人，出口货物的征税税率为 13%，假设退税税率为 10%。2019 年 7 月有关经营业务为：购进原材料一批，取得的增值税专用发票注明增值税税额为 60 万元，外购货物进项税额准予抵扣且通过认证；上月末留抵税款 5 万元；本月内销货物增值税销项税额为 100 万元，本月出口货物的离岸价格折合人民币 300 万元。试计算该企业当期的“免、抵、退”税额。

（1）当期“免、抵、退”税不得免征和抵扣税额 = 300 ×（13%−10%）= 9（万元）。

（2）当期应纳税额 = 100−（60−9）−5 = 44（万元）。

（3）出口货物“免、抵、退”税额 = 300 × 10% = 30（万元）。

（4）因为当期应纳税额大于 0，因此当期不退税，应纳税额为 44 万元，当期实际退税额为 0。

（5）当期免、抵税额 = 30−0 = 30（万元）。

【例 3-12】 某公司为自营出口生产性企业，增值税一般纳税人，出口货物的征税税率为 13%，假设退税税率为 10%。2019 年 7 月有关经营业务为：购进原材料一批，取得的增值税专用发票注明的价款为 500 万元，增值税税额为 65 万元，进项税额准予抵扣且通过认证；上月末留抵税款 5 万元；本月内销货物增值税销项税额为 39 万元，本月出口货物的离岸价格折合人民币 500 万元。试计算该企业当期的“免、抵、退”税额。

（1）当期“免、抵、退”税不得免征和抵扣税额 = 500 ×（13%−10%）= 15（万元）。

（2）当期应纳税额 = 39−（65−15）−5 = −16（万元）。

（3）出口货物“免、抵、退”税额 = 500 × 10% = 50（万元）。

（4）因为当期应纳税额小于 0，因此当期应该退税，又因为当期应纳税额的绝对值 16 万元小于“免、抵、退”税额 50 万元，则当期实际退税额为 16 万元。

（5）当期免、抵税额 = 50−16 = 34（万元）。

（6）期末留抵结转下期继续抵扣税额为 0。

7）“免、退”税的计算

免退税的办法适用于不具备生产能力的出口企业（及外贸企业）或其他单位的出口货物、劳务，免征增值税，相应的进项税额予以退还。外贸企业外购研发服务和设计服务，免增值税，其对应的外购应税服务的进项税额予以退还。

外贸企业以及其他企业外购货物出口后，凭购进出口货物的增值税专用发票办理退税。

应退税额 = 增值税退（免）税计税依据 × 出口物退税率

其中，增值税退（免）税计税依据分为出口货物增值税退（免）税计税依据和出口委托加工修理修配货物增值税退（免）税计税依据两种情况。

（1）出口货物增值税退（免）税计税依据

该依据为购进出口货物的增值税专用发票注明的金额或海关进口增值税专用缴款书注明的完税价格。

【例 3-13】 某公司为自营出口的外贸企业、增值税一般纳税人，其出口货物的征税税率为 13%，退税税率为 10%。2019 年 11 月份有关经营业务为：购进商品一批，取得的增值税专用发票注明价款为 1 500 万元；本月出口货物的离岸价格折合人民币 2 000 万元。试计算该企业当期的应退税额。

应退税额 = 1 500 × 10% = 150（万元）

（2）委托加工修理修配的增值税退（免）税计税依据

该依据为修理修配费用增值税专用发票注明的金额。外贸企业应将加工修理修配使用的原材料（进料加工海关保税进口料件除外）作价销售给受托加工修理修配的生产企业，受托加工修理修配的生产企业应将原材料成本并入加工修理修配费用再开具发票。

【例 3-14】 某外贸企业从国内采购原材料，不含税价格 200 万元，进项税额 26 万元；企业作价 220 万元将原材料销售给某加工厂委托加工产品，价税合计收取 248.6 万元；加工厂收取加工费不含税价 40 万元，合计开具增值税专用发票不含税金额 260 万元，销售税额 33.8 万元；外贸企业从加工厂收回加工产品后报关出口。假设退税率为 9%，计算其应退税额。

应退税额 = 260 × 9% = 23.4（万元）

3.2.3 小规模纳税人应纳税额的计算

1. 小规模纳税人计税办法与计算公式

《中华人民共和国增值税暂行条例》及其实施细则规定，增值税小规模纳税人采取简易办法计算应缴增值税，无论是否取得增值税专用发票，一律不得抵扣任何税款。小规模纳税人增值税计算公式为：

应纳增值税 = 销售额（不含税）× 征收率

小规模纳税人作为增值税计税基数的销售额同一般纳税人一致，也是不含增值税的价款和价外费用。小规模纳税人（其他个人除外）发生增值税应税行为，需要开具增值税专用发票的，可以自愿使用增值税发票管理系统自行开具。选择自行开具增值税专用发票的小规模纳税人，税务机关不再为其代开增值税专用发票。增值税小规模纳税人应当就开具增值税专用发票的销售额计算增值税应纳税额，并在规定的纳税申报期内向主管税务机关申报缴纳。小规模纳税人销售货物后，如果开出普通发票，而且普通发票上面的金额是含税价，必须换算成不含税价后，才能作为计税基础。即不含税价销售额计算公式为：

拓展阅读3-8 小规模纳税人的弱势与平衡措施

不含税销售额 = 含税销售额 ÷（1 + 征收率）

2. 小规模纳税人适用征收率

营改增全面实施后，增值税普通发票与增值税专用发票格式基本上一致，金额与税额是分别列示的。一般行业的小规模纳税人适用 3% 的征收率，只有从事房地产开发和房地产租赁的小规模纳税人，适用 5% 的征收率。

3. 小规模纳税人应纳税额计算

1）提供建筑服务的小规模纳税人应纳税额计算

提供建筑服务的小规模纳税人应纳税额计算公式为：

$$应交增值税 = 不含税实际价款 \times 3\% = 含税实际价款 \div (1 + 3\%) \times 3\%$$

其中，跨县市提供建筑服务的小规模纳税人，应依 3% 征收率在建筑服务发生地预缴，然后再向机构所在地申报。

2）提供租赁服务的小规模纳税人应纳税额计算

小规模纳税人出租不动产应纳税额计算公式为：

$$应交增值税 = 不含税租金收入 \times 5\% = 含税租金收入 \div (1 + 5\%) \times 5\%$$

3）非房地产业小规模纳税人销售其取得的不动产

非房地产业小规模纳税人销售其取得的不动产，以售价减买价的差价为销售额计税；销售其自建的不动产，以售价全额为销售额计税。

$$应交增值税 = 不含税销售额 \times 5\% = 含税销售额 \div (1 + 5\%) \times 5\%$$

注意，出租不动产和销售不动产的小规模纳税人，应依 5% 的征收率在不动产所在地预缴税款，然后再向机构所在地申报。

4）房地产开发企业小规模纳税人应交增值税计算

如果房地产开发企业小规模纳税人采取非预收款方式销售，则：

$$应交增值税 = 不含税销售额 \times 5\% = (全部价款和价外费用) \div (1 + 5\%) \times 5\%$$

如果房地产开发企业小规模纳税人采取预收款方式销售，则：

$$应预缴税款 = 预收款 \div (1 + 5\%) \times 3\%$$

工程完工并结算应交增值税时计算：

$$应交增值税 = (全部价款和价外费用) \div (1 + 5\%) \times 5\% - 预缴税款$$

【例 3-15】 某个体商店 2019 年 2 月份销售收入额为 6 780 元，增值税征收率为 3%。则该商店增值税应纳税额为：

6 780 ÷（1 + 3%）× 3% ≈ 197.48（元）

3.3 增值税的会计处理

3.3.1 增值税会计账户设置

现行增值税的纳税人划分为一般纳税人和小规模纳税人两种，二者计税方法不同，因此其账户设置和会计核算方法也有所不同。

1. 一般纳税人增值税会计核算的账户设置

一般纳税人应在“应交税费”账户下设置“应交增值税”“未交增值税”“预交增值税”“待抵扣进项税额”“待认证进项税额”“待转销项税额”“增值税留抵税额”“简易计税”“转让金融商品应交增值税”“代扣代交增值税”等明细账户。

1）“应交税费——应交增值税”账户

“应交税费——应交增值税”明细账户的借方发生额，反映企业购进货物、加工修理修配劳务、服务、固定资产、无形资产或不动产而支付或负担的进项税额、销项税额抵减、已交税金、减免税款、出口抵减内销产品应纳税额、转出未交增值税；贷方发生额，反映企业销售货物、转让不动产、无形资产或提供应税劳务、服务等收取的销项税额、出口企业收到的出口退税以及进项税额转出数和转出多交增值税，期末借方余额，反映企业尚未抵扣的增值税。

为了准确、完整地反映企业应纳增值税的计算、解缴和抵扣等情况，企业应在“应交增值税”明细账户下设置“进项税额”“销项税额抵减”“已交税金”“减免税款”“出口抵减内销产品应纳税额”“转出未交增值税”“销项税额”“出口退税”“进项税额转出”“转出多交增值税”等专栏。“应交税费——应交增值税”账户采用多栏式方式，在借方和贷方各设若干专栏加以反映。

（1）借方专栏

①“进项税额”专栏，记录一般纳税人购进货物、加工修理修配劳务、服务、固定资产、无形资产或不动产而支付或负担的、准予从当期销项税额中抵扣的增值税税额。企业购进时支付或负担的进项税额，用蓝字登记；发生购货退回或折让时，用红字登记，冲销已确认的进项税额。

②“销项税额抵减”专栏，记录一般纳税人按照现行《中华人民共和国增值税暂行条例》规定因扣减销售额而减少的销项税额，例如房地产企业一般纳税人适用“全额开票，差额计税”政策时，因按规定抵减销售额而减少的销项税额，计入该专栏。

③“已交税金”专栏，记录企业当月上交本月增值税税额。退回多交的增值税用红字登记。

④“转出未交增值税”专栏，记录一般纳税人月度终了转出当月应交未交的增值税税额。结转至“未交增值税”明细账户后，“应交税费——应交增值税”的期末余额不再包括当期应交未交增值税税额。

⑤“减免税款”专栏，记录一般纳税人按现行规定准予减免的增值税税额。企业按规定直接减免的增值税税额，借记本科目，贷记“营业外收入——政府补贴”科目。

⑥“出口抵减内销产品应纳税额”专栏，记录实行“免、抵、退”办法的一般纳税人按规定计算的出口货物或应税服务的进项税抵减内销产品的应纳税额，发生免抵税额时，借记本科目，贷记“应交税费——应交增值税（出口退税）”科目。

（2）贷方专栏

①“进项税额转出”专栏，记录一般纳税人购进货物、加工修理修配劳务、服务、固定资产、无形资产或不动产等发生非正常损失以及其他原因而不应从销项税额中抵扣、按规定转出的进项税额。转出时贷记本科目，冲减已记的进项税额。

拓展阅读3-9 对增值税期末留抵税额退税制度的进一步理解

注意，当本期可抵扣进行税额大于同期销项税额时，其差额为增值税留抵税额，在账户上表现为应交增值税明细科目的借方余额。根据规定，符合条件的纳税人，可以向主管税务机关申请退还增量留抵税额（详情见拓展阅读 3-9）。企业实际收到税务机关退还的留抵税额时，不必单独设置账户，只需按退还的留抵税额借记“银行存款”，贷记本科目。

②“销项税额”专栏，记录一般纳税人销售货物、加工修理修配劳务、服务、固定资产、无形资产或不动产应收取的增值税税额。企业销售货物或提供应税劳务应收取的销项税额，用蓝字登记，销货退回或折让应冲销的销项税额，用红字登记。

③“出口退税”专栏，记录一般纳税人出口适用零税率的货物，向海关办理报关出口手续后，凭出口报关单等有关凭证，向税务机关申报办理出口退税而收到退回的税款。根据出口企业当期按规定应退税额，借记“其他应收款——增值税退税款”科目，贷记本科目。

出口货物退回的增值税，用蓝字登记；出口货物办理退税后发生退货或者退关而补交已退的税款，用红字登记。

④“转出多交增值税”专栏，记录一般纳税企业月终转出多缴的增值税。月末企业“应交税费——应交增值税”明细账出现借方余额时，根据其中属于当期多交的税额借记“应交税费——未交增值税”科目，贷记本科目。结转后，“应交税费——应交增值税”的期末余额不存在多交的增值税税额。

注意，期末，将当期多交的税额转出后，如果“应交税费——应交增值税”明细账还有借方余额时，为进项税额大于销项税额而需要留下期继续抵扣的税额，其中符合条件的要退还增量留抵税额（详情见拓展阅读 3-9）。

上述 10 个专栏的设置用丁字账表示（如图 3-1 所示）。

借方　　　　　　　　　应交税费——	应交增值税　　　　　　　　　贷方
①进项税额	①进项税额转出
②销项税额抵减	②销项税额
③已交税金	③出口退税
④转出未交增值税	④转出多交增值税
⑤减免税款	
⑥出口抵减内销产品应纳税额	
余额：尚未抵扣的税额	

图 3-1　应交税费——应交增值税丁字账户结构图

另外，对于符合规定的生活性服务业纳税人，允许按照当期可抵扣进项税额加计 15% 抵减应纳税额的情况，企业可增设“应交税费——应交增值税（加计抵减额）”借方明细专栏，以记录可抵扣进行税额加计抵减额的计提、调减、结合等情况。

2）“应交税费——未交增值税”账户

“应交税费——未交增值税”明细账户的借方发生额，反映从“应交税费——应交增值税（转出多交增值税）”专栏转入的企业当月多交的增值税税额，或从“预交增值税”明细科目转入的多交或预缴的增值税税额，以及企业缴纳以前月份未交的增值税税额。贷方发生额反映从“应交税费——应交增值税（转出未交增值税）”专栏转入的企业当月应交未交的增值税税额，期末借方余额反映企业多交的增值税，贷方余额反映企业未交的增值税。

3）“应交税费——预交增值税”账户

核算纳税人转让不动产、提供不动产经营租赁服务、提供建筑服务、采用预收款方式销售自行开发的房地产项目等，以及其他按现行增值税制度规定应预缴的增值税税额。

4）“应交税费——待认证进项税额”账户

核算纳税人由于未经税务机关认证而不得从当期销项税额中抵扣的进项税额。

5）“应交税费——待抵扣进项税额”账户

核算一般纳税人已取得增值税扣税凭证并经税务机关认证，按照现行增值税制度规定准予以后期间从销项税额中抵扣的进项税额。

6）“应交税费——待转销项税额”账户

核算纳税人销售货物、加工修理修配劳务、服务、无形资产或不动产，已确认相关收入（或利得）但尚未发生增值税纳税义务而需要以后期间确认为销项税额的增值税税额，如预售购物卡。

7）“应交税费——简易计税”账户

核算纳税人采用简易计税方法发生的增值税计提、扣减、预缴、缴纳、抵减、减免等业务。

8）“应交税费——转让金融商品应交增值税”账户

核算纳税人转让金融商品发生的增值税税额。

9）“应交税费——代扣代交增值税”账户

核算纳税人购进在境内未设经营机构的境外单位或个人在境内发生的应税行为所代扣代缴的增值税。

2. 小规模纳税人增值税会计核算的账户设置

小规模纳税人采取简易办法计算增值税，不存在进项税额抵扣的问题，因此，小规模纳税人增值税的会计处理比较简单。应设置“应交税费——应交增值税”“转让金融商品应交增值税”“代扣代交增值税”等明细账户。该账户核算增值税的应交数、已交数及欠交数或多交数，其借方反映已交增值税税额；贷方反映应交增值税税额；期末借方余额反映企业多交的增值税税额；期末贷方余额反映企业尚未上缴或欠交的增值税税额。

3.3.2　一般纳税人增值税的会计处理

1. 一般纳税人进项税额的会计处理

1）国内购进货物、固定资产进项税额的会计处理

企业外购应税货物时，按照增值税专用发票上记载的应计入采购成本的金额分别记入“材料采购”（按计划成本计价）、“原材料”或“在途物资”（按实际成本计价）、“固定资产”等科目的借方，按照专用发票上注明的增值税税额记入“应交税费——应交增值税（进项税额）”科目的借方，按照实际支付或应付的款项记入“银行存款”“应付账款”“应付票据”等科目的贷方。

【例 3-16】 甲企业为增值税一般纳税人，日常存货按实际成本核算，2019 年 6 月发生如下业务：

（1）6 月 1 日，购入原材料一批，取得增值税专用发票上注明的金额为 200 000 元，税率 13%，增值税税额为 26 000 元，专用发票已通过认证，发票等结算凭证已收到，货款已通过银行转账支付，材料已验收入库。则企业应作如下会计处理：

借：原材料　　200 000
　　应交税费——应交增值税（进项税额）　　26 000
　贷：银行存款　　226 000

（2）6 月 5 日，甲企业购入不需要安装设备一台，取得增值税专用发票上列明金额 300 000 元，税率 13%，增值税税额 39 000 元，专用发票已通过认证。另有销售方替企业代垫运费，取得专用发票上所列金额为 1 000 元，税率 9%，增值税税额 90 元，专用发票未认证，全部款项均已支付。

分析：按照修订后的《中华人民共和国增值税暂行条例》，企业购进该项固定资产所支付的增值税税额 39 000 元，允许在购置当期全部一次性扣除。运费对应的增值税 90 元也允许抵扣。因此该企业的会计处理为：

借：固定资产　　301 000
　　应交税费——应交增值税（进项税额）　　39 000
　　　　　　——待认证进项税额　　90
　贷：银行存款　　340 090

（3）6 月 15 日，甲企业购买一栋办公楼，取得专用发票列明金额 3 000 万元，税率 9%，税额 270 万元，专用发票已通过认证，开出转账支票付款。

分析：自 2019 年 4 月 1 日起，增值税一般纳税人取得不动产的进项税额不再分两年抵扣，而是在购进不动产的当期一次性抵扣进项税额。其会计处理为：

借：固定资产　　30 000 000
　　应交税费——应交增值税（进项税额）　　2 700 000
　贷：银行存款　　32 700 000

（4）6 月 17 日，甲企业为扩大生产规模，改扩建生产车间，将车间扩大一倍。该自建工程购入工程材料取得专用发票所列金额 1 000 万元，税率 13%，税额 130 万元。专用发票已通过认证，款项已经支付。

分析：自 2019 年 4 月 1 日起，改扩建工程的进项税额允许全额抵扣。其会计处理为：

借：工程物资　　10 000 000
　　应交税费——应交增值税（进项税额）　　11 300 000
　贷：银行存款　　11 300 000

（5）6 月 20 日，甲企业在国内购进原材料，取得普通发票列明金额 20 000 元，税率 3%，税额 600 元。另支付运费取得普通发票列明金额 200 元，税率 3%，税额 6 元。以转账支票支付所有款项。

外购原材料及运费，取得的普通发票均不能作为抵扣依据，其会计处理为：

借：原材料　　20 806

贷：银行存款　　20 806

（6）6月30日，甲企业收到电力公司开来的电力增值税专用发票所列金额30 000元，税率13%，税额3 900元，专用发票已通过认证，开出转账支票支付电费。则其会计处理为：

借：制造费用　　30 000
　　应交税费——应交增值税（进项税额）　　3 900
　贷：银行存款　　33 900

2）购进应税劳务、服务进项税额的会计处理

一般纳税人接受委托外单位加工货物、接受外单位修理修配劳务、购进外单位服务等业务活动。在购进时，同时支付劳务费、服务费和按相应费用计算的增值税税款，取得增值税专用发票的，所支付的增值税税款可以抵扣。

【例3-17】 2019年7月5日，甲企业生产车间修理机器，通过银行转账支付给A修理厂修理费（含税）3 390元，取得的增值税专用发票上注明修理费3 000元，税率13%，增值税税额为390元，专用发票已通过认证。则其会计处理为：

借：管理费用　　3 000
　　应交税费——应交增值税（进项税额）　　390
　贷：银行存款　　3 390

【例3-18】 2019年7月8日，甲企业收回委托加工产品一批，取得增值税专用发票，加工费金额30 000元，税率13%，增值税税额3 900元，专用发票已通过认证，以转账支票支付全部款项。则其会计处理为：

借：委托加工物资　　30 000
　　应交税费——应交增值税（进项税额）　　3 900
　贷：银行存款　　33 900

【例3-19】 2019年7月9日，甲企业本月支付中国联通通讯费，取得专用发票列明金额10 000元，税率9%，增值税税额900元，专用发票已通过认证，以转账支票支付款项。其会计处理为：

借：管理费用　　10 000
　　应交税费——应交增值税（进项税额）　　900
　贷：银行存款　　10 900

3）接受投资人投入货物进项税额的会计处理

企业接受投资转入的货物，按照双方确认的价值，借记"原材料""固定资产"等账户，按照专用发票上注明的或根据确认的货物价值换算的增值税税额，借记"应交税费——应交增值税（进项税额）"账户，按照双方确认的所有者权益份额，贷记"实收资本"或"股本"账户，其差额贷记"资本公积——资本溢价"账户。

【例3-20】 2019年7月12日，甲企业收到远大公司投资转入的原材料一批，增值税专用发票上注明的金额100 000元，税率13%，税额13 000元，专用发票已通过认证，材料已验收入库。双方合同协议确认的该投资者的注册资本份额为70 000元。其会计处理为：

借：原材料　　100 000

应交税费——应交增值税（进项税额）　13 000
贷：实收资本　70 000
资本公积——资本溢价　43 000

4）接受捐赠货物进项税额的会计处理

企业接受捐赠转入的货物，按照捐赠确认的价值，借记“原材料”“固定资产”等账户，按照专用发票上注明的或按确认价值换算的增值税税额，借记“应交税费——应交增值税（进项税额）”账户，贷记“营业外收入”账户。

【例 3-21】 2019 年 7 月 18 日，甲企业接受宏远公司捐赠的材料，增值税专用发票上注明的金额 400 000 元，税率 13%，税额 52 000 元，专用发票已通过认证，材料已验收入库。其会计处理为：

借：原材料　400 000
应交税费——应交增值税（进项税额）　52 000
贷：营业外收入——捐赠利得　452 000

5）购进免税农产品进项税额的会计处理

企业收购免征增值税的农产品，可按收购凭证上注明的收购价款和规定的扣除率计算进项税额。其账务处理与国内购进货物基本相同。

【例 3-22】 2019 年 7 月 20 日，某棉布生产企业从农村收购棉花一批，收购价款为 30 000 元，无其他税费，棉花已验收入库，该棉布生产企业适用 10% 的税率。其会计处理为：

借：原材料　27 000
应交税费——应交增值税（进项税额）　3 000
贷：银行存款　30 000

6）购货退回与购货折让进项税额的会计处理

企业因购货退回与购货折让而收回的增值税，应从发生进货退回或折让当期的进项税额中扣减。在会计上应视以下两种情况进行处理：

（1）购货方未付款且未作账务处理。购货方因货物质量等原因要求退货或者折让时，如果企业尚未支付款项且未作账务处理的，只须将购货的“发票联”和“税款抵扣联”退还给销货方即可。如果是全部退货的，因购进货物时并未作账，退货时也无须作任何账务处理；如果是部分退货的，将发票联和抵扣联退还销货方后，应由销货方按实际销售数量重新开具增值税专用发票，购货方也不用对退货进行账务处理，只须按重新取得的专用发票及货物购入情况作正常的购货处理即可；如果发生的是购货折让的，将发票联和抵扣联退还销货方后，应由销货方按折让后的价款和增值税税额重新开具增值税专用发票，购货方按重新取得的发票联和抵扣联作购进处理。

【例 3-23】 2019 年 7 月 1 日，方正公司从 B 公司购入原材料一批，验收入库时发现其中有 2 000 千克材料不符合合同规定，当即退回给 B 公司，另有 3 000 千克材料符合合同规定，已验收入库。收到的 B 公司增值税专用发票上注明该材料单价为 100 元 / 千克，金额 500 000 元，税率 13%，税额 65 000 元，该批材料款项尚未支付。退货时，一并将发票联和税款抵扣联退回。7 月 12 日收到 B 公司重新开具的专用发票，所列价款 300 000 元，税率 13%，税额 39 000 元，专用发票已通过认证，款项通过银行转账付讫。方正公司的会计处理为：

7 月 1 日，发生退货和验收入库均无须做账务处理，只是材料入库时在其明细账上登记数量。

7 月 12 日，收到新专用发票并支付款项时

借：原材料　　300 000
　　应交税费——应交增值税（进项税额）　　39 000
　贷：银行存款　　339 000

（2）购货方已付款，或未付款但已作账务处理。发生购货退回或折让时，如果已付款或者未付款但已作账务处理的，无法退回专用发票联和抵扣联，购货方须取得当地主管税务机关开具的证明单送交销货方，作为销货方开具红字专用发票的合法依据；销货方收到证明单后，根据退货数量、价款和税款，或者折让价款和税款，向购货方开具红字增值税专用发票，其中，存根联和记账联作为销货方冲销当期销项税额的凭证，发票联和税款抵扣联交给购货方，作为其冲减退货或折让当期的进项税额的凭证。

【例 3-24】 2019 年 7 月 15 日，方正公司从 C 企业购进货物一批，转来的增值税专用发票上注明的金额 100 000 元，税率 13%，税额 13 000 元，专用发票已通过认证，已通知银行承付货款。5 天后，货到验收入库时，发现规格不符，方正科技公司要求全部退货，并代垫了退货运费 1 000 元，同时向主管税务机关填报了“退货申请单”并取得了“退货证明单”。7 月 25 日，收到甲开具的红字专用发票的发票联和税款抵扣联。方正公司会计处理为：

①7 月 15 日，委托银行付款时

借：在途物资　　100 000
　　应交税费——应交增值税（进项税额）　　13 000
　贷：银行存款　　113 000

②7 月 20 日，货到入库时

借：原材料　　100 000
　贷：在途物资　　100 000

③7 月 25 日，收到红字专用发票办理退货时

借：应收账款　　114 000
　　应交税费——应交增值税（进项税额）　　[13 000]
　贷：原材料　　100 000
　　　银行存款　　1 000

④收到退货款时

借：银行存款　　114 000
　贷：应收账款　　114 000

2. 一般纳税人进项税额转出的会计处理

企业购进的货物发生非正常损失、用于免税项目或改变用途时，其进项税额不得从

销项税额中扣除。由于这些货物的增值税税额在购进时已作为进项税额从当期的销项税额中抵扣，因此，应将其从改变当期的进项税额中转出，也就是从改变当期的进项税额中抵减。即借记成本、费用、损失等相关账户，贷记“应交税费——应交增值税（进项税额转出）”账户。

1）购进货物改变用途进项税额转出的会计处理

如果企业购进的生产经营用货物改变了用途，即被用于非应税项目、集体福利、个人消费时，应将其相应的增值税从“进项税额”中转出。值得注意的是，这类业务与在购入时就能明确用于非应税项目、集体福利等业务不同，如果事先就已明确其用途，购入时计入成本，则不作进项税额抵扣，也就不存在进项税额转出的处理。

【例 3-25】 2019 年 7 月 3 日，乙公司将其在 5 月份购入的生产用钢材 30 吨用于在建工程，该批钢材进价每吨 3 000 元，增值税税率 13%，购入时已取得增值税专用发票。则其会计处理为：

借：在建工程　　101 700
　贷：原材料　　90 000
　　应交税费——应交增值税（进项税额转出）　　11 700

【例 3-26】 某食品厂为增值税一般纳税人，共有职工 70 人，其中生产工人 60 人，厂部管理人员 10 人，2019 年 7 月 9 日，公司决定将其外购的生产用原料食用植物油作为福利发放给职工，每人发 2 桶植物油。购买时取得增值税专用发票，每桶采购成本为 60 元。

① 确认应付职工薪酬时

计入生产成本的金额 = 60×（1 + 9%）×2×60 = 7 848（元）

计入管理费用的金额 = 60×（1 + 9%）×2×10 = 1 308（元）

借：生产成本　　7 848
　　管理费用　　1 308
　贷：应付职工薪酬　　9 156

② 给职工发放福利时

应转出的进项税额 = 60×2×70×9% = 8 400×9% = 756（元）

借：应付职工薪酬　　9 156
　贷：原材料　　8 400
　　应交税费——应交增值税（进项税额转出）　　756

2）用于免税项目进项税额转出的会计处理

如果企业生产的产品全部是免税项目，其购进货物的进项税额应计入采购成本，不存在进项税额转出的问题。如果企业购进的货物既用于应税项目，又用于免税项目，而进项税额又不能单独核算时，月末应按免税项目销售额与全部销售总额之比计算免税项目不予抵扣的进项税额，然后作进项税额转出的会计处理。

【例 3-27】 某制药厂 2019 年 7 月份药品销售收入为 2 000 000 元（不含税），其中免税药品销售收入为 1 000 000 元，款项已存入银行。当月购入原材料取得的专用发票注明的金额为 600 000 元，税率 13%，税额 78 000 元，以上货物均已付款并验收入库；

当月通过银行转账支付生产用电费，取得专用发票所列金额 10 000 元，税率 13%，税额 1 300 元。则其 7 月份进项税额转出的会计处理为：

① 月全部进项税额 = 78 000 + 1 300 = 79 300（元）

② 月不得抵扣进项税额 = 79 300 × 1 000 000 ÷ 2 000 000 = 39 650（元）

③ 本月不准抵扣的进项税额转出记入当月销售成本

借：主营业务成本　　39 650

　贷：应交税费——应交增值税（进项税额转出）　　39 650

3）非正常损失货物进项税额转出的会计处理

购进货物和已耗用购进货物及应税劳务的在产品、产成品发生非正常损失后，不可能再形成销售收入及销项税额，这部分损失中的进项税额就不能从销项税额中抵扣，而应由企业自己负担。由于该进项税额以前已作抵扣，现应作进项税额转出处理，同损失货物而减少的存货成本一并处理。另外，由于非正常损失发生时往往很难核定所损失的货物或劳务是何时购进或发生的，其原始进价和进项税额也无法准确核定，因此，应按发生损失当期所购货物的实际成本计算不得抵扣的进项税额。对于损失的在产品、产成品中所耗用外购货物或应税劳务的实际成本，还需要参照企业近期的成本资料加以确定。

【例 3-28】 某企业 2019 年 7 月 9 日发生火灾，烧毁库存材料 3 000 公斤，单位成本为 40 元；库存商品 1 000 件，单位成本为 200 元，经核算单位产品成本中购进货物及应税劳务额为 120 元，该材料和产品适用的增值税率为 13%。8 月 4 日经核查，获保险公司赔偿 200 000 元，款项尚未收到，其余损失由公司自己负担。则该企业的会计处理为：

① 发生损失时

应转出的进项税额 =（3 000 × 40 + 1 000 × 120）× 13% = 240 000 × 13% = 31 200（元）

借：待处理财产损溢　　351 200

　贷：原材料　　120 000

　　　库存商品　　200 000

　　　应交税费——应交增值税（进项税额转出）　　31 200

② 经核查后作处理

借：其他应收款——保险公司　　200 000

　　营业外支出　　151 200

　贷：待处理财产损溢　　351 200

3. 一般纳税人销项税额的会计处理

销项税额是由于纳税人销售货物或提供应税劳务而向购买方收取的增值税，其账务处理需设置“应交税费——应交增值税（销项税额）”账户，可能会涉及相关账户有“主营业务收入”“其他业务收入”“应收账款”“应收票据”“银行存款”等账户。具体实务操作当中，由于货物销售或提供劳务的方式和货款结算方式不同，销项税额的账务处理也有区别。

1）一般销售方式销项税额的会计处理

（1）现销方式销售货物

现销方式销售是指采取直接收款方式进行货物销售，根据收入确认原则，不论货物是否发出，均以收到货款或索取货款凭证，并将提货单交给购货方的当天，开具增值税专用发票（或普通发票），确认销售收入实现和增值税纳税义务发生。

【例 3-29】 方正公司 2019 年 7 月 10 日采用支票结算方式向华联公司销售甲产品 500 件，售价为每件 800 元，开具增值税专用发票列明金额 400 000 元，税率 13%，税额 52 000 元，已收到华联公司的转账支票。方正公司会计处理为：

借：银行存款　　452 000

　贷：主营业务收入　　400 000

　　应交税费——应交增值税（销项税额）　　52 000

（2）分期收款销售方式销售货物

企业采用分期收款销售方式销售货物，其纳税义务发生时间为“按合同约定的收款日期的当天”。即不论在合同约定的收款日是否如数收到货款，均应确认纳税义务发生，并在规定时间内缴纳增值税。请注意，这是税法中的规定，会计准则中对此有另外的规定。纳税人在发出商品时，按发出商品的实际成本，借记“发出商品”，贷记“库存商品”；按合同约定的收款日期开具发票，借记“银行存款”“应收账款”等，贷记“主营业务收入”“应交税费——应交增值税（销项税额）”；同时结转销售成本。

【例 3-30】 某公司按销售合同向甲公司销售产品 600 件，单位售价 1 000 元，单位产品成本 800 元，增值税税率 13%。按合同规定付款期限为 6 个月，货款分 3 次平均支付。第一期产品销售实现当日，开出增值税专用发票上注明的金额 200 000 元，税率 13%，税额 26 000 元，款项已全部收到。假定不计利息。则该公司的会计处理为：

① 发出商品时

借：发出商品　　480 000

　贷：库存商品　　480 000

② 在约定收款日收到款项时

借：银行存款　　226 000

　贷：主营业务收入　　200 000

　　应交税费——应交增值税（销项税额）　　26 000

同时结转相应的已实现销售的产品成本

借：主营业务成本　　160 000

　贷：发出商品　　160 000

2）特殊销售方式销项税额的会计处理

（1）折扣方式销售货物销项税额的会计处理

在财务会计中，折扣方式销售分为商业折扣和现金折扣两种形式。商业折扣又称为折扣销售，它是指企业为促进销售而在商品标价上给予的扣除。对于存在商业折扣的增值税的会计处理关键看销售额与折扣额是否在同一张发票上注明。如果二者是在同一张发票上分别注明的，可按折扣后的余额作为销售额计算增值税；如果将折扣额另开红字增值税专用发票，不论其财务会计上如何处理，都要按未折扣的销售额全额计算销项税额。现金折扣是指为敦促顾客尽早付清货款而提供的一种价格优惠。现金折扣只有在购货方实际付款时才能确认折扣额，它是企业的一种理财行为，按税法规定，这种折扣不得从销售额中抵减，应在实际发生时记入“财务费用”账户。

【例 3-31】 某市一家大型超市为增值税一般纳税人，增值税税率为 13%。为抢抓商机，增加销量，2019 年 6 月开展促销活动，母婴柜开展折扣销售方式出售某全脂奶粉，售价 50 元 / 袋（300 克），成本为 20 元 / 袋。规定在促销期内凡在本柜消费者一次购买 5 袋的，按七折优惠价格成交。月末结账前，经核算，5 月份消费者一次购买 5 袋的有 200 次，共出售了 1 000 袋，当时钱货两清（不考虑其他零售数额）。

假定折扣部分与销售额开具在同一张发票上的会计处理：

该商场应确认的主营业务收入额 =（50 × 70%）× 5 × 200 ÷（1 + 13%）≈ 30 973.45（元）

该商场应确认的销项税额 = 30 973.45 × 13% = 4 026.55（元）

借：库存现金　　35 000

　贷：主营业务收入　　30 973.45

　　　应交税费——应交增值税（销项税额）　　4 026.55

同时，结转销售成本

借：主营业务成本　　20 000

　贷：库存商品　　20 000

此例若假定折扣部分与销售额开具在两张发票上，即对折扣部分另开红字发票，则其会计处理为：

应计增值税销项税额 = 50 × 5 × 200 ÷（1 + 13%）× 13% ≈ 5 752.21（元）

应计入销售费用的金额 =（50 × 5 × 200）× 30% ÷（1 + 13%）× 13% ≈ 1 725.66（元）

借：库存现金　　35 000

　　销售费用　　1 725.66

　贷：主营业务收入　　30 973.45

　　　应交税费——应交增值税（销项税额）　　5 752.21

同时，结转销售成本时的会计处理同上。

【例 3-32】 某企业销售一批产品给丙企业，开出增值税专用发票所列金额 100 000 元，税率 13%，税额 13 000 元，规定现金折扣条件为“2/10，1/20，n/30”，产品成本为 60 000 元。假定企业采用总价法进行现金折扣的核算，且计算现金折扣时考虑增值税税额。则该企业的会计处理为：

产品发出并办妥托收手续确认销售收入时

借：应收账款　　113 000

　贷：主营业务收入　　100 000

　　　应交税费——应交增值税（销项税额）　　13 000

同时，结转销售

借：主营业务成本　　60 000

　贷：库存商品　　60 000

如果上述货款在10日内付款，发生现金折扣额 = 113 000 × 2% = 2 260（元），则

借：银行存款　　110 740

　　财务费用　　2 260

　　贷：应收账款　　113 000

（2）销售退回及销售折让销项税额的会计处理

销售退回是购货方由于对方提供的商品质量、规格、型号等不符合协议的规定，又不接受对方提出的折让条件而将这部分商品退还给销售方的事项。销售折让是指由于商品的质量、规格、型号等不符合购买方的要求，销售方为了尽量避免商品退回而同意在商品价格上给予对方一定的减让。可见销售退回即销售折让都会引起企业销售额的减少，税法上允许从销售额中扣减退货额或折让额，须根据增值税专用发票管理的具体规定，分别不同情况进行账务处理。

① 购买方未付款且未作账务处理的情况

当购买方未付款且未作账务处理时，应退回原发票联和税款抵扣联。如果销售方尚未记账，在收到退回的两联发票和留存的两联发票上分别注明“作废”即可；如果销售方已记账，须以退回的两联发票为依据，开具红字专用发票，冲减退回当期的销售额及销项税额。

【例3-33】 某公司7月2日收到甲企业退回的增值税专用发票联和税款抵扣联，原因是上月购进货物因质量问题全部退回，专用发票所列金额为400 000元，税率为13%，税额为52 000元，并转来代垫的退货运费5 000元（应计的进项税额为450元）的单据。公司据此开具红字增值税专用发票。该公司的会计处理为：

借：应收账款　　[452 000]

　　应交税费——应交增值税（进项税额）　　450

　　销售费用　　4 550

　　贷：主营业务收入　　[400 000]

　　　　应交税费——应交增值税（销项税额）　　[52 000]

　　　　应付账款　　5 000

② 购买方已付款或未付款但已作账务处理的情况

当购买方已付款或未付款但已作账务处理时，不能退还发票联和税款抵扣联，销售方必须以购买方当地主管税务机关开具的退货或货物折让证明单为依据，以退回数量、价款或折让金额开具红字专用发票，冲减当期销售额和销项税额。

【例3-34】 某公司上月销售给A公司产品50件，货款尚未收到，由于质量不符合要求，双方协商折让20%。A公司转来的证明单上列明：折让价款30 000元，折让税额3 900元。根据证明单开出红字增值税专用发票。则该公司会计处理为：

借：应收账款　　[33 900]

　　贷：主营业务收入　　[30 000]

　　　　应交税费——应交增值税（销项税额）　　[3 900]

3）包装物出售、出租及没收押金销项税额的会计处理

企业随同产品销售并单独计价的包装物，应按收取的包装物价款和相应的税率计算

缴纳销项税额。

收取包装物租金属于价外费用，应缴纳增值税。企业收取的包装物租金属于含税销售额，在计算销项税额时应先换算为不含税销售额，再计算应缴增值税。

当包装物逾期不还而没收的押金是含税价，应先进行价税分离再计算销项税额。

【例 3-35】 某公司销售给丁公司带包装物的产品 100 件，包装物单独计价，开出的增值税专用发票上列明销售货物金额 20 000 元，包装物销售金额 1 000 元，税率 13%，增值税税额 2 730 元，款尚未收到。该公司的会计处理为：

借：应收账款	23 730
贷：主营业务收入	20 000
其他业务收入	1 000
应交税费——应交增值税（销项税额）	2 730

【例 3-36】 某公司销售给丁公司产品 100 件，开出专用发票所列金额 50 000 元，税率 13%，增值税税额 6 500 元；同时出租包装物 500 个，租期 2 个月，共计租金 4 520，一次收取包装物押金 22 600 元，总计结算金额 83 620 元，已收到全部款项。则该公司的会计处理为：

包装物租金应计销项税额 = 4 520 ÷（1 + 13%）× 13% = 520（元）

借：银行存款	83 620
贷：主营业务收入	50 000
其他业务收入	4 000
应交税费——应交增值税（销项税额）	7 020
其他应付款——存入保证金	22 600

4）视同销售行为销项税额的会计处理

视同销售行为是一种特殊的销售行为，是站在税收的角度，为了计税的需要将其视为销售处理。对视同销售行为的会计处理，按照是否通过收入账户进行核算有两种做法：一种是按照正常的销售处理，即按售价记销售收入并计提相应的销项税额，同时结转销售成本；另一种是不通过收入账户核算，直接按照成本结转，同时按市价或公允价值计提销项税额，期末还要进行所得税纳税调整。根据现行税法和会计准则的规定，视同销售行为的会计处理一般应遵循如下原则：看视同销售行为是否满足收入确认条件。如果满足，就应按确认销售收入处理，否则，按其成本进行结转。

（1）将货物交给他人代销与销售代销货物的销项税额的会计处理

委托代销货物方式下，为了保持增值税的征收链条不中断，税法要求委托方与受托方都作销售处理。当受托方销售代销货物时，需要给购买方开具增值税专用发票，并据以作销售处理，然后按照与委托方签订的协议，定期填制货物代销清单，与委托方结算货款及手续费，委托方根据代销清单，给受托方开出增值税专用发票，并据以作销售处理。委托代销货物方式下，在纳税人（委托方）收到受托方定期送交的代销清单当天，确认收入实现和增值税纳税义务的发生。委托代销具体可分为视同买断代销方式和收取手续费代销方式两种。

① 视同买断代销方式。该方式是指由委托方和受托方签订协议，委托方按协议价

收取所代销货物的货款，代销货物的实际售价由受托方自定，实际售价与协议价之间的差额归受托方所有。

【例 3-37】甲公司委托乙公司销售 A 商品 1 000 件，每件转让协议价 100 元，该商品成本为 80 元 / 件，增值税税率为 13%。甲公司收到乙公司开来的代销清单时开具增值税专用发票，发票上注明金额 100 000 元，增值税税额 13 000 元。乙公司实际销售时按每件 150 元的价格出售，开具的增值税发票上注明金额 150 000 元，增值税税额为 19 500 元。甲公司已收到全部款项。则两公司的会计处理分别为：

委托方甲公司的会计处理：

在委托方将商品交付给受托方时

借：发出商品　　80 000

　　贷：库存商品　　80 000

收到受托方的代销清单时

借：应收账款——乙公司　　113 000

　　贷：主营业务收入　　100 000

　　　　应交税费——应交增值税（销项税额）　　13 000

借：主营业务成本　　80 000

　　贷：发出商品　　80 000

实际收到委托代销商品款时

借：银行存款　　113 000

　　贷：应收账款——乙公司　　113 000

受托方乙公司的会计处理：

收到甲公司的代销商品时

借：受托代销商品　　100 000

　　贷：受托代销商品款　　100 000

实际销售时

借：银行存款　　169 500

　　贷：主营业务收入　　150 000

　　　　应交税费——应交增值税（销项税额）　　19 500

借：主营业务成本　　100 000

　　贷：受托代销商品　　100 000

借：受托代销商品款　　100 000

　　贷：应付账款——甲公司　　100 000

按合同协议价付款给委托方并收到专用发票时

借：应付账款——甲公司　　100 000

　　应交税费——应交增值税（进项税额）　　13 000

　　贷：银行存款　　113 000

② 收取手续费代销方式。根据所代销的商品数量向委托方收取手续费的销售方式。对于受托方来说，收取的手续费实际上是一般劳务收入。

【例 3-38】 甲公司委托乙公司销售 B 商品 1 000 件，以每件 100 元的价格出售给顾客，乙公司按售价的 10% 收取手续费，该商品成本为 80 元 / 件，增值税税率为 13%。乙公司实际销售时，即向买方开出增值税专用发票，发票上注明该商品的售价为 100 000 元，增值税税额 13 000 元。甲公司在收到乙公司交来的代销清单时，向乙公司开具一张相同金额的增值税发票。则两公司的会计处理分别为：

委托方甲公司的会计处理：

交付商品时

借：发出商品 80 000

　贷：库存商品 80 000

收到代销清单并计算手续费时

借：应收账款——乙公司 113 000

　贷：主营业务收入 100 000

　　　应交税费——应交增值税（销项税额） 13 000

借：主营业务成本 80 000

　贷：发出商品 80 000

借：销售费用 10 000

　贷：应收账款——乙公司 10 000

实际收到委托代销商品款时

借：银行存款 103 000

　贷：应收账款——乙公司 103 000

受托方乙公司的会计处理：

收到代销商品时

借：受托代销商品 100 000

　贷：受托代销商品款 100 000

对外销售时

借：银行存款 113 000

　贷：应付账款——甲公司 100 000

　　　应交税费——应交增值税（销项税额） 13 000

收到增值税专用发票时

借：应交税费——应交增值税（进项税额） 13 000

　贷：应付账款——甲公司 13 000

借：受托代销商品款 100 000

　贷：受托代销商品 100 000

支付货款时

借：应付账款——甲公司 113 000

　贷：银行存款 103 000

　　　主营业务收入 10 000

（2）将自产、委托加工的货物用于非应税项目销项税额的会计处理将自产或委托加工的货物用于非应税项目。属于货物在企业内部转移使用，货物所有权并未发生转移，不能确认收入，只能按成本结转。税法规定：非应税项目领用自产或委托加工货物应视同销售，在货物移送的当天按计税价格计算缴纳增值税。

【例 3-39】 某公司将自产的机器设备一台用于本企业工程建设，该设备成本为45 000元，对外售价为50 000元，该公司为一般纳税人，适用增值税率为13%。该公司的会计处理为：

借：在建工程　　51 500

　贷：库存商品　　45 000

　　应交税费——应交增值税（销项税额）　　6 500

（3）将自产、委托加工或购买的货物用于投资销项税额的会计处理

企业将自产、委托加工或购买的货物用于投资，符合收入确认条件，在会计上应确认收入。企业应于货物移送当天开具增值税专用发票，按货物的售价或组成计税价格计算缴纳增值税税额。

【例 3-40】 乙公司将自产的机器设备一台向丙公司投资，该设备成本为400 000元，市场售价为450 000元，乙公司为一般纳税人，适用增值税率13%，已具出增值税专用发票。则乙公司的会计处理为：

借：长期股权投资　　508 500

　贷：主营业务收入　　450 000

　　应交税费——应交增值税（销项税额）　　58 500

借：主营业务成本　　400 000

　贷：库存商品　　400 000

（4）将自产、委托加工或购买的货物分配给股东销项税额的会计处理

企业自产、委托加工或购买的货物分配给股东，是货物所有权向外部的转让，这种移送方式虽然没有直接的现金流入，但是减少了企业的负债，会计上应确认收入。在向外部移送时要按货物的售价或组成计税价格计算缴纳增值税税额，其纳税义务发生时间为货物移送的当天。

【例 3-41】 乙公司将自产的家电商品2 000件作为股利分配给股东，该家电单位成本为2 000元，市场售价为2 500元，乙公司适用税率为13%。则乙公司的会计处理为：

应计销项税额 = 2 000 × 2 500 × 13% = 650 000（元）

借：应付股利　　5 650 000

　贷：主营业务收入　　5 000 000

　　应交税费——应交增值税（销项税额）　　650 000

借：主营业务成本　　4 000 000

　贷：库存商品　　4 000 000

（5）将自产、委托加工的货物用于职工福利销项税额的会计处理

企业将自产、委托加工的货物用于职工福利，虽然没有货款结算，也没有向企业外部转让，但是，货物改变了生产经营的性质，进入了最终消费，因此，税法上应视同销售货物。税法规定的增值税纳税义务发生的时间为货物移送的当天，但不得开具增值税

专用发票。会计处理上，一方面要根据受益对象，按照货物的公允价值计入相关资产成本或当期损益并确认应付职工薪酬；另一方面要确认收入并结转成本，按货物售价或组成计税价格计算缴纳增值税税额。

【例 3-42】 乙公司将自产的家电商品 2 000 件发放给职工（假设全部职工均为生产车间工人）作为节日礼物，该家电单位成本为 1 000 元，市场售价为 1 500 元，乙公司适用税率 13%。则乙公司的会计处理为：

① 认应付职工薪酬

应付职工薪酬 = 2 000 × 1 500 ×（1 + 13%）= 3 390 000（元）

借：生产成本　　3 390 000

　贷：应付职工薪酬——职工福利　　3 390 000

② 确认收入

借：应付职工薪酬——职工福利　　3 390 000

　贷：主营业务收入　　3 000 000

　　应交税费——应交增值税（销项税额）　　390 000

同时，结转成本

借：主营业务成本　　2 000 000

　贷：库存商品　　2 000 000

（6）将自产、委托加工或购买的货物无偿赠送他人销项税额的会计处理

税法规定：纳税人以自产、加工或购买的货物无偿赠送他人，在货物移送当天发生增值税纳税义务。该方式虽然没有经济利益的流入，但是货物的所有权发生了转移，而赠送货物所耗原材料和支付加工费的进项税额已经从购入时的销项税额中抵扣，如果不将赠送的货物视同销售，就会导致纳税人多抵扣进项税额，这容易发生以赠送为名，逃避纳税义务的现象。但是这种方式并不满足收入确认条件中的第（3）项，即用于投资销项税额的会计处理，因此，不能确认收入，只能按成本结转。

【例 3-43】 乙公司将自产的家电商品 10 台无偿赠送给市敬老院，该家电的单位成本为 1 000 元，市场售价为 1 500 元，乙公司适用税率 13%。则乙公司的账务处理为：

应计销项税额 = 10 × 1 500 × 13% = 1 950（元）

借：营业外支出　　11 950

　贷：库存商品　　10 000

　　应交税费——应交增值税（销项税额）　　1 950

5）应税服务的会计处理

【例 3-44】 某运输企业为增值税一般纳税人，2019 年 7 月取得国内运输收入，开出专用发票列明金额 400 万元，税率 9%，税额 36 万元；将运输车出租获得租金收入，开出普通发票列明金额 20 万元，税率 13%，税额 2.6 万元，上述款项均已收到；购进汽车维修零部件，取得专用发票列明金额 20 万元，税率 13%，税额 2.6 万元。款项通过银行收付。

分析：运输行业会计处理一般不分主营和辅营业务，均计入“营业收入”账户。

全部收入 = 400 + 20 = 420（万元）

① 确认收入时：

借：银行存款　　4 586 000

　贷：营业收入　　4 200 000

　　　应交税费——应交增值税（销项税额）　　386 000

② 购进零部件时：

借：库存材料——零部件　　200 000

　　应交税费——应交增值税（进项税额）　　26 000

　贷：银行存款　　226 000

【例 3-45】 某宾馆为增值税一般纳税人，6 月取得住宿服务收入，专用发票共计金额 1 800 万元，税率 6%，税额 108 万元；普通发票共计金额 600 万元，税率 6%，税额 36 万元；取得餐饮服务收入，普通发票共计金额 1 600 万元，税率 6%，税额 96 万元；出租会议室并提供相应服务取得租金收入，专用发票共计金额 60 万元，税率 6%，税额 3.6 万元。本月从定点供货单位购进蔬菜、水果等，取得普通发票，金额共计 200 万元，税率 3%，税额 6 万元。上述款项均通过银行转账方式结算。

分析：无论开出专用发票，还是开出普通发票，会计处理都一样，均计入“营业收入”账户。

住宿和餐饮服务总收入 = 1 800 + 600 + 1 600 = 4 000（万元）

确认住宿服务收入和餐饮服务收入的会计处理为：

借：银行存款　　42 400 000

　贷：营业收入　　40 000 000

　　　应交税费——应交增值税（销项税额）　　2 400 000

根据《关于明确金融 房地产开发 教育辅助服务等增值税政策的通知》（财税〔2016〕140 号）第十条规定：宾馆、旅馆、旅社、度假村和其他经营性住宿场所提供会议场地及配套服务的活动，可按照“会议展览服务”缴纳增值税，故适用 6% 的增值税。

借：银行存款　　636 000

　贷：营业收入　　600 000

　　　应交税费——应交增值税（销项税额）　　36 000

从定点供货单位购进蔬菜，取得普通发票，允许按照 9% 作为进项税额抵扣，即进项税额 = 206 × 9% = 18.54（万元），购进成本 = 206 − 18.54 = 187.46（万元）（若是从批发、零售环节购进适用免征增值税政策的蔬菜、部分鲜活肉蛋而取得的普通发票，则不得计算抵扣进项税）。

借：存货——蔬菜　　1 874 600

　　应交税费——应交增值税（进项税额）　　185 400

　贷：银行存款　　2 060 000

【例 3-46】 哈尔滨某建筑公司为增值税一般纳税人，公司通过投标方式中标一住宅楼建造工程项目 A 项目。本月收到甲方预付工程款，开出专用发票列明金额 4 000 万元，税率 9%，税额 360 万元；同时，将工程部分项目分包，本月支付分包款，取得专用发票列明金额 600 万元，税率 9%，税额 54 万元（专用发票备注栏已注明长春市 A 项目，地点为长春市 ×× 区 ×× 街 ×× 号）。款项均通过银行转账方式结算。

分析：由于该项目是公司的新项目，所以应采用一般计税方法，具体会计处理为：

（1）收到工程款时

	借方	贷方
借：银行存款	43 600 000	
贷：营业收入		40 000 000
应交税费——应交增值税（销项税额）		3 600 000

（2）支付分包款时

	借方	贷方
借：应付账款——长春 A 项目分包款	6 000 000	
应交税费——应交增值税（进项税额）	540 000	
贷：银行存款		6 540 000

新项目，因在异地施工，应在长春预缴税款，按照 2% 的预征率计算应预缴税款。又因分包款专用发票备注栏已注明项目名称和地点，故预缴税款时可以减除分包款。

预缴税款 =（4 000−600）× 2% = 68（万元）

（3）预缴税款时

	借方	贷方
借：应交税费——预交增值税	680 000	
贷：银行存款		680 000

（4）期末，结转 A 项目增值税时

应交增值税税额 = 360−54 = 306（万元）

① 结转预交增值税

	借方	贷方
借：应交税费——未交增值税	680 000	
贷：应交税费——预交增值税		680 000

② 结转应缴未缴增值税

	借方	贷方
借：应交税费——应交增值税（转出未交增值税）	3 060 000	
贷：应交税费——未交增值税		3 060 000

（5）次月，申报纳税，上交 A 项目应纳增值税时

实际上缴税额 = 306−68 = 238（万元）

	借方	贷方
借：应交税费——未交增值税	2 380 000	
贷：银行存款		2 380 000

【例 3-47】 某软件企业为增值税一般纳税人，本月转让一项专利技术的所有权，开出的专用发票所列金额 700 000 元，税率 6%，税额 42 000 元，该专利权的账面成本 120 000 元；转让一项专利技术使用权，开出专用发票所列金额 150 000 元，税率 6%，税额 9 000 元，履行转让协议发生费用支出 18 000 元。款项均通过银行转账结算。

拓展阅读3-10　纳税人跨县（市、区）提供建筑服务如何预缴税款？

分析：按照现行会计准则，转让专利技术所有权属于资本利

得，将净所得直接列入“营业外收入”账户，转让专利技术使用权属于其他业务。具体会计处理为：

（1）确认转让专利技术所有权时

借：银行存款	742 000	
贷：无形资产		120 000
应交税费——应交增值税（销项税额）		42 000
营业外收入		580 000

（2）确认转让专利技术使用权时

借：银行存款	159 000	
贷：其他业务收入		150 000
应交税费——应交增值税（销项税额）		9 000

（3）确认费用支出时

借：其他业务成本	18 000	
贷：银行存款		18 000

3.3.3 小规模纳税人增值税的会计处理

按我国现行增值税法的规定，小规模纳税人实行简易征收法，按不含税销售额与征收率相乘，计算其应缴增值税，不实行税款抵扣办法。

1. 小规模纳税人增值税计算公式

应纳增值税 = 销售额（不含税）× 征收率
= 销售额（含税）÷（1 + 征收率）× 征收率

注意，公式中销售额作为计税基数，是指不含有增值税的全部价款和价外费用。

2. 小规模纳税人开具增值税发票的有关规定

小规模纳税人销售货物或提供服务后，开具增值税发票时分以下情况进行处理。①一般情况。通常由小规模纳税人自行开具增值税普通发票，如果购货方要求开具专用发票，小规模纳税人可以委托税务机关代开。②特殊情况。根据（税总函〔2019〕243 号）文件规定，全面推行小规模纳税人自行开具增值税专用发票。税务总局进一步扩大小规模纳税人自行开具增值税专用发票范围，小规模纳税人（其他个人除外）发生增值税应税行为，需要开具增值税专用发票的，可以自愿使用增值税发票管理系统自行开具。通过增值税发票管理新系统自行开具，税务机关不再为其代开增值税专用发票。

3. 小规模纳税人增值税账户设置

小规模纳税人增值税的会计核算，设置“应交税费——应交增值税”“转让金融商品应交增值税”“代扣代交增值税”等明细科目。

4. 小规模纳税人的会计处理

由于小规模纳税人不实行进项税额抵扣制度，因此，当小规模纳税人购货时，无论取得何种发票，在会计处理上无需反映进项税额，按实际支付或应当支付的价款，借记“材料采购”“原材料”“库存商品”等账户，贷记“银行存款”“应付账款”等账户。销货或提供服务时，开出普通发票或专用发票，按货物的不含税销售额贷记“主营业务收入”账户，按货物的不含税销售额与征收率的乘积贷记“应交税费——应交增值税”账户。

1）小规模纳税人购进货物的会计处理

【例 3-48】 某商店为小规模纳税人，5 月 4 日购入服装一批，取得普通发票上注明金额 5 000 元，税率 13%，税额 650 元，货物已经验收入库，货款已通过银行支付。该商店的会计处理为：

借：库存商品　　5 650

　贷：银行存款　　5 650

2）小规模纳税人销售货物的会计处理

小规模纳税人销售货物时，按二者的合计数借记“银行存款”等账户。

【例 3-49】 某工业企业为小规模纳税人，6 月 5 日甲产品的含税销售额为 10 300 元，货款已收。则其会计处理为：

不含税销售额 = 10 300 ÷（1 + 3%）= 10 000（元）

应纳增值税税额 = 10 000 × 3% = 300（元）

借：银行存款　　10 300

　贷：主营业务收入　　10 000

　　应交税费——应交增值税　　300

3）小规模纳税人提供应税服务的会计处理

【例 3-50】 某咨询公司为小规模纳税人，主要从事代理记账和税务咨询服务。满足自行开具增值税专用发票的条件，2019 年 8 月取得咨询收入，开出专用发票所列金额 100 000 元，税率 3%，税额 3 000 元，款项存入银行。

确认取得收入时：

借：银行存款　　103 000

　贷：营业收入　　100 000

　　应交税费——应交增值税　　3 000

3.3.4 增值税出口退税的会计处理

1. 增值税出口退税会计账户的设置

增值税出口退税会计处理需设置的主要账户为“应交税费——应交增值税”二级账户，其下主要涉及“出口抵减内销产品应纳税额”“出口退税”和“进项税额转出”等明细项目。另外，还需设置“应收出口退税款”一级账户，核算企业应收未收和已经收回的退税金额。

2. 外贸企业出口退税的会计处理

外贸企业出口货物，实行免税并退税政策。免税，指出口环节免征增值税；退税，指出口货物报关后允许退还其在出口环节之前已交的增值税。外贸企业对于进口货物取得的增值税专用发票上记载的增值税税额与按规定的退税率计算的出口应退增值税的差额，作调整当期出口销售商品的进价成本处理。

外贸企业收购出口货物时，与普通购进货物没什么区别，即按照专用发票上记载的应计入采购成本的金额，借记“材料采购”“库存商品”等账户，按照专用发票上注明的增值税税额借记“应交税费——应交增值税（进项税额）”，按照应付或实际支付的金额，贷记“应付账款”“银行存款”等账户。

货物出口销售货物时，一方面确认收入，借记“应收账款”“银行存款”等账户，贷记“主营业务收入”账户；另一方面结转商品销售成本，借记“主营业务成本”账户，贷记“库存商品”账户；同时，按照购进时取得的增值税专用发票上记载的增值税税额与按照规定的退税率计算的出口应退增值税税额的差额，借记“主营业务成本”，贷记“应交税费——应交增值税（进项税额转出）”账户。

外贸企业按照规定的退税率计算出口应收的出口退税额时，借记“应收出口退税款”账户，贷记“应交税费——应交增值税（出口退税）”账户。实际收到出口退税款时，借记“银行存款”账户，贷记“应收出口退税款”账户。

【例 3-51】 某外贸进出口公司当期购进出口商品一批，取得的专用发票上注明价款 100 000 元，税率 13%，税额 13 000 元，均以银行存款付讫，该批商品当月全部出口，出口离岸价格折合人民币 102 200 元，已收到销货款，并且在规定时间内办妥退税事宜，退税率为 10%，已收到退税款。则其会计处理为：

① 购进商品时

借：库存商品　　100 000

　　应交税费——应交增值税（进项税额）　　13 000

　　贷：银行存款　　113 000

② 商品出口收到货款时

借：银行存款　　102 200

　　贷：主营业务收入　　102 200

③ 结转出口商品销售成本时

借：主营业务成本　　100 000

　　贷：库存商品　　100 000

④ 按照购进商品时支付的进项税额与按规定的退税率计算的出口应退增值税税额的差额，调整出口商品销售成本

调整额为：13 000－100 000 × 10% = 3 000（元）

借：主营业务成本　　3 000

　　贷：应交税费——应交增值税（进项税额转出）　　3 000

⑤ 算本期应收的出口退税款（100 000 × 10% = 10 000）

借：应收出口退税款　　10 000
　　贷：应交税费——应交增值税（出口退税）　　10 000

⑥ 收到出口退税款时

借：银行存款　　10 000
　　贷：应收出口退税款　　10 000

3. 生产企业出口货物"免、抵、退"增值税的会计处理

生产企业自营或委托外贸企业代理出口自产货物，除另有规定外，增值税一律实行"免、抵、退"税管理办法。具体指标的计算步骤参见前面"增值税出口退税"中的"免、抵、退"税计算过程。

【例 3-52】 某自营出口企业为增值税一般纳税人，按"免、抵、退"税办法办理出口退税，出口货物的增值税征税率为 13%，退税率为 10%。该企业 9 月份从国内累计采购生产所需原材料等取得的增值税专用发票注明的价款为 500 000 元，税款为 65 000 元，进项发票已通过认证，材料均已验收入库，上期末留抵税税额为 62 000 元。本月内销产品专用发票所列价款 400 000 元，增值税税额 52 000 元，均已收存银行，自营出口货物销售额折合人民币 1 600 000 元。则该厂出口货物"免、抵、退"税额的计算及其有关的会计处理如下：

（1）计算当期不得免征和抵扣税额

当期不得免征和抵扣税额 = 1 600 000 ×（13%−10%）−0 = 48 000（元）

（2）计算当期应纳增值税税额

当期应纳增值税税额 = 52 000−（65 000−48 000）−62 000 = −27 000（元）

（3）计算当期"免、抵、退"税额

当期"免、抵、退"税额 = 1 600 000 × 10%−0 = 160 000（元）

因为当期应纳税额为 −27 000（小于 0，成为当期末留抵税额），其绝对值小于"免、抵、退"税额 160 000 元，所以应退税。

当期应退税额 = 当期应纳税额的绝对值（即当期期末留抵税额）= 27 000（元）

当期免抵税额 = 160 000−27 000 = 133 000（元）

相关的会计处理为：

① 购进原材料时

借：原材料　　500 000
　　应交税费——应交增值税（进项税额）　　65 000
　　贷：银行存款　　565 000

② 内销业务实现时

借：银行存款　　452 000
　　贷：主营业务收入　　400 000
　　　　应交税费——应交增值税（销项税额）　　52 000

③ 货物出口时

确认收入时

借：银行存款　　1 600 000

　贷：主营业务收入　　1 600 000

将不得抵减的进项税额转出

借：主营业务成本　　48 000

　贷：应交税费——应交增值税（进项税额转出）　　48 000

④ 当期期末留抵税额为 0 元，只填列到增值税纳税申报表中该项目栏内即可，无须进行账务处理。

⑤ 计算出实际退税款时

借：应收出口退税款　　27 000

　应交税费——应交增值税（出口抵减内销产品应纳税额）　　133 000

　贷：应交税费——应交增值税（出口退税）　　160 000

⑥ 实际收到退税款时

借：银行存款　　27 000

　贷：应收出口退税款　　27 000

从上述过程可知，应纳税额为负数，反映的是留抵税额，表明企业出口货物准予抵扣和退税的进项税额没有全部在内销货物应纳税额中抵减完，未抵减的部分需要退税。但由于当期留抵税额小于当期“免、抵、退”税额，只能按当期留抵税额退税，即最多退税金额不能超过企业实际缴纳给国家的金额。

【例 3-53】 假设【例 3-52】中，上期留抵税额为 340 000 元，其他资料不变，则

当期应纳税额 = 52 000 –（65 000 – 48 000）– 340 000 = –305 000（元）

即当期期末留抵税额为 305 000 元，大于当期免抵退税额 160 000 元，所以应全额退税。

当期应退税额 = 160 000（元）

当期免抵税额 = 160 000 – 160 000 = 0（元）

期末留抵结转下期继续抵扣税额 = 305 000 – 160 000 = 145 000（元）

第①②③步的会计处理与【例 3-52】的前三步相同，此处省略。

④ 当期期末留抵税额为 145 000 元，只填列到增值税纳税申报表中该项目栏内即可，无须进行账务处理。

⑤ 计算出实际退税款时

借：应收出口退税款　　160 000

　贷：应交税费——应交增值税（出口退税）　　160 000

⑥ 实际收到退税款时

借：银行存款　　160 000

　贷：应收出口退税款　　160 000

【例 3-54】 假设【例 3-52】中，上期留抵税额为 15 000 元，其他资料不变，则

当期应纳税额 = 52 000 –（65 000 – 48 000）– 15 000 = 20 000（元）

当期应纳税额大于 0，表明企业出口货物准予抵扣和退税的进项税额全部在内销货物应纳税额中抵减完，没有期末留抵税额，也不存在退税问题。所以

当期应退税额 = 0（元）

当期免抵税额＝当期“免、抵、退”税额＝1 600 000×10%－0＝160 000（元）

第①②③步的会计处理同【例3-52】前三步处理，此处省略。

④ 由于当期期末留抵税额为0元，只填列到增值税纳税申报表中该项目栏内即可，无须进行账务处理。

⑤ 计算出实际免抵税款时

借：应交税费——应交增值税（出口抵减内销产品应纳税额）　160 000

　贷：应交税费——应交增值税（出口退税）　160 000

⑥ 期末转出应纳增值税时

借：应交税费——应交增值税（转出未交增值税）　20 000

　贷：应交税费——未交增值税　20 000

3.3.5　增值税的结转与缴纳的会计处理

1. 增值税优惠的会计处理

增值税的优惠的会计处理主要包括直接减免、先征后返、即征即退的会计处理等。

（1）直接减免增值税的会计处理

直接免税额的货物销售时，不得开具增值税专用发票，其不含税销售收入记入“主营业务收入”账户，按适用的税率计算出免缴的增值税税额，贷记“应交税费——应交增值税（销项税额）”，借记“银行存款”等账户；同时，借记“应交税费——应交增值税（减免税款）”，贷记“其他收益”账户。

【例3-55】 宏宇公司为增值税一般纳税人，8月2日销售免税产品全部货款56 500元，货款以银行存款收讫。该货物适用的增值税税率为13%，则其会计处理为：

① 销售收入实现时

借：银行存款　56 500

　贷：主营业务收入　50 000

　　　应交税费——应交增值税（销项税额）　6 500

② 结转免缴的增值税时

借：应交税费——应交增值税（减免税额）　6 500

　贷：其他收益——减免税款　6 500

（2）先征后返、即征即退增值税的会计处理

对实行先征后返、即征即退的纳税人，计算缴纳税款时按正常销售处理，返还税款时，借记“银行存款”账户，贷记“其他收益”账户。

【例3-56】 华泰公司为增值税一般纳税人，增值税实行先征后返政策，返还率为70%。该企业8月已缴增值税税额100 000元，8月底计算出应返还的增值税7 000元，其会计处理为：

① 计提应收增值税返还时

借：其他应收款——应收退税款　7 000

　贷：其他收益——减免税款　7 000

② 实际收到返还增值税时

借：银行存款　　　　　　　　　　　　　　　　　　7 000

　贷：其他应收款——应收退税款　　　　　　　　　　7 000

2. 增值税结转的会计处理

（1）按月缴纳增值税会计处理

平时，企业通过“应交税费——应交增值税”多栏式明细账核算增值税涉税业务；月末，结出借、贷方发生额合计和差额。如果“应交税费——应交增值税”账户为借方差额，表示本月有尚未抵扣的进项税额，应留在该账户的借方，留待下期抵扣；如果为贷方差额，表示本月应交增值税税额，应将该余额从借方转出，转至“应交税费——未交增值税”账户，即借记“应交税费——应交增值税（转出未交增值税）”账户，贷记“应交税费——未交增值税”。

这里应该注意的是，以一个月为纳税期限的企业不存在当月预交税款的情况，因此，月末不存在多交税款的问题。

（2）按日缴纳增值税会计处理

如果主管税务机关核定纳税人按日缴纳增值税，企业平时按核定纳税期纳税时，属预缴性质；下月初，在核实上月应缴增值税后，于15日前申报纳税并结清上月税款。因此，平时，企业通过“应交税费——应交增值税”多栏式明细账核算增值税涉税业务；其中，预缴当月增值税税额时，借记“应交税费——应交增值税（已交税金）”账户，贷记“银行存款”账户。月末，结出“应交税费——应交增值税”借、贷方发生额合计和差额。如果为贷方差额，表示本月应交未交增值税税额；同前处理相同，要将该贷方余额从借方转至“应交税费——未交增值税”账户，若为借方差额，可能是本月有尚未抵扣的进项税额，还可能包含了多缴的税金部分。对于多缴的部分要进行结转，其会计处理为：

借：应交税费——未交增值税

　贷：应交税费——应交增值税（转出多交增值税）

对于尚未抵扣的进项税额部分，无需作账务处理，留在“应交税费——应交增值税”账户的借方待下月继续抵扣。

3. 实际缴纳增值税的会计处理

（1）预缴当月及以后月份、上缴当月应纳增值税时

借：应交税费——应交增值税（已交税金）

　贷：银行存款

（2）月初结清上月应交增值税或以前期间欠缴的增值税时

借：应交税费——未交增值税

　贷：银行存款

（3）当下月缴纳上月简易计税的增值税时

借：应交税费——简易计税

　贷：银行存款

（4）当异地预缴增值税（异地出售不动产、异地经营租赁不动产和异地提供建筑服

务）及预收款销售自行开发的房地产预缴增值税时

借：应交税费——预交增值税

贷：银行存款

3.4 增值税纳税申报

1. 一般纳税人的纳税申报

纳税人进行纳税申报必须实行电子信息采集。使用防伪税控系统开具增值税专用发票的纳税人必须在抄报税成功后，方可进行纳税申报。

一般纳税人进行增值税纳税申报，应报送增值税申报表（一般纳税人适用）和附列资料（一）本期销售情况明细，附列资料（二）本期进项税额明细，附列资料（三）服务、不动产和无形资产扣除项目明细，附列资料（四）税额抵减情况表，增值税减免税申报明细表（扫描下方二维码，阅读相关材料）。建筑业、房地产业按照有关规定有预缴税款的企业，还应填报增值税预缴税款表。

增值税申报表（一般纳税人适用）

附列资料（一） 本期销售情况明细

附列资料（二） 本期进项税额明细

附列资料（三） 服务、不动产和无形资产扣除项目明细

附列资料（四） 税额抵减情况表

增值税减免税申报明细表

2. 小规模纳税人的纳税申报

扫描右侧二维码，阅读增值税小规模纳税人进行纳税申报时应填列的纳税申报表及其附列资料。

增值税纳税申报表（小规模纳税人适用）及其附列资料

本章小结

增值税会计是本书重点章节之一，首先介绍了增值税的基本内容，包括增值税的含义、类型及其特征，增值税的征税范围，增值税的纳税人及其分类，增值税税率、征收率和扣除率，增值税的征收管理的基本内容及其税收优惠；其次，分别详细阐述增值税一般纳税人和小规模纳税人应纳税额的计算；然后，重点而全面地介绍增值税的会计处

理，包括增值税会计账户设置，一般纳税人增值税进项税额、进项税额转出、销项税额以及小规模纳税人增值税的会计处理、增值税出口退税的会计处理，增值税的结转与上缴的会计处理；最后，将最新一般纳税人和小规模纳税人的纳税申报表及其附列资料表的具体格式进行一一列举，以便读者进行查阅，由于篇幅有限，未将纳税申报表的填写说明编写进本教材，学习者可以通过相关网站查阅学习。

拓展阅读3-11　中英文关键词对照

思考题

1. 简述增值税含义、特征及其分类。
2. 何为增值税进项税额？哪些进项税额不得从销项税额中扣除？
3. 何为增值税销项税额？视同销售行为有哪些？
4. 一般纳税人与小规模纳税人增值税会计处理分别要设置哪些会计账户？
5. 一般纳税人增值税会计处理包括哪些具体业务？

第3章　即测即练选择题、判断题

第3章　即测即练计算题

第3章　即测即练业务综合题

案例讨论　如何正确进行零申报？

第4章

消费税会计

本章学习目标：

通过本章学习，学员应该能够：

1. 了解消费税的基本特点和内容；
2. 掌握消费税的计算原理；
3. 理解消费税会计的账簿设置、会计记录和报告等问题；
4. 掌握消费税从价定率、从量定额、复合计税的计算方法；
5. 熟练掌握消费税的会计处理。

案例导入与问题提出：

李丽是一名会计学专业的大四学生，为了增加社会实践经验，她决定去企业实习，好不容易才找到一家酒厂。经理虽然同意接收她，但是没安排她做会计工作，而是让她在销售部做推销员，李丽认为当推销员虽然累了点，但是可以培养自己与人沟通的能力，而且这家酒厂规模不小，她在其中还可以增长见识，于是她决定留下来。在酒厂干了一个月，李丽业绩还不错，正当她干得起劲之时，经理找到她说酒厂负责税务会计工作的张姐生病住院了，要两个月才能上班，想让她接替张姐工作两个月。李丽欣然同意了，因为她觉得这是天赐良机。李丽很快投入“战斗”，经过几天的梳理，她把当月票据整理成如下几笔业务：

（1）以外购粮食白酒和自产的糠麸白酒勾兑的散装白酒 1 吨并销售，取得不含税销售额 3.8 万元，货款已收到。

（2）自制粮食白酒 5 吨，对外销售 4 吨，收到不含税销售额 20 万元（含包装费 3 万元），另收取包装物押金（单独核算）0.2 万元。

（3）自产药酒 600 公斤，全部售出，普通发票上注明销售额 7.2 万元 。

（4）从另一个酒厂购入粮食白酒 400 公斤（已纳消费税 0.4 万元），全部勾兑成低度白酒出售，数量 500 公斤，取得不含税销售额 2.5 万元。

（5）为厂庆活动特制粮食白酒 2 000 公斤，全部发放给职工，无同类产品售价，每公斤成本为 3.75 元。

请回答：

1. 你知道该酒厂应该缴纳哪几种流转税吗？
2. 如果你是李丽，对以上业务将如何处理？

4.1 消费税概述

4.1.1 消费税的含义

消费税是对在我国境内从事生产、委托加工和进口应税消费品的单位和个人征收的一种税。或者说消费税是对消费品和特定的消费行为按流转额征收的一种商品税，属于流转税范畴。消费税的征收具有较强的选择性，是国家贯彻消费政策、引导消费结构从而引导产业结构的重要手段，因而在保证国家财政收入，体现国家经济政策等方面具有十分重要的意义。目前，世界上有 120 多个国家征收消费税，我国从 1994 年开始征收消费税，2006 年 3 月 20 日，财政部、国家税务总局颁布了《财政部、国家税务总局关于调整和完善消费税政策的通知》，并于当年 4 月 1 日起，对消费税的征收范围进行了较大调整。2008 年 12 月 15 日，财政部、国家税务总局颁布了《中华人民共和国消费税暂行条例实施细则》，于 2009 年 1 月 1 日起实行。

4.1.2 消费税的纳税人

根据《中华人民共和国消费税暂行条例》的规定，在中国境内生产、委托加工和进口本条例规定的消费品的单位和个人，以及国务院确定的销售本条例规定的消费品的其他单位和个人，为消费税的纳税人，应当依照本条例缴纳消费税。“单位”是指企业、行政单位、事业单位、军事单位、社会团体及其他单位。“个人”是指个体经营者和包括中国公民和外国公民在内的其他个人。“境内”是指生产、委托加工和进口应税消费品的起运地或所在地在境内。

具体来说，自产自用的应税消费品，由自产自用单位和个人在移送使用时缴纳消费税；委托加工的应税消费品由受托方于委托方提货时代扣代缴（受托方为个体经营者除外）；进口的应税消费品，尽管其产制地不在我国境内，但在我国境内销售或消费，为了平衡进口应税消费品与本国应税消费品的税负，必须由从事进口应税消费品的进口人或其代理人按照规定缴纳消费税；个人携带或者邮寄入境的应税消费品的消费税，连同关税一并计征，由携带入境者或者收件人缴纳消费税。

4.1.3 消费税的征税范围

消费税的具体征税范围，大体上可分为如下五大类。

（1）有害消费品，指过度消费会对人类健康、社会秩序、生态环境等方面造成危害的特殊消费品，如烟、酒、鞭炮、焰火等。

（2）奢侈消费品，即非生活必需品，如贵重首饰及珠宝玉石、高档化妆品等。

（3）高能耗消费品，如小汽车、摩托车、高尔夫球具、高档手表、游艇等。

（4）不可再生和替代的稀缺资源消费品，如成品油、木制一次性筷子、实木地板等。

（5）促进节能环保的消费品，如电池、涂料等。

4.1.4 消费税的税目与税率

1. 消费税税目、税率表

按照《中华人民共和国消费税暂行条例》的规定，我国现行消费税共设 15 个税目、若干子目。消费税采用比例税率和定额税率两种形式，以适应不同应税消费品的实际情况。消费税根据不同的税目或子目确定相应的税率或单位税额。例如，高档化妆品的税率为 15%，柴油、燃料油等按单位体积确定单位税额。经整理汇总的消费税税目及税率（税额）表见表 4-1。

表 4-1 消费税税目及税率（税额）表

税目	税率
一、烟	
1. 卷烟	
（1）甲类卷烟（每标准条调拨价 ≥70 元）（生产环节）	56% 加 0.003 元 / 支
（2）乙类卷烟（每标准条调拨价 ≤70 元）（生产环节）	36% 加 0.003 元 / 支
（3）批发环节	11% 加 0.005 元 / 支
2. 雪茄烟（生产环节）	36%
3. 烟丝（生产环节）	30%
二、酒	
1. 白酒	20% 加 0.5 元 /500 克（或者 500 毫升）
2. 黄酒	240 元 / 吨
3. 啤酒	
（1）甲类啤酒	250 元 / 吨
（2）乙类啤酒	220 元 / 吨
4. 其他酒	10%
三、高档化妆品	15%
四、贵重首饰及珠宝玉石	
1. 金银首饰、铂金首饰和钻石及钻石饰品	5%
2. 其他贵重首饰和珠宝玉石	10%
五、鞭炮、焰火	15%
六、成品油	
1. 汽油	1.52 元 / 升
2. 柴油	1.20 元 / 升
3. 航空煤油	1.20 元 / 升
4. 石脑油	1.52 元 / 升
5. 溶剂油	1.52 元 / 升
6. 润滑油	1.52 元 / 升
7. 燃料油	1.20 元 / 升
七、摩托车	

续表

税 目	税 率
1. 气缸容量（排气量，下同）在 250 毫升（含 250 毫升）以下的	3%
2. 气缸容量在 250 毫升以上的	10%
八、小汽车	
1. 乘用车	
（1）气缸容量（排气量，下同）在 1.0 升（含 1.0 升）以下的	1%
（2）气缸容量在 1.0 升以上至 1.5 升（含 1.5 升）的	3%
（3）气缸容量在 1.5 升以上至 2.0 升（含 2.0 升）的	5%
（4）气缸容量在 2.0 升以上至 2.5 升（含 2.5 升）的	9%
（5）气缸容量在 2.5 升以上至 3.0 升（含 3.0 升）的	12%
（6）气缸容量在 3.0 升以上至 4.0 升（含 4.0 升）的	25%
（7）气缸容量在 4.0 升以上的	40%
2. 中轻型商用客车	5%
3. 超豪华小汽车（零售环节加征）	10%
九、高尔夫球及球具	10%
十、高档手表	20%
十一、游艇	10%
十二、木制一次性筷子	5%
十三、实木地板	5%
十四、涂料（2015 年 2 月 1 日起）	4%
十五、电池（2015 年 2 月 1 日起）	4%

注：

（1）自 1995 年 1 月 1 日起，金银首饰（包括金基、银基合金首饰，以金、银和金基、银基合金的镶嵌首饰）、铂金首饰（从 2003 年 5 月 1 日起）和钻石首饰（从 2002 年 1 月 1 日起）的纳税环节由生产环节、进口环节转至零售环节，税率改为 5%。不属于上述范围的首饰，仍按 10% 的税率在原纳税环节计缴。

（2）自 2006 年 4 月 1 日起，取消“护肤护发品”税目，将原属于护肤护发品征税范围的高档护肤类化妆品列入化妆品税目。

（3）自 2009 年 1 月 1 日起，航空煤油暂缓征收消费税；对用外购或委托加工收回的已税汽油生产的乙醇汽油免税。

（4）娱乐业、餐饮业自制啤酒，一律按 250 元 / 吨征税。

（5）自 2014 年 12 月 1 日起，提高成品油消费税率，取消对酒精、汽车轮胎、气缸容量在 250 毫升以下的摩托车、含铅汽车等产品征收消费税。

（6）自 2015 年 2 月 1 日起，对电池、涂料征收消费税。但对无汞电池、锂原电池、金属氢化物镍蓄电池、锂离子蓄电池、太阳能电池、燃料电池和全钒液流电池免征消费税；对施工状态下挥发性有机物含量低于 420 克 / 升（含）的涂料免征消费税。

（7）自 2016 年 10 月 1 日起，取消对普通美容、修饰类化妆品征收消费税，仅对高档美容、修饰类化妆品、高档护肤类化妆品和成套化妆品征收消费税，并将税率由原来的 30% 降为 15%。

（8）自 2016 年 12 月 1 日起，对超豪华小汽车，在生产（进口）环节按现行规定税率征收消费税基础上，在零售环节加征消费税，税率为 10%。

【思考 4-1】你能说出消费税税率有什么特别之处吗？

2. 兼营不同税率应税消费品的税务处理

纳税人生产销售应税消费品，如果不是单一经营某一税率的应税消费品，而是经营多种不同税率的应税消费品，被称为兼营行为。由于各种应税消费品的税率高低不同，因此，纳税人兼营不同税率的应税消费品时（即指纳税人生产销售两种税率以上的应税消费品），应分别核算销售额、销售数量。未分别核算销售额、销售数量，或者将不同税率的应税消费品组成成套消费品销售的，从高适用税率（即指以应税消费品中适用的高税率与混合在一起的销售额、销售数量相乘，得出应纳消费税税额）。

4.1.5 消费税的征收管理

1. 纳税义务发生时间

消费税一般以应税消费品的生产者为纳税人，在销售环节纳税，进口消费品应于应税消费品报关进口环节纳税，但金银首饰、钻石及钻石饰品在零售环节纳税。消费税纳税义务发生的时间，以货款结算方式或行为发生时间分别确定。

（1）纳税人销售的应税消费品，其消费税纳税义务发生时间为：

① 采取赊销和分期收款结算方式的，为销售合同规定的收款日期的当天；

② 采取预收货款结算方式的，为发出应税消费品的当天；

③ 采取托收承付和委托银行收款方式的，为发出应税消费品并办妥托收手续的当天；

④ 采取其他结算方式的，为收讫销售款或者取得索取销售款的凭据的当天。

（2）纳税人自产自用的应税消费品，其消费税纳税义务发生时间为移送使用的当天。

（3）纳税人委托加工的应税消费品，其消费税纳税义务发生时间为纳税人提货的当天。

（4）纳税人进口的应税消费品，其消费税纳税义务发生时间为报关进口的当天。

2. 纳税期限

消费税的纳税期限和税款的缴纳期限，与增值税相同。

3. 纳税地点

（1）纳税人销售的应税消费品、自产自用的应税消费品，除国家另有规定者外，均应在纳税人核算地的主管税务机关申报纳税。

（2）委托加工的应税消费品，当受托方为个体业户时，由委托方在其核算地申报纳税，除此之外，均由受托方向其所在地的主管税务机关申报纳税。

（3）进口的应税消费品，由进口人或其代理人向报关地海关申报纳税。

（4）纳税人到外县（市）销售或委托外县（市）代销自产应税消费品的，于应税消费品销售后，回纳税人核算地或所在地缴纳税款。

纳税人的总机构和分支机构不在同一县（市）的，一般应在生产应税消费品的分支机构所在地缴纳消费税。如经国家税务总局及其所属分局批准，也可由总机构汇总向总机构所在地的主管税务机关纳税。

（5）纳税人销售的应税消费品，如因质量等原因由购买者退回时，经机构所在地或者居住地主管税务机关审核批准后，可退还已缴纳的消费税税款，但不能自行直接抵减应纳税款。

4.2 消费税应纳税额的计算

4.2.1 消费税应纳税额的计算方法

消费税应纳税额分为从价定率、从量定额和复合计税三种计算方法。

1. 从价定率计算方法

实行从价定率办法征税的应税消费品，计税依据为应税消费品的销售额。

由于消费税和增值税实行交叉征收，消费税实行价内税，增值税实行价外税。这种情况决定了实行从价定率征收的消费品，其消费税税基和增值税税基是一致的，都是以含消费税而不含增值税的销售额作为计税基数。实行从价定率征收办法的消费品，其应纳税额计算公式为：

应纳税额 = 应税消费品的计税销售额 × 适用税率

2. 从量定额计算方法

从量定额通常以每单位应税消费品的重量、容积或数量为计税依据，并按每单位应税消费品规定固定税额，这种固定税额为定额税率。

我国消费税对黄酒、啤酒、成品油等实行定额税率，采用从量定额的办法征税。其计税依据是纳税人销售应税消费品的数量。其计税公式为：

应纳税额 = 应税消费品的销售数量 × 单位税额

但是，在实际销售过程，一些纳税人往往将计量单位混用，为了规范不同应税消费品的计量单位，《中华人民共和国消费税暂行条例实施细则》中具体规定了吨与升两个计量单位的换算标准：

啤酒 1 吨 = 988 升　　溶剂油 1 吨 = 1 282 升
黄酒 1 吨 = 962 升　　润滑油 1 吨 = 1 126 升
汽油 1 吨 = 1 388 升　　燃料油 1 吨 = 1 015 升
柴油 1 吨 = 1 176 升　　航空煤油 1 吨 = 1 246 升
石脑油 1 吨 = 1 385 升

3. 复合计税计算方法

现行消费税的征税范围中，只有卷烟、白酒实行从量定额和从价定率相结合计算应纳税额的复合计税办法。应纳税额计算公式：

应纳税额＝销售数量×定额税率＋应税销售额×比例税率

4.2.2　销售额的确定

销售额是销售应税消费品向购买方收取的全部价款和价外费用。"价外费用"是指价外收取的基金、集资款、返还利润、补贴、违约金（延期付款利息）和手续费、包装费、储备费、优质费、运输装卸费、品牌使用费、代收款项、代垫款项以及其他各种性质的价外收费。但下列款项不属于价外费用：

（1）承运部门开具给购货方的运费发票；

（2）纳税人将该项发票转交给购货方的。

除此之外，其他价外费用，无论是否属于纳税人的收入，均应并入销售额计算纳税。

销售额＝应税消费品销售额＋价外费用

"销售额"不包括应向购买方收取的增值税税额。如果纳税人应税消费品的销售额中未扣除增值税税额或者因不得开具增值税专用发票而发生价款和增值税税额合并收取的，在计算消费税时，应当换算为不含增值税税额的销售额。其换算公式为：

销售额＝含增值税的销售额÷（1＋增值税税率或征收率）

另外，关于包装物的计税规定如下：

（1）应税消费品连同包装物销售的，无论包装物是否单独计价，也不论在会计上如何核算，均应并入应税消费品的销售额中征收消费税。

（2）包装物不作价随同产品销售，而是收取押金，此项押金则不应并入应税消费品销售额中征税。但对逾期未收回的包装物不再退还的和已收取一年以上的押金，应并入应税消费品的销售额，按照应税消费品的适用税率征收消费税。

（3）对既作价随同应税消费品销售又另外收取押金的包装物押金，凡纳税人在规定的期限内不予退还的，均应并入应税消费品的销售额，按照应税消费品的适用税率征收消费税。

（4）对酒类产品生产企业销售除啤酒、黄酒以外的其他酒类产品而收取的包装物押金，无论押金是否返还及会计上如何核算，均应并入酒类产品销售额中征收消费税。

4.2.3　销售数量的确定

销售数量是指纳税人生产、委托加工和进口应税消费品（指黄酒、啤酒、成品油）的数量。可按以下不同情况分别确定：

（1）销售应税消费品的，为应税消费品的销售数量；

（2）自产自用应税消费品的，为应税消费品的移送使用数量；

（3）委托加工应税消费品的，为纳税人收回的应税消费品数量；

（4）进口的应税消费品，为海关核定的应税消费品进口征税数量。

4.2.4 应纳税额的计算

1. 自产自销应税消费品消费税的计算

根据应税消费品的不同，下面分别采取从价定率、从量定额和复合计税三种计算方法举例说明。

（1）从价定率计算

【例 4-1】 某高档化妆品生产企业为增值税一般纳税人，9 月 10 日向某大型商场销售高档化妆品一批，开具增值税专用发票，取得不含增值税销售额 100 000 元，增值税税额 13 000 元。9 月 23 日向某单位销售高档化妆品一批，开具普通发票，取得含增值税税额 45 200 元。该高档化妆品生产企业 9 月份应纳消费税税额为：

高档化妆品的应税销售额 = 100 000 + 45 200 ÷（1 + 13%）= 140 000（元）

应纳消费税税额 = 140 000 × 15% = 21 000（元）

（2）从量定额计算

【例 4-2】 某农场自己的酒厂，利用自产和收购的粮食生产黄酒。酒厂向外销售黄酒 10 吨，每吨价格 1 800 元，价款总计 18 000 元，款项已存入银行。计算该批黄酒应纳消费税税额为：

应纳消费税税额 = 10 × 240 = 2 400（元）

（3）从价定率和从量定额复合计算

【例 4-3】 大华卷烟厂 1 月份出售卷烟 20 标准箱（每标准箱 50 000 支，每标准条 200 支），收到价款 562 500 元；出售烟丝 40 000 元，款项已收存银行，计算该卷烟厂应纳消费税税额为：

拓展阅读4-1 烟产品消费税税率变更历史

每标准条调拨价格 = 562 500 ÷ [（50 000 ÷ 200）× 20] = 112.50（元）

根据税法规定，每标准条调拨价在 70 元以上，则适用税率为 56%。

应纳消费税税额 = 562 500 × 56% + 20 × 50 000 × 0.003 + 40 000 × 30% = 330 000(元)

2. 自产自用消费品消费税的计算

自产自用是指纳税人生产应税消费品后，不是用于直接对外销售，而是自己连续用于生产应税消费品或用于其他方面。其中，“连续用于生产应税消费品”是指作为生产最终应税消费品的直接材料，并构成最终产品实体的应税消费品；“用于其他方面”是指纳税人用于生产非应税消费品和在建工程、管理部门、非生产机构、提供劳务，以及用于馈赠、赞助、集资、广告、样品、职工福利、奖励等方面的应税消费品。按照《中华人民共和国消费税暂行条例》的规定，纳税人自产自用的应税消费品，用于连续生产应税消费品的，不纳税；而用于其他方面的，于移送使用时纳税。

（1）从价定率计算

应税消费品应纳税额 = 按纳税人生产的同类消费品的销售价确定的销售额 × 税率

如当月同类消费品各期销售价格高低不同，应按销售的数量加权平均计算。但销售的应税消费品有下列情况之一的，不得加权平均计算：

① 销售价格明显偏低，又无正当理由的。

② 无销售价格的。

如果当月无销售或者当月未完结，应按照同类消费品上月或最近月份的销售价格计税。

没有同类消费品销售价格的，以组成计税价格为计税依据。

组成计税价格 =（成本 + 利润）÷（1− 消费税税率）

应税消费税税额 = 组成计税价格 × 消费税税率

其中，“成本”是指应税消费品的产品生产成本，“利润”是根据应税消费品的全国平均成本利润率计算的利润。应税消费品的全国平均成本利润率由国家税务总局确定。见表 4-2 所示。

表 4-2 应税消费品的平均成本利润率

货物名称	利润率 /%	货物名称	利润率 /%
甲类卷烟	10	贵重首饰及珠宝玉石	6
乙类卷烟	5	乘用车	8
雪茄烟	5	中轻型商用客车	5
烟丝	5	高尔夫球及球具	20
粮食白酒	10	高档手表	20
薯类白酒	5	游艇	10
其他酒	5	木制一次性筷子	5
化妆品	5	实木地板	5
鞭炮、焰火	5	摩托车	6
电池	4	涂料	7

【例 4-4】 某汽车制造厂将自产小轿车（气缸容量 2.0 升）一辆，转作自用（固定资产），该种汽车对外销售价格 180 000 元。则该自用小轿车的应纳消费税税额为：

应纳消费税税额 = 180 000 × 5% = 9 000（元）

如果该自用小轿车没有同类消费品的销售价格，其生产成本为 150 000 元，设该种轿车平均成本利润率为 8%，则组成计税价格为：

消费税组成计税价格 = 150 000 ×（1 + 8%）÷（1−5%）= 170 526.32（元）

应纳消费税税额 = 170 526.32 × 5% = 8 526.32（元）

（2）从量定额计算

应纳消费税税额 = 移送使用的应税消费品数量 × 单位税额

（3）从价定率和从量定额复合计算

应纳消费税税额 = 自产自用数量 × 定额税率 + 组成计税价格 × 比例税率

其中，

组成计税价格 =（成本 + 利润 + 自产自用数量 × 定额税率）÷（1－消费税税率）

3. 委托加工消费品消费税的计算

委托加工的应税消费品，是指由委托方提供原料和主要材料，受托方只收取加工费和代垫部分辅助材料加工的应税消费品。这类应税消费品通常由受托方在向委托方交货时代收代缴消费税税款。一般可以按照受托方同类消费品的销售价格计算纳税；没有同类消费品销售价格的，可以按照组成计税价格计算纳税。

（1）从价定率计算

应纳消费税税额 = 按受托方生产的同类消费品的销售价确定的销售额 × 税率

如果受托方无同类产品，则按照组成计税价格计税，即：

应纳消费税税额 = 组成计税价格 × 适用税率
组成计税价格 =（材料成本 + 加工费）÷（1－消费税税率）

【例 4-5】 某企业本月受托加工 A 类高档化妆品 10 件，受托方同类产品含增值税售价为 11 300 元 / 件；受托加工 B 类高档化妆品 5 件，材料成本为 40 000 元，加工费为 10 000 元。高档化妆品税率为 15%，该企业应代扣代缴消费税税额如下。

受托加工 A 类高档化妆品 10 件，按照受托方的同类消费品的销售价格计算纳税。

单位应税消费品的不含税销售额 = 11 300 ÷（1 + 13%）= 10 000（元/件）

A类高档化妆品应纳税额 = 同类消费品销售单价 × 委托加工数量 × 适用税率
= 10 000 × 10 × 15% = 15 000（元）

受托加工 B 类高档化妆品 5 件，没有同类消费品销售价格的，应按照组成计税价格计算纳税。

组成计税价格 =（40 000 + 10 000）÷（1－15%）= 58 823.53（元）

B 类高档化妆品应纳税额 = 组成计税价格 × 适用税率 = 58 823.53 × 15%
= 8 823.53（元）

该企业应代扣代缴消费税税额 = 15 000 + 8 823.53 = 23 823.53（元）

（2）从量定额计算

应纳消费税税额 = 纳税人收回的应税消费品数量 × 单位税额

（3）从价定率和从量定额复合计算

应纳消费税税额 = 组成计税价格 × 适用税率

其中，

组成计税价格 =（材料成本 + 加工费 + 委托加工数量 × 定额税率）÷（1－ 消费税税率）

值得注意的是，如果委托加工收回的应税消费品连续生产的应税消费品，当其销售时，准予从应纳消费税税额中按当期生产领用数量计算扣除其已纳消费税税款。如果委托加工收回的应税消费品直接出售，则不再缴纳消费税。

拓展阅读4-2 委托加工应税消费品的消费税习题

4. 进口应税消费品应纳税额的计算

进口的应税消费品于报关时缴纳消费税，由海关代征。进口应税消费品按照组成计税价格计算应纳税额。

（1）实行从价定率计算应纳税额的，其组成计税价格计算公式：

组成计税价格 =（关税完税价格 + 关税）÷（1−消费税税率）

应纳消费税税额 = 组成计税价格 × 适用税率

（2）实行从量定额计算应纳税额的，其应纳税额计算公式为：

应纳消费税税额 = 应税消费品数量 × 定额税率

（3）实行复合计税计算应纳税额的，除了按上述方法确定计税价格外，还应当以海关核定的应税消费品征税数量为计税依据（如卷烟、白酒），按照规定的适用税率和税额标准计算缴纳。其计算公式为：

组成计税价格 =（关税完税价格 + 关税 + 进口数量 × 定额税率）÷（1−消费税税率）

应纳消费税税额 = 组成计税价格 × 消费税税率 + 进口数量 × 定额税率

【例 4-6】某商贸公司，2017 年 8 月从国外进口一批应税消费品，已知该批应税消费品的关税完税价格（即海关核定的关税计税价格）为 900 000 元，按规定应缴纳关税 180 000 元，假定进口的应税消费品的消费税税率为 10%。则该批消费品进口环节应纳消费税税额为：

组成计税价格 =（900 000 + 180 000）÷（1−10%）= 1 200 000（元）

应纳消费税税额 = 1 200 000 × 10% = 120 000（元）

5. 外购或委托加工应税消费品已纳消费税扣除的计算

税法规定，用外购或委托加工收回的已税消费品连续生产另外一种应税消费品销售时，其在外购或委托加工环节已纳的消费税准予从连续生产的应税消费品应纳的消费税税额中扣除。按当期生产领用数量计算准予扣除应税消费品已纳的消费税税款。

1）外购应税消费品已纳消费税款的扣除范围

（1）外购已税烟丝生产的卷烟；

（2）外购已税化妆品生产的高档化妆品；

（3）外购已税珠宝玉石生产的贵重首饰及珠宝玉石；

（4）外购已税鞭炮、焰火生产的鞭炮、焰火；

（5）外购已税杆头、杆身和握把为原料生产的高尔夫球杆；

（6）外购已税木制一次性筷子为原料生产的木制一次性筷子；

（7）外购已税实木地板为原料生产的实木地板；

（8）外购已税汽油、柴油、石脑油、燃料油、润滑油用于连续生产的应税成品油。

上述当期准予扣除外购应税消费品已纳消费税税款的计算公式为：

当期准予扣除的外购应税消费品已纳税款＝当期准予扣除的外购应税消费品买价或数量×外购应税消费品的适用税率或税额

当期准予扣除的外购应税消费品买价或数量＝期初库存的外购应税消费品的买价或数量＋当期购进的应税消费品的买价或数量－期末库存的外购应税消费品的买价或数量

需要说明的是，外购已税消费品的买价是指购货发票上注明的销售额（不包括增值税税额）。

拓展阅读4-3 用已税消费品连续生产应税消费品消费税抵扣习题

2）委托加工收回的应税消费品已纳消费税款的扣除范围

（1）以委托加工收回的已税烟丝为原料生产的卷烟；

（2）以委托加工收回的已税高档化妆品为原料生产的高档化妆品；

（3）以委托加工收回的已税珠宝玉石为原料生产的贵重首饰及珠宝玉石；

（4）以委托加工收回的已税鞭炮、焰火为原料生产的鞭炮、焰火；

（5）以委托加工收回的已税杆头、杆身和握把为原料生产的高尔夫球杆；

（6）以委托加工收回的已税木制一次性筷子为原料生产的木制一次性筷子；

（7）以委托加工收回的已税实木地板为原料生产的实木地板。

（8）以委托加工收回的已税汽油、柴油、石脑油、燃料油、润滑油用于连续生产的应税成品油。

（9）以委托加工收回的已税摩托车生产应税摩托车（如用外购两轮摩托车改装三轮摩托车）。

上述当期准予扣除委托加工收回的应税消费品已纳消费税税款的计算公式为：

当期准予扣除的委托加工应税消费品已纳税款＝期初库存的委托加工应税消费品已纳税款＋当期收回的委托加工应税消费品已纳税款－期末库存的委托加工应税消费品已纳税款

需要说明的是，纳税人用委托加工收回的已税珠宝玉石生产的改在零售环节征收消费税的金银首饰，在计税时一律不得扣除外购或委托加工收回的珠宝玉石的已纳消费税税款。

【例 4-7】 某卷烟生产企业，某月初库存外购应税烟丝金额 200 000 元，当月又外购应税烟丝金额 500 000 元（不含增值税），月末库存烟丝金额 100 000 元，其余被当月生产卷烟领用。则该卷烟厂当月准许扣除的外购烟丝已缴纳的消费税税额为：

拓展阅读4-4 外购烟丝已纳消费税税款抵扣怎么算？

当期准许扣除的外购烟丝买价＝200 000＋500 000－100 000＝600 000（元）

当月准许扣除的外购烟丝已缴纳的消费税税额 = 600 000 × 30% = 180 000（元）

6. 出口应税消费品退（免）税的计算

1）退（免）消费税的政策规定

出口应税消费品退（免）消费税的政策有以下三种情况：

① 出口免税并退税

只有出口经营权的外贸企业购进应税消费品直接出口，以及外贸企业受其他外贸企业委托代理出口应税消费品时，才能享受“又免又退消费税”的政策。除此之外，其他企业出口，或委托外贸代理出口时，一律不适用“又免又退”的政策。

② 出口免税但不退税

有出口经营权的生产性企业，自营出口或生产企业委托外贸企业代理出口自产的应税消费品时，根据实际出口数量免征消费税，但不予退税。此处的“免征消费税”是指对生产性企业按其实际出口数量免征生产环节的消费税。“不予退税”是因为消费税只在生产销售环节对生产单位征收，以后销售环节不再征收，所以生产环节免税，产品出口时就不负担消费税了，也就无须再退税。

而增值税是销售一次征一次税，如果出口环节只免税不退税，出口货物不可能实现零税负，只有退还进项税，才能使出口货物不含税（规定退税率是国家在特定时期采取的一项财政措施）。

【思考 4-2】 这项政策规定与生产性企业自营出口或委托代理出口自产货物退（免）增值税的规定有什么差异?

③ 出口不免税也不退税

一般商贸企业（即除生产企业、外贸企业外的其他企业）委托外贸企业代理出口时，一律不予退（免）税。

2）出口应税消费品退税税率的确定

计算出口应税消费品应退消费税的税率或单位税额，应按照《中华人民共和国消费税暂行条例》所附的“消费税税目税率表”及《财政部 国家税务总局 关于调整消费税政策的通知》财税〔2014〕93 号文件执行。当出口的货物为应税消费品时，其退还增值税要按照规定的退税率计算；其退还的消费税则按应税消费品所适用的消费税税率计算。企业应将不同消费税税率的出口应税消费品分开核算和申报，凡划分不清适用税率时，一律从低适用税率计算应退消费税。

3）出口应税消费品退税额的计算

（1）从价定率征收计算退税额。从价定率计征消费税的应税消费品，应依照外贸企业委托从工厂购进货物时计算征收消费税的价格计算应退消费税税款。其计算公式为：

应退消费税税额 = 出口货物的工厂销售额（出口数额）× 比例税率

注意，此处的“出口货物的工厂销售额”不包含增值税，对含增值税的购进金额应换算成不含增值税的金额作为计算退税的依据。

（2）从量定额征收计算退税额。从量定额计征消费税的应税消费品，应按货物购进和报关出口的数量计算应退消费税税款，其计算公式为：

应退消费税税款 = 出口数量 × 单位税额

7. 出口应税消费品办理退（免）税后的管理

出口的应税消费品办理退（免）税后，发生退关或者国外退货的，报关出口者必须及时向其所在地主管税务机关申报补缴已退的消费税税款。

纳税人直接出口的应税消费品办理免税后发生退关或国外退货，进口时已予以免税的，经所在地主管税务机关批准，可暂不办理补税，待其转为国内销售时，再向主管税务机关申报补缴消费税。

【例 4-8】 某外贸企业从国外进口 100 000 套高档化妆品，关税完税价格为 800 万元，关税为 800 万元，当月售出 10 000 套，每套售价 5 980 元。又从国内一生产厂家（增值税一般纳税人）购进化妆品 8 000 套全部出口，每套工厂销售价 1 130 元（含增值税 130 元），出口离岸价格为 3 200 元。请计算该外贸企业当月应缴、应退的消费税。

① 纳税人进口应税消费品应缴纳消费税

组成计税价格 =（800 + 800）÷（1−15%）≈ 1 882.35（万元）

应纳消费税税额 = 1 882.35 × 15% ≈ 282.35（万元）

② 外贸企业出口化妆品应退消费税

应退消费税税款 = 1 130 ÷（1 + 13%）× 8 000 × 15% = 120（万元）

4.3 消费税的会计处理

4.3.1 消费税会计账户的设置

企业按规定应交的消费税，在“应交税费”账户下设置“应交消费税”明细账户核算。“应交消费税”明细账户的借方发生额，反映实际交纳的消费税和待扣的消费税；贷方发生额反映按规定应交纳的消费税；期末贷方余额反映尚未交纳的消费税；期末借方余额，反映多交的消费税。

4.3.2 消费税的会计处理

1. 销售应税消费品的会计处理

企业销售应税消费品应交的消费税，应借记“税金及附加”账户，贷记“应交税费——应交消费税”账户。

【例 4-9】 某工业企业销售所生产的高档化妆品价款 1 000 000 元（不含增值税），实际成本 200 000 元，适用的增值税税率为 13%，适用的消费税税率为 15%，全部款项已存入银行。该企业应作会计处理如下：

应纳消费税税额 = 1 000 000 × 15% = 150 000（元）

应纳增值税税额 = 1 000 000 × 13% = 130 000（元）

借：银行存款　　1 130 000
　贷：主营业务收入　　1 000 000
　　　应交税费——应交增值税（销项税额）　　130 000
借：主营业务成本　　200 000
　贷：库存商品　　200 000
借：税金及附加　　150 000
　贷：应交税费——应交消费税　　150 000

2. 视同销售应税消费品的会计处理

消费税的视同销售行为范围除与增值税相同之外，还包括纳税人以自产应税消费品连续生产非应税消费品的行为。对视同销售行为，一般按同类消费品市场价格计税；但对纳税人用于换取生产及消费资料、投资入股、抵偿债务等方面的应税消费品，应以纳税人同类应税消费品的最高售价为依据计算消费税。

（1）将应税消费品用于在建工程、非生产机构、馈赠等方面的会计处理

企业将生产的应税消费品用于在建工程、非生产机构、馈赠等时，按规定应交纳的消费税，借记“在建工程”“营业外支出”等账户，贷记“应交税费——应交消费税”账户。

【例 4-10】 某汽车制造厂将自产的一辆乘用车（3.0 升）用于在建工程，同类汽车销售价格为 180 000 元（不含增值税），该汽车成本 100 000 元，消费税税率为 12%，增值税税率为 13%。该企业应作会计处理如下：

应纳消费税税额 = 180 000 × 12% = 21 600（元）

应纳增值税税额 = 180 000 × 13% = 23 400（元）

借：在建工程　　145 000
　贷：库存商品　　100 000
　　　应交税费——应交增值税（销项税额）　　23 400
　　　　　　　——应交消费税　　21 600

（2）将应税消费品用于股权投资、职工集体福利、个人消费等方面的会计处理

企业将生产的应税消费品用于股权投资、职工集体福利、个人消费等方面时，按规定应交纳的消费税，借记“税金及附加”等账户，贷记“应交税费——应交消费税”账户。

【例 4-11】 某汽车制造厂将自产的乘用车（2.0 升）10 辆投资于某客运公司。税务机关认可的每辆售价为 150 000 元，实际成本 100 000 元，适用的消费税税率为 5%。该企业应作会计处理如下：

应纳消费税税额 = 150 000 × 5% × 10 = 75 000（元）

应纳增值税税额 = 150 000 × 13% × 10 = 195 000（元）

借：长期股权投资　　1 695 000
　贷：主营业务收入　　1 500 000
　　　应交税费——应交增值税（销项税额）　　195 000
借：税金及附加　　75 000

贷：应交税费——应交消费税　　75 000

借：主营业务成本　　1 000 000

贷：库存商品　　1 000 000

（3）以应税消费品换取生产资料、消费资料或抵偿债务的会计处理

企业以应税消费品换取生产资料、消费资料或抵偿债务等，除按会计准则中的规定进行会计处理外，税务会计还应按税法规定，按视同销售行为进行处理，如果有不同售价的，以纳税人同类应税消费品最高售价为消费税的计税依据，而增值税按平均售价计算。

【例 4-12】 某白酒厂 12 月份用粮食白酒 9 吨，抵偿其欠甲公司的货款 60 000 元，该粮食白酒成本为 2 800 元 / 吨，每吨本月售价在 5 800~6 200 元之间浮动，平均价格 6 000 元 / 吨，增值税税率为 13%。则相应的会计处理为：

应纳消费税税额 = 6 200 × 9 × 20% + 9 × 1 × 1 000 = 20 160（元）

应纳增值税税额 = 6 000 × 9 × 13% = 7 020（元）

借：应付账款——甲公司　　60 000

营业外支出　　1 020

贷：主营业务收入　　54 000

应交税费——应交增值税（销项税额）　　7 020

借：主营业务成本　　25 200

贷：库存商品　　25 200

借：税金及附加　　20 160

贷：应交税费——应交消费税　　20 160

【思考 4-3】 上述三种业务类型在会计处理上有什么不同？

3. 应税消费品包装物应交消费税的会计处理

随同商品出售但单独计价的包装物，其收入记入“其他业务收入”账户，包装物的成本记入“其他业务成本”账户，包装物销售按照规定应缴纳的消费税，借记“税金及附加”账户，贷记“应交税费——应交消费税”账户。出租、出借包装物逾期押金应交的消费税税额，借记“税金及附加”账户，贷记“应交税费——应交消费税”账户。

【例 4-13】 甲公司为增值税一般纳税人，当月销售高档化妆品一批，不含税售价为 50 000 元，成本为 28 000 元；随同产品出售单独计价的包装物不含税售价 1 000 元，成本为 750 元。货款已收到。适用的增值税税率为 13%，消费税税率为 15%。其会计处理为：

应纳消费税税额 =（50 000 + 1 000）× 15% = 7 650（元）

应纳增值税税额 =（50 000 + 1 000）× 13% = 6 630（元）

① 销售实现时

借：银行存款　　57 630

贷：主营业务收入　　50 000

其他业务收入　　1 000

应交税费——应交增值税（销项税额）　　6 630

② 结转已销产品及包装物成本

借：主营业务成本　28 000
　　其他业务成本　750
　贷：库存商品　28 000
　　　周转材料——包装物　750

③ 计提消费税时

借：税金及附加　7 650
　贷：应交税费——应交消费税　7 650

4. 委托加工应税消费品应交消费税的会计处理

（1）委托方的会计处理

企业如有应交消费税的委托加工物资，一般应由受托方代收代缴税款，受托方按照应交税款金额，借记“应收账款”“银行存款”等科目，贷记“应交税费——应交消费税”科目。受托加工或翻新改制金银首饰，按照规定由受托方交纳消费税。

委托加工物资收回后，用于直接销售的，应将受托方代收代缴的消费税计入委托加工物资的成本，借记“委托加工物资”等科目，贷记“应付账款”“银行存款”等科目，销售时不再缴纳消费税；委托加工物资收回后用于连续生产应税消费品的，按规定准予抵扣的，为了在会计上清晰地反映其抵扣过程，可设“代扣税费——代扣消费税”明细账户。因此，应按已由受托方代收代缴的消费税，借记“代扣税费——代扣消费税”科目，贷记“银行存款”等科目。

【例 4-14】 某工业企业委托 A 企业代为加工一批应交消费税的材料（非金银首饰）。该企业的材料成本为 800 000 元，加工费为 150 000 元，由 A 企业代收代缴的消费税为 80 000 元（不考虑增值税）。材料已经加工完成，并由该企业收回验收入库，加工费和消费税税额已通过银行存款支付。该企业采用实际成本法进行原材料的核算。

如果收回的委托加工物资直接用于对外销售，该企业应作会计处理如下：

① 发出委托加工材料

借：委托加工物资　800 000
　贷：原材料　800 000

② 支付加工费

借：委托加工物资　150 000
　贷：银行存款　150 000

③ 支付代扣代缴消费税

借：委托加工物资　80 000
　贷：银行存款　80 000

④ 收回委托加工材料

借：库存商品　1 030 000
　贷：委托加工物资　1 030 000

【思考 4-4】 上述委托加工物资收回后销售时不再缴纳消费税，你能写出其销售时的会计分录吗？

如果收回的委托加工物资用于继续生产应税消费品，该企业应作会计处理如下：

① 发出材料与支付加工费的会计处理同上

② 支付代扣代缴消费税

借：代扣税费——代扣消费税　　80 000

　贷：银行存款　　80 000

③ 收回委托加工材料

借：原材料　　950 000

　贷：委托加工物资　　950 000

【例 4-15】 接上例，假设收回委托加工物资用于继续生产应税消费品后再出售，获得销售收入 1 200 000 元（不考虑增值税），款项已全部收到。应缴纳的消费税税额为 100 000 元，则其会计处理为：

① 销售实现时

借：银行存款　　1 200 000

　贷：主营业务收入　　1 200 000

② 计提消费税时

借：税金及附加　　100 000

　贷：应交税费——应交消费税　　100 000

③ 抵扣消费税时

借：应交税费——应交消费税　　80 000

　贷：代扣税费——代扣消费税　　80 000

④ 当月实际缴纳消费税时

借：应交税费——应交消费税　　20 000

　贷：银行存款　　20 000

【思考 4-5】 你能写出考虑增值税的会计分录吗？

（2）受托方的会计处理

受托方可按本企业同类消费品的销售价格计算代收代缴消费税税款，若没有同类消费品销售价格，按照组成计税价格计算。

【例 4-16】 仍接【例 4-14】，A 企业作为受托方的会计处理为：

① 收取加工费时（不考虑增值税）

借：银行存款　　150 000

　贷：主营业务收入　　150 000

② 收取委托方代扣消费税时

借：银行存款　　80 000

　贷：应交税费——应交消费税　　80 000

③ 上缴代扣消费税时

借：应交税费——应交消费税　　80 000

　贷：银行存款　　80 000

5. 金银首饰、钻石及其饰品零售业务应交消费税的会计处理

零售业务是指将金银首饰、钻石及其饰品销售给中国人民银行批准的金银首饰生产、加工、批发、零售单位以外的单位和个人的业务。

（1）自购自销

企业销售金银首饰、钻石及其饰品的收入，记入“主营业务收入”账户，其应交的消费税，借记“税金及附加”，贷记“应交税费——应交消费税”。

金银首饰、钻石及其饰品连同包装物一起销售的，无论包装物是否单独计价，均应并入金银首饰、钻石及其饰品的销售额计缴消费税。其中，随同金银首饰、钻石及其饰品销售但不单独计价的包装物，其收入及应缴消费税均与商品销售收入和税金在一起计算和处理；随同金银首饰、钻石及其饰品销售而单独计价的包装物，其收入贷记“其他业务收入”账户，应缴消费税借记“税金及附加”账户。

【例 4-17】 某金店 9 月份销售纯金项链 10 条，向消费者开出普通发票 56 500 元；销售镀金项链 10 条，向消费者开出普通发票 33 900 元，均收到转账支票，适用增值税税率 13%。则其会计处理为：

应纳消费税税额 = [56 500 ÷（1 + 13%）] × 5% = 2 500（元）

应纳增值税税额 = [（56 500 + 33 900）÷（1 + 13%）] × 13% = 10 400（元）

借：银行存款	90 400	
贷：主营业务收入		80 000
应交税费——应交增值税（销项税额）		10 400
借：税金及附加	2 500	
贷：应交税费——应交消费税		2 500

注意，此例中销售镀金项链是在生产环节缴纳消费税，纯金项链是在零售环节缴纳消费税。

【思考 4-6】 经国务院批准，自 1995 年 1 月 1 日起，改在零售环节征收消费税的金银首饰仅限于金基、银基合金首饰以及金、银和金基、银基合金的镶嵌首饰，零售环节适用税率为 5%。你知道这是为什么吗？

【例 4-18】 某珠宝店为增值税一般纳税人，适用增值税税率 13%，2 月份销售纯金首饰，共收入 67 800 元，随同纯金首饰销售单独计价的首饰盒共收入 452 元。其会计处理为：

① 销售纯金首饰

借：银行存款	67 800	
贷：主营业务收入		60 000
应交税费——应交增值税（销项税额）		7 800

② 销售首饰盒

借：银行存款	452	
贷：其他业务收入		400
应交税费——应交增值税（销项税额）		52

③ 计算消费税 =（60 000 + 400）× 5% = 3 020（元）

借：税金及附加　　3 020

　贷：应交税费——应交消费税　　3 020

（2）受托代销

企业受托代销金银首饰时，消费税由受托方负担，即受托方是消费税的纳税义务人。

如果是以收取手续费的方式代销金银首饰，收取的手续费计入其他业务收入，根据销售价格计算的应交消费税，相应冲减其他业务收入，销售实现时，借记“其他业务收入”，贷记“应交税费——应交消费税”。

不采用收取手续费方式代销的，通常是由双方签订首饰的协议价，委托方按协议价收取代销货款，受托方实际销售的货款与协议价之间的差额归己所有。这种情况下，受托方缴纳消费税的计算处理与自购自销相同。

6. 进口应税产品应交消费税的会计处理

企业进口应税产品在进口环节应交的消费税，计入该项进口产品的成本，借记“材料采购”“固定资产”等账户，贷记“银行存款”等账户。

【例 4-19】 某工业企业从国外进口一辆小汽车，关税完税价格 300 000 元，关税税率为 20%，增值税税率为 13%，消费税税率为 12%。货款已经用银行存款支付。则该企业的会计处理为：

应交关税 = 300 000 × 20% = 60 000（元）

组成计税价格 =（300 000 + 60 000）÷（1－12%）≈ 409 090.91（元）

应纳消费税税额 = 409 091.91 × 12% ≈ 49 090.91（元）

应纳增值税税额 =（300 000 + 60 000 + 49 090.91）× 13% ≈ 53 181.82（元）

借：材料采购　　409 090.91

　　应交税费——应交增值税（进项税额）　　53 181.82

　贷：银行存款　　462 272.73

7. 出口应税产品应交消费税的会计处理

按照规定，除国家限制出口的应税消费品外，纳税人出口的应税消费品免征消费税。具体又分为出口直接予以免税和先税后退两种情形进行会计处理。

第一，生产企业直接出口应税消费品或通过外贸企业出口应税消费品，按规定直接予以免税的，可不计算应交消费税。

第二，通过外贸企业出口应税消费品时，如按规定实行先税后退方法的，按下列方法进行会计处理：

（1）生产企业将应税产品销售给外贸企业，由外贸企业自营出口的情况。

① 生产企业的会计处理。将产品销售给外贸企业时，计算应交消费税：

借：税金及附加

　贷：应交税费——应交消费税

实际交纳消费税时：

借：应交税费——应交消费税
　贷：银行存款
发生销货退回及退税时作相反分录。
② 外贸企业的会计处理。应税产品报关出口后申请出口退税时：
借：其他应收款——出口退税
　贷：主营业务成本
实际收到退回的消费税时：
借：银行存款
　贷：其他应收款——出口退税
（2）由外贸企业代理出口应税产品的情况。
① 生产企业的会计处理：
计算应交消费税时：
借：其他应收款——出口退税
　贷：应交税费——应交消费税
实际交纳消费税时：
借：应交税费——应交消费税
　贷：银行存款
实际收到退回的消费税时：
借：银行存款
　贷：其他应收款——出口退税
② 外贸企业的会计处理：
将应税产品出口后，收到税务部门退回生产企业交纳的消费税时：
借：银行存款
　贷：应付账款——××生产企业
将税金退给生产企业时：
借：应付账款——××生产企业
　贷：银行存款

4.4 消费税纳税申报

纳税人无论当期有无销售或者是否盈利，均应在次月1日至15日内根据应税消费品分别填写“烟类应税消费品消费税纳税申报表”“酒类应税消费品消费税纳税申报表”“成品油消费税纳税申报表”“小汽车消费税纳税申报表”“其他应税消费品消费税纳税申报表”，向主管税务机关进行纳税申报，具体格式见下页二维码。

除了纳税申报表以外，每类申报表都有附表，如“本期准予扣除税额计算表”“本期代收代缴税额计算表”“生产经营情况表”“准予扣除消费税凭证明细表”等，在申报时一并填写。具体格式请查阅相关税务局网站。

烟类应税消费品消费税纳税申报表

酒类应税消费品消费税纳税申报表

成品油消费税纳税申报表

小汽车消费税纳税申报表

其他应税消费品消费税纳税申报表

本章小结

本章首先介绍了我国现行消费税的基本规定，掌握从价定率法、从量定额法和复合计税法三种基本的计税方法以及不同情况下应纳税额的计算。消费税的计税依据与增值税相同，但由于其属于价内税，所以它的会计处理方法与增值税有不同之处。按照不同的业务类型消费税的会计处理可分为视同销售应税消费品的会计处理、委托加工应税消费品的会计处理、金银首饰零售等业务的会计处理。其中应重点掌握消费税从价定率、从量定额、复合计税的计算方法和消费税的会计处理。

拓展阅读4-5　中英文关键词语对照

第4章　即测即练选择题

第4章　即测即练计算题

第4章　即测即练业务综合题

案例讨论　谁是商场内销售金银首饰的消费税纳税人?

第5章

关 税 会 计

本章学习目标：

通过本章学习，学员应该能够：

1. 理解关税的纳税人、征税对象、税率和税收优惠等概念；
2. 掌握关税完税价格的确定；
3. 掌握关税应纳税额的计算；
4. 掌握关税的会计处理。

案例导入与问题提出：

某外贸公司具有进出口经营权，经有关部门批准从境外进口小轿车30辆，每辆小轿车的货价为15万元，运抵我国海关前发生的运输费用、保险费无法确定，经海关查实其他运输公司相关业务的运输费用占货价的比例为2%。该公司报关业务员小李认为这次进口的小轿车应该按照450万元交税，即15万元/辆×30辆；会计主管认为应该按照459万元交税，即15万元/辆×30辆×（1+2%）；税务会计小王认为应该按照460.38万元交税，即15万元/辆×30辆×（1+2%）×（1+3‰）。

请回答：三个人中哪个人说的是正确的？为什么？

5.1 关税概述

5.1.1 关税的概念

关税是海关依法对进出境货物、物品征收的一种税。关境与国境是两个不同的概念。国境是一个国家以边界为界限，全面行使主权的境域，包括一个国家全部的领土、领海、领空。关境是一个国家关税法令完全施行的境域，又称“海关境域”或“关税境域”。在一般情况下，一个国家的国境与关境是一致的，但两者也有不一致的情况，当某一国家在国境内设立了自由港、自由贸易区等，这些区域就进出口关税而言处在关境之外，此时，该国家的关境小于国境。如我国的香港特别行政区、澳门特别行政区保持自由港地位，为我国单独关境区。当几个国家结成关税同盟，组成一个共同的关境，实施统一的关税法令和统一的对外税则，则这些国家彼此之间货物进出国境不征收关税，当来自或运往其他国家的货物通过共同关境时才征收关税，这些国家的关境大于国境，如欧洲联盟。

5.1.2 关税纳税人与征税对象

1. 关税纳税人

进口货物的收货人、出口货物的发货人、进出境物品的所有人，是关税的纳税义务人。进出口货物的收货人、发货人是依法取得对外贸易经营权，并进口或者出口货物的法人或者其他社会团体。进出境物品的所有人包括该物品的所有人和推定为所有人的人。在一般情况下，对携带进境的物品，推定其携带人为所有人；对分离运输的行李，推定相应的进出境旅客为所有人；对以邮递方式进境的物品，推定其收件人为所有人；以邮递或其他运输方式出境的物品，推定其寄件人或托运人为所有人。

2. 关税征税对象

关税征税对象是准许进出关境的货物和物品。货物是指贸易性商品；物品是指入境旅客随身携带的行李物品、个人邮递物品，各种运输工具上的服务人员携带进口的自用物品、馈赠物品，以及通过其他方式进出境的个人物品。

5.1.3 进出口税则与税率

1. 进出口税则

进出口税则是一国政府根据国家关税政策和经济政策，通过一定的立法程序制定、公布、实施的进出口货物和物品应税的关税税率表。进出口税则以税率表为主体，通常还包括实施税则的法令、使用税则的有关说明和附录等。税率表包括税则商品分类目录和税率栏两大部分。税则商品分类目录是把种类繁多的商品加以综合，按照其不同特点分门别类简化成数量有限的商品类目。分别编号按序排列，称为税则号列，并逐号列出该号中应列入的商品名称。按照税则归类总规则及其归类方法，每一种商品都能找到一个最适合的对应税目。

2. 关税税率

1）进口关税税率

（1）税率设置与适用范围。在我国加入世界贸易组织（WTO）之前，进口关税的税率分为普通税率和优惠税率两种。对原产于与我国未订有关税互惠协议的国家或者地区的进口货物，按照普通税率征税；对原产于与我国订有关税互惠协议的国家或者地区的进口货物，按照优惠税率征税。在我国加入 WTO 之后，为履行我国在加入 WTO 关税减让谈判中承诺的有关义务，享有 WTO 成员应有的权利，自 2002 年 1 月 1 日起，我国进口税则设有最惠国税率、协定税率、

拓展阅读5-1 进口关税税率具体类别有哪些？

特惠税率、普通税率、关税配额税率等税率类别。对进口货物在一定期限内可以实行暂定税率。适用最惠国税率、协定税率、特惠税率的国家或者地区名单，由国务院关税税则委员会决定。自 2019 年 1 月 1 日起，我国实施进口商品暂定税率的商品范围有 706 项。

（2）税率计征办法。我国对进口商品基本上都实行从价税，即以进口货物的完税价格作为计税依据。从 1997 年 7 月 1 日起，我国对部分产品实行从量税、复合税和滑准税。从量税是以进口商品的重量、数量、容量、体积等计量单位为计税依据，对原油、啤酒、胶卷等适用；复合税是对某种进口商品同时使用从价和从量计征关税的方法，对录像机、放像机、摄像机、数字照相机和摄录一体机等适用；滑准税是一种关税税率随进口商品价格由高到低而由低至高设置计征关税的方法，可以使进口商品价格越高，其进口关税税率越低；进口商品的价格越低，其进口关税税率越高，目前仅对新闻纸适用。

2）出口关税税率

我国基本上是鼓励出口的，仅对少数资源性产品及易于竞相杀价、盲目进口、需要规范出口秩序的半制成品征收出口关税。现行税则对 100 余种商品计征出口关税，主要是鳗鱼苗、部分有色金属矿砂及其精矿、生锑、磷、氟钽酸钾、苯、山羊板皮、部分铁合金、钢铁废碎料、铜和铝原料及其制品、镍锭、锌锭、锑锭等。出口关税税率为 20%~50%，但对上述范围内的部分商品实行 0~20% 的暂定税率，如苯的出口税率为 40%，暂定税率为 0；铜锌合金丝出口税率为 30%，暂定税率为 0；高纯阴极铜出口税率为 30%，暂定税率为 0。另外，根据需要，对其他 200 多种商品出口征收暂定税率，如褐煤出口暂定税率为 3%，肥料用硝酸钾和含磷钾两种元素的肥料出口暂定税率为 5%，木制一次性筷子和竹浆出口暂定税率为 10%，锡矿砂及其精矿出口暂定税率为 20%，光卤石、钾盐和其他天然粗钾盐出口暂定税率为 30%。

3）特别关税

特别关税包括报复性关税、反倾销税与反补贴税、保障性关税。

报复性关税是指为报复他国对本国出口货物的关税歧视，而对相关国家的进口货物征收的一种进口附加税。任何国家或者地区对其进口的原产于我国的货物征收歧视性关税或者给予其他歧视性待遇的，我国对原产于该国家或者地区的进口货物征收报复性关税。

根据《中华人民共和国反倾销条例》和《中华人民共和国反补贴条例》规定，进口产品经初裁确定倾销或者补贴成立，并由此对国内产业造成损害的，可以采取临时反倾销或反补贴措施，实施期限为自决定公告规定实施之日起，不超过 4 个月。采取临时反补贴措施在特殊情形下，可以延长至 9 个月。经终裁确定倾销或者补贴成立，并由此对国内产业造成损害的，可以征收反倾销税和反补贴税，征收期限一般不超过 5 年，但经复审确定终止征收反倾销税或反补贴税，有可能导致倾销或补贴以及损害的继续或再度发生的，征收期限可以适当延长。反倾销税和反补贴税的纳税人为倾销或补贴产品的进口经营者。

根据《中华人民共和国保障措施条例》规定，有明确证据表明进口产品数量增加，在不采取临时保障措施将对国内产业造成难以补救的损害的紧急情况下，可以做出初裁决定，并采取临时保障措施。临时保障措施采取提高关税的形式。终裁决定确定进口产品数量增加，并由此对国内产业造成损害的，可以采取保障措施。保障措施可以采取提高关税、数量限制等形式。保障措施应当针对正在进口的产品实施，不区分产品来源国家（地区）。

5.1.4 关税的税收优惠

《中华人民共和国海关法》规定，减免进出口关税的权限属于中央政府，在未经中央政府许可的情况下各地海关不得擅自决定减免，以保证国家关税政策的统一。关税减免主要分为法定减免税、特定减免税和临时减免税。

1. 法定减免税

法定减免税是根据《中华人民共和国海关法》和《中华人民共和国进出口关税条例》的法定条文规定的减免税。法定减免税货物进出口时，纳税义务人无须提出申请，海关可按规定直接予以减免税。海关对法定减免税货物一般不进行后续管理。享受法定减免税待遇的货物和物品如下。

（1）关税税额在人民币50元以下的一票货物，可免征关税。

（2）无商业价值的广告品和货样，可免征关税。

（3）外国政府、国际组织无偿赠送的物资，可免征关税。

（4）进出境运输工具装载的途中必需的燃料、物料和饮食用品，可予免税。

（5）经海关核准暂时进境或者暂时出境，并在6个月内复运出境或者复运进境的货样、展览品、施工机械、工程车辆、工程船舶、供安装设备时使用的仪器和工具、电视或者电影摄制器械、盛装货物的容器以及剧团服装道具，在货物收货人或发货人向海关缴纳相当于税款的保证金或者提供担保后，可予暂时免税。

（6）为境外厂商加工、装配成品和为制造外销产品而进口的原材料、辅料、零件、部件、配套件和包装物料，海关按照实际加工出口的成品数量免征进口关税；或者对进口料、件先征进口关税，再按照实际加工出口的成品数量予以退税。

（7）因故退还的我国出口货物，由原发货人或者他们的代理人申报进境，并提供原出口单证，经海关审查核实，可予免征进口关税。但是，已征收的出口关税，不予退还。

（8）因故退还的境外进口货物，由原收货人或者他们的代理人申报出境，并提供原进口单证，经海关审查核实，可予免征出口关税。但是，已征收的进口关税，不予退还。

（9）有下列情形之一的进口货物，海关可以酌情减免关税：

① 在境外运输途中或者在起卸时，遭受损坏或者损失的；

② 起卸后海关放行前，因不可抗力遭受损坏或者损失的；

③ 海关查验时已经破漏、损坏或者腐烂，经证明不是保管不慎造成的。

（10）无代价抵偿进口货物，即进口货物在征税放行后，发现货物残损、短少或品质不良，而由国外承运人、发货人或保险公司免费补偿或更换的同类货物，可以免税。但有残损或质量问题的原进口货物如未退运国外，其进口的无代价抵偿货物应照章征税。

（11）我国缔结或者参加的国际条约规定减征、免征关税的货物、物品，按照规定予以减免关税。

2. 特定减免税

特定减免税也称政策性减免税，是指在法定减免税之外，由国务院或国务院授权的机关按照国际通行规则和我国实际情况，制定发布的有关进出口货物减免关税，包括对特定地区、特定企业和特定用途的货物的减免税等。

3. 临时减免税

临时减免税是指以上法定减免税和特定减免税以外的其他减免税，即由国务院根据《中华人民共和国海关法》对某个单位、某类商品、某个项目或某批进出口货物的特殊情况，给予特别照顾，一案一批，专文下达的减免税。

5.1.5 关税的征收管理

1. 关税的缴纳

进口货物自运输工具申报进境之日起 14 日内，出口货物在货物运抵海关监管区后装货的 24 小时以前，应由进出口货物的纳税义务人向货物进（出）境地海关申报，海关根据税则归类和完税价格计算应缴纳的关税和进口环节代征税，并填发税款缴款书。

纳税人应当自海关填发税款缴款书之日起 15 日内，向指定银行缴纳税款。纳税人因不可抗力或者在国家税收政策调整的情形下，不能按期缴纳税款的，经依法提供税款担保后，可以延期缴纳税款，但最长不得超过 6 个月。

2. 关税的退还

关税退还是关税纳税义务人按海关核定的税额缴纳关税后，因某种原因的出现，海关将实际征收多于应当征收的税额退还给原纳税义务人的一种行政行为。根据《中华人民共和国海关法》和《中华人民共和国进出口关税条例》规定，海关多征的税款，海关发现后应当立即退还；纳税义务人发现多缴税款的，自缴纳税款之日起 1 年内，可以以书面形式要求海关退还多缴的税款并加算银行同期活期存款利息；海关应当自受理退税申请之日起 30 日内查实并通知纳税义务人办理退还手续。纳税义务人应当自收到通知之日起 3 个月内办理有关退税手续。

按规定，有下列情形之一的，进出口货物的纳税义务人可以自缴纳税款之日起1年内，书面声明理由，连同原纳税凭证及相关资料向海关申请退税，海关应予以退税：

（1）已征进口关税的货物，因品质或者规格原因，原状退货复运出境的。

（2）已征出口关税的货物，因品质或者规格原因，原状退货复运进境，并已重新缴纳因出口而退还的国内环节有关税收的。

（3）已征出口关税的货物，因故未装运出口，申报退关的。

上述规定，强调因货物品质或规格原因（非其他原因）原状复运进境或出境的，经海关查验属实的，可退还已征关税。海关应当自受理退税申请之日起 30 日内，做出书面答复并通知退税申请人办理退还手续。纳税义务人应当自收到通知之日起 3 个月内办理有关退税手续。

3. 关税的补征和追征

补征和追征是海关在关税纳税义务人按海关核定的税额缴纳关税后，发现实际征收税额少于应当征收的税额时，责令纳税义务人补缴所差税款的一种行政行为。由于纳税人违反海关规定造成短征关税的，称为追征；非因纳税人违反海关规定造成短征关税的，称为补征。

根据《中华人民共和国海关法》和《中华人民共和国进出口关税条例》规定，进出境货物和物品放行后，海关发现少征或者漏征税款，应当自缴纳税款或者货物、物品放行之日起 1 年内，向纳税义务人补征；因纳税义务人违反规定而造成的少征或者漏征的税款，海关可以自纳税义务人缴纳税款或者货物、物品放行之日起 3 年以内追征，并从缴纳税款或者货物、物品放行之日起按日加收少征或者漏征税款万分之五的滞纳金。

此外，海关发现其监管货物因纳税义务人违反规定造成少征或者漏征税款的，应当自纳税义务人应缴纳税款之日起 3 年内追征税款，并从应缴纳税款之日起按日加收少征或者漏征税款万分之五的滞纳金。

5.2 关税应纳税额的计算

5.2.1 关税完税价格的含义

关税完税价格是海关计征关税所依据的价格，也可理解为计税价格。根据《中华人民共和国海关审定进出口货物完税价格办法》的规定，海关以进出口货物的实际成交价格为基础审定完税价格。成交价格不能确定时，完税价格由海关依法估定。

5.2.2 进口货物完税价格的确定

1. 一般进口货物完税价格的确定

1）以实际成交价格为进口货物的完税价格

根据规定，进口货物以海关审定的成交价格为基础的到岸价格作为完税价格。这里所称的到岸价格是指包括货物的货价、货物运抵我国境内输入地点起卸前的运输及其相关费用、保险费。进口货物的货价以成交价格为基础。进口货物的成交价格是指买方为购买该货物，并按《中华人民共和国海关审定进出口货物完税价格办法》有关规定调整后的实付或应付价格。“实付或应付价格”是指买方为购买进口货物直接或间接支付的总额，即作为卖方销售进口货物的条件，由买方向卖方（或为履行卖方义务向第三方）已经支付或将要支付的全部款项。

（1）下列费用或者价值未包括在进口货物的实付或者应付价格中，应当计入完税价格：由买方负担的除购货佣金以外的佣金和经纪费，其中，“购货佣金”是指买方为购买进口货物向自己的采购代理人支付的劳务费用，“经纪费”是指买方为购买进口货物向代表买卖双方利益的经纪人支付的劳务费用；由买方负担的与该货物视为一体的容器费用；由买方负担的包装材料和包装劳务费用；与该货物的生产和向中华人民共和国境内销售有关的，由买方以免费或者以低于成本的方式提供并可以按适当比例分摊的料件、工具、模具、消耗材料及类似货物的价款，以及在境外开发、设计等相关服务的费用；与该货物有关并作为卖方向我国销售该货物的一项条件，应当由买方直接或间接支付的特许权使用费；卖方直接或间接从买方对该货物进口后转售、处置或使用所得中获得的收益。

（2）下列费用，如能与该货物实付或者应付价格区分，不得计入完税价格：厂房、机械、设备等货物进口后发生的基建、安装、装配、维修和技术服务的费用，进口货物运抵我国境内输入地点起卸后发生的运输费用、保险费和其他相关费用，进口关税及其他国内税收等。

2）进口货物海关估价方法

进口货物的成交价格不符合有关规定，或经审查不能确定的，海关经了解有关情况，并与纳税义务人进行价格磋商后，依次按以下估价方法估定该货物的关税完税价格：

（1）相同或类似货物成交价格方法。该估价方法应当首先使用同一生产商生产的相同或类似货物的成交价格，只有在没有这一成交价格的情况下，才可以使用同一生产国或地区生产的相同或类似货物的成交价格。如果有多个相同或类似货物的成交价格，应当以最低的成交价格为基础，估定进口货物的完税价格。“相同货物”是指与进口货物在同一国家或地区生产的，在物理性质、质量和信誉等所有方面都相同的货物，但表面的微小差异允许存在；“类似货物”是指与进口货物在同一国家或地区生产的，虽然不是在所有方面都相同，但是却具有相似的特征、相似的组成材料、同样的功能，并且在商业中可以互换的货物。

（2）倒扣价格方法。该方法是以被估的进口货物、相同或类似进口货物在境内销售的价格为基础估定完税价格。

（3）计算价格方法。该方法是按下列各项的总和计算出的价格估定完税价格。应该包括以下各项：一是生产该货物所使用的原材料价值和进行装配或其他加工的费用，二是与向境内出口销售同等级或同种类货物的利润、一般费用相符的利润和一般费用，三是货物运抵境内输入地点起卸前的运输及相关费用、保险费。

（4）其他合理的方法。按照前三项的规定，仍不能确定货物的成交价格时，进口货物的完税价格，由海关遵循客观、公平、统一的原则，以客观、量化的数据资料为基础估定完税价格。

2. 特殊进口货物完税价格的确定

1）加工贸易进口料件及其制成品

加工贸易进口料件及其制成品需征税或内销补税的，海关按照一般进口货物的完税价格规定审定完税价格。

（1）进口时需征税的进料加工进口料件，以该料件申报进口时的价格估定。

（2）内销的进料加工进口料件或其制成品（包括残次品、副产品），以料件原进口时的价格估定。

（3）内销的来料加工进口料件或其制成品（包括残次品、副产品），以料件申报内销时的价格估定。

（4）出口加工区内的加工企业内销的制成品（包括残次品、副产品），以制成品申报内销时的价格估定。

（5）保税区内的加工企业内销的进口料件或其制成品（包括残次品、副产品），分别以料件或制成品申报内销时的价格估定。如果内销的制成品中含有从境内采购的料件，则以所含从境外购入的料件原进口时的价格估定。

（6）加工贸易加工过程中产生的边角料，以申报内销时的价格估定。

2）保税区、出口加工区货物

从保税区或出口加工区销往区外、从保税仓库出库内销的进口货物（加工贸易进口料件及其制成品除外），以海关审定的价格估定完税价格。对经审核销售价格不能确定的，海关应当按照一般进口货物估价办法的规定，估定完税价格。如销售价格中未包括在保税区、出口加工区或保税仓库中发生的仓储、运输及其他相关费用的，应当按照客观、量化的数据资料予以计入。

3）运往境外修理的货物

运往境外修理的机械器具、运输工具或其他货物，出境时已向海关报明，并在海关规定期限内复运进境的，应当以海关审定的境外修理费和料件费估定完税价格。

4）运往境外加工的货物

运往境外加工的货物，出境时已向海关报明，并在海关规定期限内复运进境的，应当以海关审定的境外加工费和料件费，以及该货物复运进境的运输及其相关费用、保险费估定完税价格。

5）暂时进境货物

对于经海关批准的暂时进境的货物，应当按照一般进口货物估价办法的规定，估定完税价格。

6）租赁方式进口货物

租赁方式进口的货物中，以租金方式对外支付的租赁货物，在租赁期间以海关审定的租金作为完税价格；留购的租赁货物，以海关审定的留购价格作为完税价格；承租人申请一次性缴纳税款的，经海关同意，按照一般进口货物估价办法的规定，估定完税价格。

7）留购的进口货样等

对于境内留购的进口货样、展览品和广告陈列品，以海关审定的留购价格作为完税价格。

8）予以补税的减免税货物

减税或免税进口的货物需予补税时，应当以海关审定的该货物原进口时的价格，扣除折旧部分价值作为完税价格，计算公式为：

完税价格＝海关审定的该货物原进口时的价格×[1－申请补税时实际已使用的时间（月）÷（监管年限×12）]

9）以其他方式进口的货物

以易货贸易、寄售、捐赠、赠送等其他方式进口的货物，应当按照一般进口货物估价办法的规定，估定完税价格。

3. 进口货物完税价格中运输及相关费用、保险费的计算

1）以一般陆运、空运、海运方式进口的货物

在进口货物的运输及相关费用、保险费计算中，海运进口货物，计算至该货物运抵境内的卸货口岸；如果该货物的卸货口岸是内河（江）口岸，则应当计算至内河（江）口岸。陆运进口货物，计算至该货物运抵境内的第一口岸；如果运输及其相关费用、保险费支付至目的地口岸，则计算至目的地口岸。空运进口货物，计算至该货物运抵境内的第一口岸；如果该货物的目的地为境内的第一口岸外的其他口岸，则计算至目的地口岸。

拓展阅读5-2 跨境电子商务零售进口商品都交哪几种税？

陆运、空运和海运进口货物的运费和保险费，应当按照实际支付的费用计算。如果进口货物的运费无法确定或未实际发生，海关应当按照该货物进口同期运输行业公布的运费率（额）计算运费；按照“货价加运费”两者总额的3‰计算保险费，计算公式为：

保险费＝（货价＋运费）×3‰

2）以其他方式进口的货物

邮运的进口货物，应当以邮费作为运输及其相关费用、保险费；以境外边境口岸价格条件成交的铁路或公路运输进口货物，海关应当按照货价的1%计算运输及其相关费用、保险费；作为进口货物的自驾进口的运输工具，海关在审定完税价格时，可以不另行计入运费。

5.2.3 出口关税完税价格的确定

1. 以成交价格为基础的完税价格

出口货物的完税价格，由海关以该货物向境外销售的成交价格为基础审查确定，并应包括货物运至我国境内输出地点装载前的运输及其相关费用、保险费，但其中包含的出口关税税额，应当扣除。

出口货物的成交价格，是指该货物出口销售到我国境外时买方向卖方实付或应付的价格。出口货物的成交价格中含有支付给境外的佣金的，如果单独列明，应当扣除。

2. 出口货物海关估价方法

出口货物的成交价格不能确定时，完税价格由海关依次使用下列方法估定：

（1）同时或大约同时向同一国家或地区出口的相同货物的成交价格；

（2）同时或大约同时向同一国家或地区出口的类似货物的成交价格；

（3）根据境内生产相同或类似货物的成本、利润和一般费用、境内发生的运输及其相关费用、保险费计算所得的价格；

（4）按照合理方法估定的价格。

5.2.4 关税应纳税额的计算

1. 关税的计算方法

根据计税标准的不同，关税应纳税额的计算方法分为从价税、从量税、复合税和滑准税。

（1）从价税应纳税额的计算

关税税额 = 应税进（出）口货物数量 × 单位完税价格 × 税率

（2）从量税应纳税额的计算

关税税额 = 应税进（出）口货物数量 × 单位货物税额

（3）复合税应纳税额的计算

我国目前实行的复合税都是先计征从量税，再计征从价税。

关税税额 = 应税进（出）口货物数量 × 单位货物税额 + 应税进（出）口货物数量 × 单位完税价格 × 税率

（4）滑准税应纳税额的计算

关税税额 = 应税进（出）口货物数量 × 单位完税价格 × 滑准税税率

《中华人民共和国海关进出口税则》中“从量税、复合税、滑准税税率表”后注明了滑准税税率的计算公式，该公式是一个与应税进（出）口货物完税价格相关的取整函数。

2. 进口货物应纳税额的计算

对进口或出口的货物的成交价格，因为有不同的成交条件，因此有不同的价格形式。常见的价格形式有：到岸价格（CIF）、离岸价格（FOB）、成本加运费价格（CFR）三种。

拓展阅读5-3 CIF、FOB、CFR具体含义

1）CIF 价格

以我国口岸到岸价格成交的，则该成交价格就是关税完税价格。其计算公式为：

完税价格 = CIF 价格

应纳进口关税税额 = 完税价格 × 进口关税税率

【例 5-1】 某进出口公司从日本进口一批货物，进口申报的到岸价折合人民币为 60 000 000 元，进口税率为 15%。则该批货物的进口关税税额为：

完税价格 = CIF 价格 = 60 000 000（元）

应纳进口关税税额 = 60 000 000 × 15% = 9 000 000（元）

2）FOB 价格

以国外口岸离岸价成交的，应另加从发货口岸到我国口岸以前的运杂费和保险费作为关税完税价格。其计算公式为：

完税价格 = FOB 价格 + 运费 + 保险费
=（FOB 价格 + 运费）÷（1− 保险费率）

应纳进口关税税额 = 完税价格 × 进口关税税率

【例 5-2】 某公司从美国进口货物 3 000 吨，进口申报价为旧金山离岸价折合人民币 3 500 000 元，运费为每吨 350 元，保险费率为 3‰，进口税率为 6%。计算该批货物的进口关税税额。

完税价格 =（3 500 000 + 350 × 3 000）÷（1−3‰）
≈ 4 563 691.07（元）

应纳进口关税税额 = 4 563 691.07 × 6% = 273 821.46（元）

3）CFR 价格

以成本加运费价格成交的，应另加保险费作为关税完税价格。其计算公式为：

完税价格 = CFR 价格 + 保险费
= CFR 价格 ÷（1− 保险费率）

应纳进口关税税额 = 完税价格 × 进口关税税率

【例 5-3】 某公司从境外购进设备 1 台，运抵上海港的 CFR 价格折合成人民币为 1 600 000 元，保险费率为 3‰，该设备由上海运至公司总部国内运费为 4 000 元，进口税率为 10%。计算该批货物的进口关税税额。

完税价格 = 1 600 000 ÷（1−3‰）≈ 1 604 814.44（元）

应纳进口关税税额 = 1 604 814.44 × 10% = 160 481.44（元）

3. 出口货物应纳税额的计算

1）CIF 价格

以国外口岸到岸价格成交的，必须在上述价格基础上先扣除从我国口岸离开后所发生的运费和保险费，再扣除出口关税后，作为完税价格。其计算公式为：

完税价格 =（CIF 价格 − 运费 − 保险费）÷（1 + 出口关税税率）
= [CIF 价格 ×（1− 保险费率）− 运费] ÷（1 + 出口关税税率）

应纳出口关税税额 = 完税价格 × 出口关税税率

【例 5-4】 某公司向境外出口一批产品，成交价格（CIF 价格）折合人民币 8 000 000 元，其中：支付承运方运费 500 000 元，支付保险公司保险费 100 000 元，该货物出口关税税率 10%。计算该公司应纳出口关税税额。

完税价格 =（8 000 000−500 000−100 000）÷（1 + 10%）

≈6 727 272.73（元）

应纳出口关税税额＝6 727 272.73×10%＝672 727.27（元）

2）FOB 价格

以我国口岸离岸价格成交的，必须将离岸价中所包含的出口关税税额扣除后的余额作为完税价格。其计算公式为：

完税价格＝FOB 价格 ÷（1＋出口关税税率）

应纳出口关税税额＝完税价格×出口关税税率

【例 5-5】 上海某外贸进出口公司出口商品一批，该批商品我国口岸离岸价格为 800 000 元，出口关税税率为 15%。计算该公司应纳出口关税税额。

完税价格＝800 000÷（1＋15%）≈695 652.17（元）

应纳出口关税税额＝695 652.17×15%＝104 347.83（元）

3）CFR 价格

以国外口岸成本加运费成交的，应先扣除从我国口岸离开后所发生的运费，再扣除出口关税税额后，作为完税价格。其计算公式为：

完税价格＝（CFR 价格－运费）÷（1＋出口关税税率）

应纳出口关税税额＝完税价格×出口关税税率

【例 5-6】 某进出口公司向日本出口一批商品，双方协商以 CFR 价格成交，折合人民币 5 000 000 元，其中：运费为 150 000 元，出口关税税率为 10%。计算该公司应纳出口关税税额。

完税价格＝（5 000 000－150 000）÷（1＋10%）≈4 409 090.91（元）

应纳出口关税税额＝4 409 090.91×10%＝440 909.09（元）

5.3 关税的会计处理

5.3.1 关税会计账户设置

企业缴纳进出口关税，应设置“应交税费”总账科目进行核算，并在该账户下设置“应交进口关税”“应交出口关税”明细科目进行明细核算。

“应交税费——应交进口关税”的贷方发生额反映应缴的进口关税，借方发生额反映实际缴纳的进口关税，贷方余额表示尚未缴纳的进口关税，借方余额表示多缴的进口关税。“应交税费——应交出口关税”的贷方发生额反映应缴纳的出口关税，借方发生额反映实际缴纳的出口关税，贷方余额表示尚未缴纳的出口关税，借方余额表示多缴的出口关税。

企业按照规定计算出应缴进口关税时，借记有关科目，贷记“应交税费——应交进口关税”，实际缴纳时，借记“应交税费——应交进口关税”，贷记“银行存款”等科目。

企业按照规定计算出应缴出口关税时，借记有关科目，贷记“应交税费——应交出口关税”，实际缴纳时，借记“应交税费——应交出口关税”，贷记“银行存款”等科目。

在实际工作中，由于企业经营进出口业务的形式和内容不同，具体会计核算方式也有所区别。

5.3.2 自营进出口关税的会计处理

1. 自营进口关税的会计核算

企业进口货物按照规定计算的进口关税税额，应该与货物的买价一起计入进口货物的采购成本，借记“材料采购”“固定资产”“在建工程”等账户，贷记“应交税费——应交进口关税”账户；企业实际缴纳进口关税时，借记“应交税费——应交进口关税”账户，贷记“银行存款”等账户。

【例 5-7】 某企业从国外自营进口一批材料，CIF 价格折合人民币为 950 000 元，材料已运抵入库，货款还未付。进口关税税率为 30%，代征增值税税率为 13%。根据海关开出的专用缴款书，关税以银行转账支票付讫。计算该批材料进口环节应缴纳的各种税金并编制会计分录。

应纳进口关税税额 = 950 000 × 30% = 285 000（元）

采购成本 = 950 000 + 285 000 = 1 235 000（元）

应纳增值税税额 = 1 235 000 × 13% = 160 550（元）

① 计提进口关税时

借：材料采购	1 235 000	
应交税费——应交增值税（进项税额）	160 550	
贷：应交税费——应交进口关税		285 000
应付账款		950 000
银行存款		160 550

② 实际缴纳关税时

借：应交税费——应交进口关税	285 000	
贷：银行存款		285 000

2. 自营出口关税的会计核算

企业出口货物按照规定计算的出口关税税额，应该通过“税金及附加”账户核算，借记“税金及附加”账户，贷记“应交税费——应交出口关税”账户；实际缴纳出口关税时，借记“应交税费——应交出口关税”账户，贷记“银行存款”等账户。

【例 5-8】 某企业自营出口一批商品，该商品 FOB 价格为 600 000 元，出口关税税率为 20%。计算该商品应纳出口关税税额并编制会计分录。

完税价格 = 600 000 ÷（1 + 20%）= 500 000（元）

应纳出口关税税额 = 500 000 × 20% = 100 000（元）

① 计算应交出口关税时

借：税金及附加	100 000	

贷：应交税费——应交出口关税 100 000

② 实际缴纳关税时

借：应交税费——应交出口关税 100 000

贷：银行存款 100 000

5.3.3 代理进出口关税的会计处理

1. 代理进口关税的会计核算

代理进口是外贸企业接受国内委托方的委托，办理对外洽谈和签订进出口合同，执行合同并办理运输、开证、付汇全过程的业务。进口代理方对其代理的进口业务不负担盈亏，只是收取一定的手续费。因此，代理进口业务的进口关税，由代理方向委托方收取，在计算应纳进口关税时，借记“应收账款”账户，贷记“应交税费——应交进口关税”账户；实际缴纳时，借记“银行存款”账户，贷记“应收账款”账户。

【例 5-9】 乙企业接受国内甲企业委托代理进口 A 商品一批，已收到甲企业预付款 2 700 000 元。该进口商品我国口岸 CIF 价格折合人民币为 1 900 000 元，进口关税税率为 20%，增值税税率为 13%，代理手续费按货价 2% 收取。该批商品已运达，并已向甲企业办理结算。计算乙企业应纳进口关税、增值税和手续费并编制会计分录。

应纳进口关税税额 = 1 900 000 × 20% = 380 000（元）

应纳进口货物增值税 = 1 900 000 × 13% = 247 000（元）

代理手续费 = 1 900 000 × 2% = 38 000（元）

① 乙企业收到甲企业的预付货款时

借：银行存款 2 700 000

贷：预收账款——甲企业 2 700 000

② 收到进口单证代理支付购货款时

借：应收账款——× × 外商 1 900 000

贷：银行存款 1 900 000

③ 计算应交进口关税和增值税时

借：预收账款——甲企业 627 000

贷：应交税费——应交进口关税 380 000

——应交增值税 247 000

④ 实际缴纳进口关税和增值税时

借：应交税费——应交进口关税 380 000

——应交增值税 247 000

贷：银行存款 627 000

⑤ 向甲企业办理结算，并收取手续费收入，退回余款时

借：预收账款——甲企业 2 073 000

贷：应收账款——× × 外商 1 900 000

其他业务收入 38 000

银行存款　　　　135 000

2. 代理出口关税的会计核算

代理出口是外贸企业代理其他单位经营出口业务。代理出口的盈亏由委托方承担，因出口而缴纳的出口关税也由委托方负担。当代理方按规定计算出代缴的出口关税时，借记“应收账款”账户，贷记“应交税费——应交出口关税”账户；实际缴纳出口关税时，借记“应交税费——应交出口关税”账户，贷记“银行存款”账户；计算应收手续费时，借记“应收账款”账户，贷记“其他业务收入”账户；收到委托方支付的代缴出口关税时，借记“银行存款”账户，贷记“应收账款”账户。

【例 5-10】某企业代理甲企业出口商品一批，该商品的FOB价格为400 000元，出口关税税率为25%，协议代理手续费为7 000元。计算该企业这批商品应纳出口关税税额并编制会计分录。

完税价格 = 400 000 ÷（1 + 25%）= 320 000（元）

应纳出口关税税额 = 320 000 × 25% = 80 000（元）

① 计算应交出口关税税额时

借：应收账款——甲企业　　　　80 000

　贷：应交税费——应交出口关税　　　　80 000

② 实际缴纳出口关税时

借：应交税费——应交出口关税　　　　80 000

　贷：银行存款　　　　80 000

③ 计算应收手续费时

借：应收账款——甲企业　　　　7 000

　贷：其他业务收入　　　　7 000

④ 收到甲企业支付的税款和手续费时

借：银行存款　　　　87 000

　贷：应收账款——甲企业　　　　87 000

本章小结

关税是由海关对进出口我国关境的货物和物品征收的一种税。关税的征税对象是进出关境的货物和物品。学习本章，重点为掌握进口货物的关税价格的一般规定和特殊规定、出口货物的完税价格、完税价格中运输及相关费用和保险费的计算，熟悉关税的征收管理的规定，掌握关税的会计处理。

拓展阅读5-4　中英文关键词对照

思考题

1. 什么叫关税？
2. 进口货物的关税完税价格是如何计算的？

3. 出口货物的关税完税价格是如何计算的？

4. 关税有哪几种计算方法？请举例说明。

第5章　即测即练选择题

第5章　即测即练计算题

第5章　即测即练业务综合题

第6章

企业所得税会计

本章学习目标：

通过本章学习，学员应该能够：

1. 掌握企业所得税的纳税人、征税对象、税率和税收优惠等概念；
2. 掌握应纳税所得额的确定及应纳所得税税额的计算；
3. 熟悉企业所得税的申报；
4. 掌握企业所得税会计核算的基本方法。

案例导入与问题提出：

2019年8月，因邻厂失火造成火灾，某市家具厂加工车间及仓库被烧，造成存货损失110 000元，该厂在报经税务等有关部门审批后，将这部分损失列为营业外支出，并于年末在税前扣除。2020年3月，税务稽查人员在对该企业的汇缴检查中发现其为投保单位，于是决定做进一步审查。稽查人员了解到2019年年末保险公司已就此损失向该厂赔偿了70 000元，而查看“营业外支出”明细账却未有冲减额。后经仔细查账与询问，得知该企业收到保险赔偿费后，将其记入了“应付职工薪酬”项目。即：

借：银行存款　　70 000

　贷：应付职工薪酬　　70 000

另据检查，企业2019年自行调整后的应纳税所得额为30 000元，已按25%的税率最终申报缴纳了企业所得税。该企业全年应缴纳的各项税额为180 000元，其他各税的计算和缴纳均无错漏。

请回答：1. 该企业没有将保险公司的赔偿款记入营业外支出的目的是什么？

2. 该企业触犯了税法所规定的什么行为？

3. 该企业在账项调整方面应该如何处理？

6.1　企业所得税概述

6.1.1　企业所得税的概念

企业所得税是对我国境内的企业和其他取得收入的组织的生产经营所得和其他所得

征收的一种税。它是国家参与利润分配的重要手段。

我国的企业所得税制度，是随着改革开放和经济体制改革的不断推进而逐步建立、完善起来的，主要经历了以下几个阶段：1949 年首届全国税务会议上，通过了统一全国税收政策的基本方案，其中包括对企业所得税和个人所得税的办法，规定了对所得征税的工商业税，这是企业所得税的雏形。1980 年 9 月，第五届全国人民代表大会第三次会议通过了《中华人民共和国中外合资经营企业所得税法》。1981 年 12 月，第五届全国人民代表大会第四次会议通过了《中华人民共和国外国企业所得税法》，使企业所得税法得到了进一步的发展。1983 年国务院决定在全国试行国营企业“利改税”，即国营企业由向国家上缴利润改为缴纳企业所得税。1991 年 4 月，第七届全国人民代表大会第四次会议就将《中华人民共和国中外合资经营企业所得税法》和《中华人民共和国外国企业所得税法》合并，制定了《中华人民共和国外商投资企业和外国企业所得税法》；1993 年 12 月财政部制定了《中华人民共和国企业所得税暂行条例》，这标志着我国所得税制更加法制化、规范化。2007 年 3 月 16 日第十届全国人民代表大会第五次会议通过了《中华人民共和国企业所得税法》，并于 2008 年 1 月 1 日开始施行，从此内外资企业实行统一的企业所得税法。

【思考 6-1】 为什么要进行外资企业所得税和内资企业所得税的合并呢?

6.1.2 企业所得税纳税义务人

企业所得税的纳税义务人是指在中华人民共和国境内的企业和其他取得收入的组织。不包括不具有独立法人资格的独资和合伙企业，它们不以企业名义缴纳所得税，而是由业主将其从企业分得的利润连同来自其他方面的所得一起申报缴纳个人所得税。企业所得税中的纳税义务人按照纳税义务范围的宽窄不同分为居民企业和非居民企业。

（1）居民企业，是指依法在中国境内成立，或者依照外国（地区）法律成立但实际管理机构在中国境内的企业。居民企业负有全面纳税义务，应就其来源于中国境内、境外的所得缴纳企业所得税。

（2）非居民企业，是指依照外国（地区）法律成立且实际管理机构不在中国境内，但在中国境内设立机构、场所的，或者在中国境内未设立机构、场所，但有来源于中国境内所得的企业。非居民企业在境内设机构、场所的，就来源于中国境内的所得及发生在境外但与中国境内机构、场所有实际联系的所得，按规定缴纳企业所得税。非居民企业在中国境内未设立机构、场所的，或者虽设立机构、场所，但取得的所得与所设机构、场所没有实际联系的，就来源于中国境内的所得，按 20% 税率（优惠后为 10%）缴纳企业所得税。

上述机构、场所是指在中国境内从事生产经营活动的机构、场所，具体包括：

① 管理机构、营业机构、办事机构；

② 工厂、农场、开采自然资源的场所；

③ 提供劳务的场所；

④ 从事建筑、安装、装配、修理、勘探等工程作业的场所；

⑤ 其他从事生产经营活动的机构、场所。

上述的实际联系，是指非居民企业在中国境内设立的机构、场所拥有据以取得所得的股权、债权，以及拥有、管理、控制据以取得所得的财产等。

6.1.3　征税对象和应税所得来源地的确定

1. 征税对象

企业所得税的征税对象是指企业的生产经营所得、其他所得和清算所得，具体包括：销售货物所得，提供劳务所得，转让财产所得，股息，红利等权益性投资所得，利息所得，租金所得，特许权使用费所得，接受捐赠所得和其他所得。

2. 应税所得来源地的确定

根据《中华人民共和国企业所得税法》的规定，所得来源地按下列原则确定：

（1）销售货物所得，按照交易活动发生地确定。

（2）提供劳务所得，按照劳务发生地确定。

（3）转让财产所得，其中，不动产转让所得按照不动产所在地确定，动产转让所得按照转让动产的企业或者机构、场所所在地确定，权益性投资资产转让所得按照被投资企业所在地确定。

（4）股息、红利等权益性投资所得，按照分配所得的企业所在地确定。

（5）利息所得、租金所得、特许权使用费所得，按照负担、支付所得的企业或者机构、场所所在地确定，或者按照负担、支付所得的个人的住所地确定。

（6）其他所得，由国务院财政、税务主管部门确定。

6.1.4　企业所得税的税率

根据《中华人民共和国企业所得税法》的规定，企业所得税实行比例税率。

1）基本税率为25%，适用于以下两个方面：

① 居民企业；

② 非居民企业在中国境内设有机构、场所的，其所设机构、场所取得的来源于中国境内的所得，以及发生在中国境外但与其所设机构、场所有实际联系的所得。

2）优惠税率为20%，适用于符合条件的小型微利企业：

根据《财政部　税务总局关于实施小微企业普惠性税收减免政策的通知》（财税〔2019〕13号）规定：对小型微利企业年应纳税所得额不超过100万元的部分，减按25%计入应纳税所得额，按20%的税率缴纳企业所得税；对年应纳税所得额超过100万元但不超过300万元的部分，减按50%计入应纳税所得额，按20%的税率缴纳企业所得税。

小型微利企业是指从事国家非限制和禁止行业，且同时符合年度应纳税所得额不超过300万元、从业人数不超过300人、资产总额不超过5 000万元三个条件的企业。

“从业人数”包括与企业建立劳动关系的职工人数和企业接受的劳务派遣用工人数。所称从业人数和资产总额指标，应按企业全年的季度平均值确定。具体计算公式如下：

季度平均值 =（季初值 + 季末值）÷ 2

全年季度平均值 = 全年各季度平均值之和 ÷ 4

年度中间开业或者终止经营活动的，以其实际经营期作为一个纳税年度确定上述相关指标。

3）优惠税率为 15%，适用于国家重点扶持的高新技术企业和技术先进型服务企业。

（1）高新技术企业享受优惠税率应同时满足以下条件：

① 高新技术企业是指在《国家重点支持的高新技术领域》内，持续进行研究开发与技术成果转化，形成企业核心自主知识产权，并以此为基础开展经营活动，在中国境内（不包括港、澳、台地区）注册的居民企业。

② 高新技术企业要经过各省（自治区、直辖市、计划单列市）科技行政管理部门同本级财政、税务部门组成的高新技术企业认定管理机构的认定。

③ 企业申请认定时须注册成立 1 年以上。

④ 企业通过自主研发、受让、受赠、并购等方式，获得对其主要产品（服务）在技术上发挥核心支持作用的知识产权的所有权。

⑤ 企业主要产品（服务）发挥核心支持作用的技术属于《国家重点支持的高新技术领域》规定的范围。

⑥ 企业从事研发和相关技术创新活动的科技人员占企业当年职工总数的比例不低于 10%。

⑦ 企业近 3 个会计年度（实际经营期不满 3 年的按实际经营时间计算）的研究开发费用总额占同期销售收入总额的比例符合相应要求。

⑧ 近一年高新技术产品（服务）收入占企业同期总收入的比例不低于 60%。

⑨ 企业创新能力评价应达到相应要求。

⑩ 企业申请认定前一年内未发生重大安全、重大质量事故或严重环境违法行为。

（2）技术先进型服务企业享受优惠税率应同时满足以下条件：

① 技术先进型服务企业为在中国境内（不包括港、澳、台地区）注册的法人企业。

② 从事《技术先进型服务业务认定范围（试行）》中的一种或多种技术先进型服务业务，采用先进技术或具备较强的研发能力，其中服务贸易类技术先进型服务企业须满足的技术先进型服务业务领域范围按照《技术先进型服务业务领域范围（服务贸易类）》执行。

③ 具有大专以上学历的员工占企业职工总数的 50% 以上。

④ 从事《技术先进型服务业务认定范围（试行）》中的技术先进型服务业务取得的收入占企业当年总收入的 50% 以上，其中服务贸易类技术先进型服务企业从事《技术先进型服务业务领域范围（服务贸易类）》中的技术先进型服务业务取得的收入占企业当年总收入的 50% 以上。

⑤ 从事离岸服务外包业务取得的收入不低于企业当年总收入的 35%。

4）优惠税率为10%，适用于在中国境内未设立机构、场所的，或者虽设立机构、场所，但取得的所得与其所设机构、场所没有实际联系的非居民纳税人。

6.1.5　企业所得税的税收优惠

《中华人民共和国企业所得税法》规定的税收优惠政策如下：

（1）免税收入

① 国债利息收入免税，这里的国债利息收入是指企业持有国务院财政部门发行的国债取得的利息收入。

② 符合条件的居民企业之间的股息、红利等权益性投资收益免税，这里的权益性投资收益是指居民企业直接投资于其他居民企业取得的投资收益，但不包括连续持有居民企业公开发行并上市流通的股票不足12个月取得的投资收益。

③ 在中国境内设立机构、场所的非居民企业从居民企业取得与该机构、场所有实际联系的股息、红利等权益性投资收益免税。

④ 符合条件的非营利组织的收入免税，不包括非营利性组织从事营利性活动取得的收入，但国务院财政、税务主管部门另有规定的除外。非营利组织应具备的条件是：

a）依法履行非营利组织登记手续；

b）从事公益性或非营利性活动；

c）取得的收入除用于与该组织有关的、合理的支出外，全部用于登记核定或者章程规定的公益性或者非营利性事业；

d）财产及其孳息不用于分配；

e）按照登记核定或者章程规定，该组织注销后的剩余财产用于公益性或者非营利性目的，或者由登记管理机关转赠给与该组织性质、宗旨相同的组织，并向社会公告；

f）投入人对投入该组织的财产不保留或者享有任何财产权利；

g）工作人员工资福利开支控制在规定的比例内，不变相分配该组织的财产。

（2）企业从事下列项目的所得，免征企业所得税

① 蔬菜、谷物、薯类、油料、豆类、棉花、麻类、糖料、水果、坚果的种植；

② 农作物新品种的选育；

③ 中药材的种植；

④ 林木的培育和种植；

⑤ 牲畜、家禽的饲养；

⑥ 林产品的采集；

⑦ 灌溉、农产品初加工、兽医、农技推广、农机作业和维修等农、林、牧、渔服务业项目；

⑧ 远洋捕捞。

（3）企业从事下列项目的所得，减半征收企业所得税

① 花卉、茶以及其他饮料作物和香料作物的种植；

② 海水养殖、内陆养殖。

（4）从事国家重点扶持的公共基础设施项目的投资经营所得“三免三减半”

国家重点扶持的公共基础设施项目，是指《公共基础设施项目企业所得税优惠目录（2008 年版）》规定的港口码头、机场、铁路、公路、城市公共交通、电力、水利等项目。企业从事上述项目的投资经营所得，自项目取得第一笔生产经营收入所属纳税年度起，第一年至第三年免征企业所得税，第四年至第六年减半征收企业所得税。

（5）从事符合条件的环境保护、节能节水项目的所得“三免三减半”

符合条件的环境保护、节能节水项目，包括公共污水处理、公共垃圾处理、沼气综合开发利用、节能减排技术改造、海水淡化等。项目的具体条件和范围由国务院财政、税务主管部门制定，报国务院批准后公布施行。企业从事上述项目的所得，自项目取得第一笔生产经营收入所属纳税年度起，第一年至第三年免征企业所得税，第四年至第六年减半征收企业所得税。

（6）符合条件的技术转让所得免征、减征企业所得税

符合条件的技术转让所得免征、减征企业所得税，是指一个纳税年度内，居民企业技术转让所得不超过 500 万元的部分，免征企业所得税；超过 500 万元的部分，减半征收企业所得税。

（7）非居民企业取得的所得减按 10% 的税率征收企业所得税

（8）非居民企业取得下列所得可以免征企业所得税

① 外国政府向中国政府提供贷款取得的利息所得；

② 国际金融组织向中国政府和居民企业提供优惠贷款取得的利息所得；

③ 经国务院批准的其他所得。

（9）企业下列支出，可以在计算应纳税所得额时加计扣除

① 企业发生的研究开发费用，自 2018 年至 2020 年 12 月 31 日（科技型中小企业在 2017 年 1 月 1 日至 2020 年 12 月 31 日期间），未形成无形资产计入当期损益的，在按照规定据实扣除的基础上，按照研究开发费用的 75% 加计扣除；形成无形资产的，按照无形资产成本的 175% 摊销。

② 企业安置残疾人员的，在按照支付给残疾职工工资据实扣除的基础上，按照支付给残疾职工工资的 100% 加计扣除。

（10）企业固定资产加速折旧的规定

企业的固定资产由于技术进步等原因确实需要加速折旧的，可以缩短折旧年限或者采取加速折旧的方法。采取缩短折旧年限方法的，最低折旧年限不得低于规定折旧年限的 60%；采取加速折旧方法的，可以采取双倍余额递减法或者年数总和法。若购置的为已使用过的固定资产，其最低折旧年限不得低于税法规定最低折旧年限减去已使用年限后剩余年限的 60%。

根据最新财税公告，从 2019 年 1 月 1 日起，包括制造业，信息传输、软件和信息技术服务业的所有行业，在 2018 年 1 月 1 日至 2020 年 12 月 31 日期间新购进的设备、器具，单位价值不超过 500 万元的，可选择一次性扣除。

（11）创投企业优惠

创业投资企业采取股权投资方式投资于未上市的中小高新技术企业 2 年以上的，可

以按照其投资额的70%在股权持有满2年的当年抵扣该创业投资企业的应纳税所得额；当年不足抵扣的，可以在以后纳税年度结转抵扣。

（12）减计收入

减计收入，是指企业以资源综合利用企业所得税优惠目录规定的资源作为主要原材料，生产国家非限制和禁止并符合国家和行业相关标准的产品取得的收入，减按90%计入收入总额。

6.1.6 资产的税务处理

根据《中华人民共和国企业所得税法》规定，企业的各项资产，包括固定资产、生物资产、无形资产、长期待摊费用、投资资产、存货等，以历史成本额为计税基础。企业持有各项资产期间，资产的增值或者减值，除国务院财政、税务主管部门规定可以确认损益外，不得调整该资产的计税基础。这里的历史成本是指企业取得该项资产时实际发生的支出。

【思考6-2】 税法规定各类资产的税务处理在计算企业所得税时有什么意义？

1. 固定资产的税务处理

固定资产是指企业为生产产品、提供劳务、出租或者经营管理而持有的、使用时间超过12个月的非货币性资产，包括房屋、建筑物、机器、机械、运输工具，以及其他与生产经营活动有关的设备、器具、工具等。

1）计税基础的确定

企业取得固定资产方法和途径不同，确定固定资产的计税基础的方法也不同。

（1）外购固定资产，以购买价款和支付的相关税费以及直接归属于该资产达到预定用途发生的其他支出为计税基础。

（2）自行建造的固定资产，以竣工结算前发生的支出为计税基础。

（3）融资租入的固定资产，以租赁合同约定的付款总额和承租人在签订租赁合同过程中发生的相关费用为计税基础，租赁合同未约定付款总额的，以该资产的公允价值和承租人在签订租赁合同过程中发生的相关费用为计税基础。

（4）盘盈的固定资产，以同类固定资产的重置完全价值为计税基础。

（5）通过捐赠、投资、非货币资产交换、债务重组等方式取得的固定资产，以该资产的公允价值和支付的相关费用为计税基础。

（6）改建的固定资产，以改建过程中发生的改建支出增加计税基础。

2）折旧计算方法及计提范围的确定

企业在计算应纳税所得额时，按照直线法计算的固定资产折旧，准予扣除。

企业应当自固定资产投入使用月份的次月起计算折旧，停止使用的固定资产应当自停止使用月份起停止计算折旧。

企业应当根据固定资产的性质和使用情况，合理确定固定资产的预计净残值，预计净残值一经确定，不得变更。

下列固定资产不得计算折旧扣除：

（1）房屋、建筑物以外未投入使用的固定资产；

（2）以经营租赁方式租入的固定资产；

（3）以融资租赁方式租出的固定资产；

（4）已提足提取折旧仍继续使用的固定资产；

（5）与经营活动无关的固定资产；

（6）单独估价作为固定资产入账的土地；

（7）其他不得计算折旧扣除的固定资产。

3）计算折旧的最低年限规定

除国务院财政、税务主管部门另有规定外，固定资产计算折旧的最低年限如下：

（1）房屋、建筑物，为 20 年；

（2）飞机、火车、轮船、机器、机械和其他生产设备，为 10 年；

（3）与生产经营活动有关的器具、工具、家具等，为 5 年；

（4）飞机、火车、轮船以外的运输工具，为 4 年；

（5）电子设备，为 3 年。

（6）从事开采石油、天然气等矿物资源的企业，在开始商业性生产前发生的费用和有关固定资产的折耗、折旧方法，由国务院财政、税务主管部门另行规定。

2. 无形资产的税务处理

无形资产是指企业为生产产品、提供劳务、出租或者经营管理而持有的、没有实物形态的非货币性长期资产，包括专利权、商标权、著作权、土地使用权、非专有技术、商誉等。

1）计税基础的确定

无形资产按照以下方法确定计税基础：

（1）外购无形资产，以购买价款和支付的相关税费及直接归属于使该资产达到预定用途发生的其他支出为计税基础。

（2）自行开发的无形资产，以开发过程中该资产符合资本化条件后至达到预定用途前发生的支出为计税基础。

（3）通过捐赠、投资、非货币性资产交换、债务重组等方式取得的无形资产，以该资产的公允价值和支付的相关税费为计税基础。

2）无形资产的摊销方法

企业在计算应纳税所得额时，按照直线法计算的无形资产的摊销费用，准予扣除。

下列无形资产不得计算摊销费用扣除：

（1）自行开发的支出已在计算应纳税所得额时扣除的无形资产；

（2）自创商誉；

（3）与经营活动无关的无形资产。

3）计算摊销费用的年限规定

（1）无形资产摊销年限不得低于 10 年；

（2）作为投资或者受让的无形资产，有关法律规定或者合同约定了使用年限的，可以按照规定或者约定的使用年限分期摊销；

（3）外购商誉的支出，在企业整体转让或者清算时准予扣除。

3. 长期待摊费用的税务处理

长期待摊费用，是指企业发生的应在一个年度以上或几个年度进行摊销的费用。在计算应纳税所得额时，企业发生的下列支出作为长期待摊费用，按照规定摊销的，准予扣除：

（1）已足额提取折旧的固定资产的改建支出，租入固定资产的改建支出，固定资产的大修理支出，其他应当作为长期待摊费用的支出。

（2）企业的固定资产修理支出可在发生当期直接扣除。企业的固定资产改良支出，如果有关固定资产尚未足额提取折旧，可增加固定资产价值；如有关固定资产已足额提取折旧，可作为长期待摊费用，在规定的期间内平均摊销。

（3）固定资产的改建支出，是指改变房屋或者建筑物结构、延长使用年限等发生的支出。已足额提取折旧的固定资产的改建支出，按照固定资产预计尚可使用年限分期摊销；租入固定资产的改建支出，按照合同约定的剩余租赁期限分期摊销；改建的固定资产延长使用年限的，除已足额提取折旧的固定资产、租入固定资产的改建支出外，其他的固定资产发生改建支出，应当适当延长折旧年限。

（4）大修理支出，按照固定资产尚可使用年限分期摊销。

《中华人民共和国企业所得税法》所指固定资产的大修理支出，是指同时符合下列条件的支出：

① 修理支出达到取得固定资产时的计税基础 50% 以上；

② 修理后固定资产的使用年限延长 2 年以上。

（5）其他应当作为长期待摊费用的支出，自支出发生月份的次月起，分期摊销，摊销年限不得低于 3 年。

4. 存货的税务处理

存货是指企业持有以备出售的产品或商品、处于生产过程中的在产品、在生产或者提供劳务过程中耗用的材料和物料等。

1）计税基础的确定

（1）通过支付现金方式取得的存货，以购买价款和支付的相关税费为成本。

（2）通过支付现金以外的方式取得的存货，以该存货的公允价值和支付的相关税费为成本。

（3）生产性生物资产收获的农产品，以产出或者采收过程中发生的材料费、人工费和分摊的间接费用等必要支出为成本。

2）企业使用或者销售的存货的成本计算方法

企业使用或者销售存货可以在先进先出法、加权平均法、个别计价法中选用一种，成本计算方法一经确定，不得随意变更。

5. 投资资产的税务处理

投资资产是指企业对外进行权益性投资和债权性投资而形成的资产。

1）投资资产的成本

（1）通过支付现金方式取得的投资资产以购买价款为成本。

（2）通过支付现金以外的方式取得的投资资产以该资产的公允价值和支付的相关税费为成本。

2）投资资产成本的扣除方法

企业对外投资期间，投资资产的成本在计算应纳税所得额时不得扣除，企业在转让或者处置投资资产时，投资资产的成本准予扣除。

6.1.7 企业所得税征收管理

1. 企业所得税的征收方法

企业所得税实行按年计征，分月或者分季预缴、年终汇算清缴、多退少补的征收方法。

2. 纳税期限

企业所得税按纳税年度计算，纳税年度自公历 1 月 1 日起至 12 月 31 日止。企业应当自月份或者季度终了之日起 15 日内，向税务机关报送预缴企业所得税纳税申报表，预缴税款。企业应当自年度终了之日起 5 个月内，向税务机关报送年度企业所得税纳税申报表，并汇算清缴，结清应缴应退税款。

企业在一个纳税年度中间开业，或者终止经营活动，使该纳税年度的实际经营期不足 12 个月的，应当以其实际经营期为 1 个纳税年度。企业依法清算时，应当以清算期间作为 1 个纳税年度。

企业在一个纳税年度中间终止经营活动的，应当自实际经营终止之日起 60 日内，向税务机关办理当期企业所得税汇算清缴。

企业在纳税年度内无论盈利或者亏损，都应当依照《中华人民共和国企业所得税法》的规定，向税务机关预缴企业所得税纳税申报表、年度企业所得税纳税申报表、财务会计报告和税务机关规定应当报送的其他有关资料。

3. 纳税地点

1）居民企业纳税地点规定

除税收法律、行政法规另有规定外，居民企业以企业登记注册地为纳税地点；但登记注册地在境外的，以实际管理机构所在地为纳税地点。

居民企业在中国境内设立不具有法人资格的营业机构的，应当汇总计算并缴纳企业所得税。

2）非居民企业纳税地点规定

非居民企业在中国境内设立机构、场所的，应当就其所设机构、场所取得的来源于中国境内的所得，以及发生在中国境外但与其所设机构、场所有实际联系的所得，以机构、场所所在地为纳税地点。

非居民企业在中国境内设立两个或者两个以上机构、场所的，经税务机关审核批准，可以选择由其主要机构、场所汇总缴纳企业所得税。

非居民企业在中国境内未设立机构、场所的，或者虽设立机构、场所，但取得的所得与其所设机构、场所没有实际联系的，以扣缴义务人所在地为纳税地点。

6.2 企业所得税应纳税额的计算

6.2.1 应纳税所得额的确定

企业所得税的计算依据是应纳税所得额。应纳税所得额是指企业每一纳税年度的收入总额，减除不征税收入、免税收入、各项扣除以及允许弥补的以前年度亏损后的余额。

应纳税所得额有两种计算方法：

第一种方法，按照税法的规定直接计算。

应纳税所得额 = 收入总额 − 不征税收入 − 免税收入 − 各种扣除 − 弥补以前年度亏损

第二种方法，按照会计利润调整计算。

应纳税所得额 = 会计利润 + 纳税调整增加额 − 纳税调整减少额

纳税调整增加额和纳税调整减少额是对会计确认收入、成本费用和损失与税法确认的允许计税的收入、扣除的成本费用和损失之间存在的差异的调整。

1. 收入总额的确定

1）一般收入的确定

《中华人民共和国企业所得税法》规定，收入总额包括企业以货币形式和非货币形式从各种来源取得的收入。企业取得收入的货币形式，包括现金、存款、应收账款、应收票据、准备持有至到期的债券投资以及债务的豁免等；企业取得收入的非货币形式，包括固定资产、生物资产、无形资产、股权投资、存货、不准备持有至到期的债券投资、劳务以及有关权益等。企业以非货币形式取得的收入，应当按公允价值（也称公平市场价值，是指按照资产的市场价格确定的价值）确定收入额。

（1）销售货物收入，是指企业销售商品、产品、原材料、包装物、低值易耗品及其他存货取得的收入。

（2）提供劳务收入，是指企业从事建筑安装、修理修配、交通运输、仓储租赁、金融保险、邮电通信、咨询经纪、文化体育、科学研究、技术服务、教育培训、餐饮住宿、中介代理、卫生保健、社区服务、旅游、娱乐、加工和其他劳务服务活动取得的收入。

（3）转让财产收入，是指企业转让固定资产、生物资产、无形资产、股权、债权等财产取得的收入。

（4）股息、红利收入，是指企业因权益性投资从被投资方取得的收入。股息、红利等权益性投资收益，除国务院财政、税务主管部门另有规定外，按照被投资方作出利润分配决定的日期确认收入的实现。

（5）利息收入，是指企业将资金提供他人使用但不构成权益性投资；或者因他人占用本企业资金取得的收入，包括存款利息、贷款利息、债券利息、欠款利息等收入。利息收入，按照合同约定的债务人应付利息的日期确认收入的实现。

（6）租金收入，是指企业提供固定资产、包装物或者其他有形资产的使用权取得的收入。租金收入，按照合同约定的承租人应付租金的日期确认收入的实现。

（7）特许权使用费收入，是指企业提供专利权、非专利技术、商标权、著作权及其他特许权的使用权取得的收入。特许权使用费收入，按照合同约定的特许权使用人应付特许权使用费的日期确认收入的实现。

（8）接受捐赠收入，是指企业接受的来自其他企业、组织或者个人无偿给予的货币性资产、非货币性资产。对于货币性资产，根据其货币价值确认收入额；对于非货币性资产，应当按照公允价值确定收入额。接受捐赠收入，按照实际收到捐赠资产的日期确认收入的实现。

（9）其他收入，是指企业取得的上述 8 项收入以外的其他收入，包括企业资产溢余收入、逾期未退包装物押金收入、确实无法偿付的应付款项、已做坏账损失处理后又收回的应收款项、债务重组收入、补贴收入、违约金收入、汇兑收益等。

【例 6-1】 某企业 2019 年 8 月接受捐赠设备一台，收到的增值税专用发票上注明的价款 200 000 元，增值税 26 000 元（已由受赠方支付），企业另支付运输费用 10 000 元，该项受赠资产的计税收入为多少？

该项受赠资产的计税收入 = 200 000（元）

2）特殊收入的确定

（1）以分期收款方式销售货物的，按照合同约定的收款日期确认收入的实现。

（2）企业受托加工制造大型机械设备、船舶、飞机，以及从事建筑、安装、装配工程业务或者提供其他劳务等，持续时间超过 12 个月的，按照纳税年度内完工进度或者完成的工作量确认收入的实现。

（3）采取产品分成方式取得收入的，按照企业分得产品的日期确认收入的实现，其收入额按照产品的公允价值确定。

（4）企业发生非货币性资产交换，以及将货物、财产、劳务用于捐赠、偿债、赞助、集资、广告、样品、职工福利或者利润分配等用途的，应当视同销售货物、转让财产或者提供劳务，但国务院财政、税务主管部门另有规定的除外。

【例 6-2】 某企业将自产的产品 2 000 件用于职工福利，每件产品市场价格 50 元，单位产品生产成本 35 元，该企业应不应该确认计税收入，如果确认应为多少？

企业将货物用于职工福利，应当视同销售货物，应该确认计税收入。

应确认的计税收入 = 2 000 × 50 = 100 000（元）

拓展阅读6-1　如何确认商场“买一送一”优惠活动收入？

3）不征税收入

（1）财政拨款，是指各级人民政府对纳入预算管理的事业单位、社会团体等组织拨付的财政资金，但国务院和国务院财政、税务主管部门另有规定的除外。

（2）依法收取并纳入财政管理的行政事业性收费、政府性基金。行政事业性收费，是指依照法律法规等有关规定，按照国务院规定程序批准，在实施社会公共管理，以及在向公民、法人或者其他组织提供特定公共服务过程中，向特定对象收取并纳入财政管理的费用。政府性基金，是指企业依照法律、行政法规等有关规定，代政府收取的具有专项用途的财政资金。

拓展阅读6-2　不征税收入范围确定问题

（3）国务院规定的其他不征税收入，是指企业取得的，由国务院财政、税务主管部门规定专项用途并经国务院批准的财政性资金。

2. 准予扣除项目

《中华人民共和国企业所得税法》规定，企业实际发生的与取得收入有关的、合理的支出，包括成本、费用、税金、损失其他支出，准予在计算应纳税所得额时扣除。

（1）成本，是指企业在生产经营活动中发生的销售成本、销货成本、业务支出，以及其他耗费，即企业销售商品（产品、材料、下脚料、废料、废旧物资等）、提供劳务，以及转让固定资产、无形资产（包括技术转让）的成本。

（2）费用，是指企业每一个纳税年度为生产、经营商品和提供劳务等所发生的销售（经营）费用、管理费用和财务费用。已计入成本的有关费用除外。

（3）税金，是指企业发生的除企业所得税和允许抵扣的增值税以外的企业缴纳的各项税金及其附加。

（4）损失，是指企业在生产经营活动中发生的固定资产和存货的盘亏、毁损、报废损失，转让财产损失，呆账损失，坏账损失，自然灾害等不可抗力因素造成的损失以及其他损失。企业发生的损失减除责任人赔偿和保险赔款后的余额，依照国务院财政、税务主管部门的规定扣除。企业已经作为损失处理的资产，在以后纳税年度又全部收回或者部分收回时，应当计入当期收入。

（5）扣除的其他支出，是指除成本、费用、税金、损失外，企业在生产经营活动中发生的与生产经营活动有关的、合理的支出。

3. 部分扣除项目的具体规定

1）工资、薪金支出

企业发生的合理的工资、薪金支出准予据实扣除。工资、薪金支出是企业每一纳税年度支付给在本企业任职或与其有雇佣关系的员工的所有现金或非现金形式的劳动报酬，包括基本工资、奖金、津贴、补贴、年终加薪、加班工资，以及与任职或者受雇有关的其他支出。

合理的工资、薪金，是指企业按照股东大会、董事会、薪酬委员会或相关管理机构制定的工资薪金制度规定实际发放给员工的工资、薪金。

2）职工福利费、工会经费、职工教育经费

企业发生的职工福利费、工会经费、职工教育经费按标准扣除，未超过标准的按实际数扣除，超过标准的只能按标准扣除。

（1）企业发生的职工福利费支出，不超过工资薪金总额14%的部分准予扣除。企业职工福利费支出，是指企业用于职工的医药费、医疗机构人员的工资、医务经费、职工因公伤赴外地就医路费、职工生活困难补助、生活福利部门（包括理发店、浴室、托儿所等）人员的工资以及按国家规定开支的其他职工福利支出。允许扣除的职工福利费仅限于满足职工共同需要的集体生活、文化、体育等方面的支出。

（2）企业拨缴的工会经费，不超过工资薪金总额2%的部分准予扣除。建立工会组织的企业、事业单位、社会团体，按每月全部职工工资总额的2%向工会拨缴的经费，凭工会组织开具的《工会经费拨缴款专用收据》在税前扣除。凡不能出具《工会经费拨缴款专用收据》的，其提取的职工工会经费不得在企业所得税前扣除。

（3）除国务院财政、税务主管部门另有规定外，企业发生的职工教育经费支出，不超过工资薪金总额8%的部分，准予在计算企业所得税应纳税所得额时扣除；超过部分，准予在以后纳税年度结转扣除。允许扣除的职工教育经费必须是企业实际发生的。

【例6-3】 某企业2019年度支付的工资总额10 000 000元，企业实际发生的职工福利支出1 500 000元，实际发生的职工教育经费支出320 000元，拨付的工会经费250 000元，上述各项支出会计上均已经计入了有关成本费用账户，在计算应纳税得额时应怎样调整?

① 企业发生的合理的工资、薪金支出准予据实扣除。因此10 000 000元工资准予税前扣除，无须进行纳税调整。

② 税法准予扣除的职工福利费标准 = 10 000 000 × 14% = 1 400 000（元），实际发生1 500 000元，超过标准部分不允许扣除，因此，应纳税所得额应调增 = 1 500 000−1 400 000 = 100 000（元）。

③ 税法准予扣除的职工教育经费标准 = 10 000 000 × 8% = 800 000（元），实际发生320 000元，没有超过标准，无须进行纳税调整。

④ 税法准予扣除的工会经费标准 = 10 000 000 × 2% = 200 000（元），拨付的工会经费250 000元，超过标准部分不允许扣除，因此，应纳税所得额应调增 = 250 000−200 000 = 50 000（元）。

3）社会保险费

（1）企业依照国务院有关主管部门或者省级人民政府规定的范围和标准为职工缴纳的“五险一金”，即基本养老保险费、基本医疗保险费、失业保险费、工伤保险费、生育保险费等基本社会保险费和住房公积金，准予扣除。

（2）企业为投资者或者职工支付的补充养老保险费、补充医疗保险费，在国务院财政、税务主管部门规定的范围和标准内，准予扣除。

拓展阅读6-3　什么样的保险费不能在税前扣除?

（3）企业依照国家有关规定为特殊工种职工支付的人身安全保险费和符合国务院财政、税务主管部门规定可以扣除的商业保险费外，企业为投资者或者职工支付的商业保险费，不得扣除。

4）利息支出

（1）非金融企业向金融机构借款的利息支出、金融企业的各项存款利息支出和同业拆借利息支出、企业经批准发生债券的利息支出可据实扣除。

（2）非金融企业向非金融机构借款的利息支出，不超过按照金融企业同期同类贷款利率计算的数额的部分可据实扣除，超过部分不许扣除。

（3）企业在生产经营活动中发生的合理的不需要资本化的借款费用，准予扣除。企业为购置、建造固定资产、无形资产和经过 12 个月以上的建造才能达到预定可销售状态的存货发生的资本化的利息支出，在资产购置、建造期间计入资产成本，分期扣除。

5）业务招待费

企业发生的与其生产、经营业务有关的业务招待费支出，按照发生额的 60% 扣除，但最高不得超过当年销售（营业）收入的 5‰。

【例 6-4】 某企业 2019 年度实际发生的业务招待费为 1 000 000 元，该企业 2019 年度的销售收入为 50 000 000 元，计算 2019 年度在税前扣除的业务招待费是多少？会计上业务招待费已经计入费用账户，在计算应纳税所得额时应该怎样调整？

允许扣除的业务招待费：

50 000 000 × 5‰ = 250 000（元）

1 000 000 × 60% = 600 000（元）

250 000 < 600 000，准予扣除 250 000 元。

应纳税所得额应调增额 = 1 000 000－250 000 = 750 000（元）

6）广告费和业务宣传费

企业发生的符合条件的广告费和业务宣传费支出，除国务院财政、税务主管部门另有规定外，不超过当年销售（营业）收入 15% 的部分，准予扣除；超过部分，准予结转以后纳税年度扣除。

企业申报扣除的广告费支出，必须符合下列条件：

（1）广告是通过工商部门批准的专门机构制作的；

（2）已实际支付费用，并已取得相应发票；

（3）通过一定的媒体传播。

【例 6-5】 某企业 2019 年度实际发生的广告和业务宣传费为 2 000 000 元，该企业 2019 年度的销售收入为 10 000 000 元，计算 2019 年度在税前扣除的广告和业务宣传费是多少？会计上广告和业务宣传费已经计入费用账户，在计算应纳税所得额时应该怎样调整？

税前扣除的广告和业务宣传费 = 10 000 000 × 15% = 1 500 000（元）

应纳税所得额应调增额 = 2 000 000－1 500 000 = 500 000（元）

7）公益性捐赠支出

公益性捐赠，是指企业通过公益性社会组织或者县级以上人民政府及其部门，用于符合法律规定的慈善活动、公益事业的捐赠。企业当年发生以及以前年度结转的公益性捐赠支出，不超过年度利润总额 12% 的部分，准予在计算应纳税所得额时扣除；超过年度利润总额12%的部分，准予结转以后三年内在计算应纳税所得额时扣除。

年度利润总额，是指企业依照国家统一会计制度的规定计算的年度会计利润。

拓展阅读6-4　公益性捐赠支出都能在税前扣除吗？

公益性社会组织，是指同时符合下列条件的慈善组织以及其他社会组织：

（1）依法登记，具有法人资格；

（2）以发展公益事业为宗旨，且不以营利为目的；

（3）全部资产及其增值为该法人所有；

（4）收益和营运结余主要用于符合该法人设立目的的事业；

（5）终止后的剩余财产不归属任何个人或者营利组织；

（6）不经营与其设立目的无关的业务；

（7）有健全的财务会计制度；

（8）捐赠者不以任何形式参与该法人财产的分配；

（9）国务院财政、税务主管部门会同国务院民政部门等登记管理部门规定的其他条件。

【例6-6】 某企业2019年度会计利润为5 000 000元，经查该企业在2019年度通过民政局向贫困地区捐赠了1 000 000元。计算准予扣除的公益性捐赠支出为多少？在计算应纳税所得额时应怎样调整？

税法准予扣除的公益性捐赠支出 = 5 000 000 × 12% = 600 000（元）

应纳税所得额应调增额 = 1 000 000−600 000 = 400 000（元）

结转以后年度扣除的公益性捐赠支出为400 000元，允许结转在2020年、2021年和2022年三年内扣除。

拓展阅读6-5　当年发生的公益性捐赠支出扣不完怎么办？

8）环境保护专项资金

企业依照法律、行政法规有关规定提取的用于环境保护、生态恢复等方面的专项资金，准予扣除。上述专项资金提取后改变用途的，不得扣除。

9）财产保险费

企业参加财产保险，按照规定缴纳的保险费，准予扣除。

10）租赁费

经营租赁方式租入固定资产发生的租赁费支出，按照租赁期限均匀扣除；融资租赁方式租入固定资产发生的租赁费支出，按照规定构成融资租入固定资产价值的部分应当提取折旧费用，分期扣除。

11）劳动保护费

企业发生的合理的劳动保护支出，准予扣除。

12）非居民企业在中国境内设立的机构、场所，就其中国境外总机构发生的与该机构、场所生产经营有关的费用

非居民企业在中国境内设立的机构、场所，就其中国境外总机构发生的与该机构、

场所生产经营有关的费用，能够提供总机构出具的费用汇集范围、定额、分配依据和方法等证明文件，并合理分摊的，准予扣除。

13）固定资产折旧费

固定资产按直线法计算折旧的，准予扣除。

满足以下条件之一的固定资产可缩短折旧年限或采取加速折旧法计提折旧：

（1）由于技术进步，产品更新换代较快的固定资产；

（2）常年处于强震动、高腐蚀状态的固定资产。

《财政部 国家税务总局关于完善固定资产加速折旧企业所得税政策的通知》（财税〔2014〕75号）明确规定：

（1）对生物药品制造业，专用设备制造业，铁路、船舶、航空航天和其他运输设备制造业，计算机、通信和其他电子设备制造业，仪器仪表制造业，信息传输、软件和信息技术服务业6个行业的企业2014年1月1日后新购进的固定资产，可缩短折旧年限或采取加速折旧的方法。

对上述6个行业的小型微利企业2014年1月1日后新购进的研发和生产经营共用的仪器、设备，单位价值不超过100万元的，允许一次性计入当期成本费用在计算应纳税所得额时扣除，不再分年度计算折旧；单位价值超过100万元的，可缩短折旧年限或采取加速折旧的方法。

（2）对所有行业企业2014年1月1日后新购进的专门用于研发的仪器、设备，单位价值不超过100万元的，允许一次性计入当期成本费用在计算应纳税所得额时扣除，不再分年度计算折旧；单位价值超过100万元的，可缩短折旧年限或采取加速折旧的方法。

（3）对所有行业企业持有的单位价值不超过5 000元的固定资产，允许一次性计入当期成本费用在计算应纳税所得额时扣除，不再分年度计算折旧。

对于符合上述可缩短折旧年限条件的情况，最低折旧年限不得低于《中华人民共和国企业所得税法》规定折旧年限的60%；采取加速折旧方法的，可采取双倍余额递减法或者年数总和法。

《财政部　国家税务总局关于进一步完善固定资产加速折旧企业所得税政策的通知》进一步规定：

（1）对轻工、纺织、机械、汽车四个领域重点行业（以下简称四个领域重点行业）企业2015年1月1日后新购进的固定资产（包括自行建造，下同），允许缩短折旧年限或采取加速折旧方法。

（2）对4个领域重点行业小型微利企业2015年1月1日后新购进的研发和生产经营共用的仪器、设备，单位价值不超过100万元（含）的，允许在计算应纳税所得额时一次性全额扣除；单位价值超过100万元的，允许缩短折旧年限或采取加速折旧方法。

对于符合上述可缩短折旧年限条件的情况，最低折旧年限不得低于企业所得税法规定折旧年限的60%，对其购置的已使用过的固定资产，最低折旧年限不得低于实施条例规定的最低折旧年限减去已使用年限后剩余年限的60%；采取加速折旧方法的，可采取双倍余额递减法或者年数总和法。

《财政部 国家税务总局关于设备、器具扣除有关企业所得税政策的通知》（财税〔2018〕54号）中再次规定：

（1）企业在2018年1月1日至2020年12月31日期间新购进的设备、器具，单位价值不超过500万元的，允许一次性计入当期成本费用在计算应纳税所得额时扣除，不再分年度计算折旧；单位价值超过500万元的，仍按《中华人民共和国企业所得税法实施条例》《财政部 国家税务总局关于完善固定资产加速折旧企业所得税政策的通知》（财税〔2014〕75号）和《财政部 国家税务总局关于进一步完善固定资产加速折旧企业所得税政策的通知》等相关规定执行。

（2）本通知所称设备、器具，是指除房屋、建筑物以外的固定资产。

14）生物资产的折旧费

生产性生物资产按照直线法计算的折旧，准予扣除。生产性生物资产的最低折旧年限：林木类生产性生物资产为10年，畜类生产性生物资产为3年。

15）无形资产及长期待摊费用的摊销

无形资产及长期待摊费用按照直线法计算的摊销费准予扣除，但无形资产的摊销年限不得低于10年，长期待摊费用的摊销年限不得低于3年。

4. 不得扣除的项目

根据《中华人民共和国企业所得税法》规定，在计算应纳税所得额时，下列支出不得扣除：

（1）向投资者支付的股息、红利等权益性投资收益款项；

（2）企业所得税税款；

（3）税收滞纳金，是指纳税人违反税收法规，被税务机关处以的滞纳金；

（4）罚金、罚款和被没收财物的损失，是指纳税人违反国家有关法律、法规规定，被有关部门处以的罚款，以及被司法机关处以的罚金和被没收财物；

（5）超过规定标准的捐赠支出；

（6）赞助支出，是指企业发生的与生产经营活动无关的各种非广告性质支出；

（7）未经核定的准备金支出，是指不符合国务院财政、税务主管部门规定的各项资产减值准备、风险准备等准备金支出；

（8）企业之间支付的管理费、企业内营业机构之间支付的租金和特许权使用费，以及非银行企业内营业机构之间支付的利息；

（9）与取得收入无关的其他支出。

5. 应纳税所得额的其他规定

拓展阅读6-6 高新技术企业和科技型中小企业亏损结转优惠政策

1）亏损弥补

企业纳税年度发生的亏损，准予向以后年度结转，用以后年度的所得弥补，但结转年限最多不超过5年。

亏损弥补时应注意的几个问题：

（1）亏损是指企业依照《中华人民共和国企业所得税法》和《中华人民共和国企业所得税暂行条例》的规定，将每一纳税年度的收入总额减除不征税收入、免税收入和各项扣除后小于零的数额。

（2）亏损弥补期应该连续计算，不得间断，不论弥补亏损的5个年度是盈利还是亏损。

（3）如果企业发生连续亏损，应按先亏先补的原则弥补亏损。

（4）企业在汇总计算缴纳企业所得税时，其境外营业机构的亏损不得抵减境内营业机构的盈利。

2）关联企业应纳税所得额的确定

根据《中华人民共和国企业所得税法》规定，企业与其关联方之间的业务往来，不符合独立交易原则而减少企业或者其关联方应纳税收入或者所得额的，税务机关有权按照合理方法调整。企业与其关联方共同开发、受让无形资产，或者共同提供、接受劳务发生的成本，在计算应纳税所得额时应当按照独立交易原则进行分摊。

（1）关联方，是指与企业有下列关联关系之一的企业、其他组织或者个人：

① 在资金、经营、购销等方面存在直接或者间接的控制关系。

② 直接或者间接地同为第三者控制。

③ 在利益上具有相关联的其他关系。

（2）独立交易原则，是指没有关联关系的交易各方，按照公平成交价格和营业常规进行业务往来遵循的原则。

（3）调整方法，税法规定对关联企业所得不实的，调整方法如下：

① 可比非受控价格法，是指按照没有关联关系的交易各方进行相同或者类似业务往来的价格进行定价的方法。

② 再销售价格法，是指按照从关联方购进商品再销售给没有关联关系的交易方的价格，减除相同或者类似业务的销售毛利进行定价的方法。

③ 成本加成法，是指按照成本加合理的费用和利润进行定价的方法。

④ 交易净利润法，是指按照没有关联关系的交易各方进行相同或者类似业务往来取得的净利润水平确定利润的方法。

⑤ 利润分割法，是指将企业与其关联方的合并利润或者亏损在各方之间采用合理标准进行分配的方法。

⑥ 其他符合独立交易原则的方法。

（4）预约定价安排，是指企业就其未来年度关联交易的定价原则和计算方法，向税务机关提出申请，与税务机关按照独立交易原则协商、确认后达成的协议。预约定价安排一般情况下都是在以后年度予以适用。

（5）核定征收，企业不提供与其关联方之间业务往来资料，或者提供虚假、不完整资料，未能真实反映其关联业务往来情况的，税务机关有权依法核定其应纳税所得额。核定方法有：

① 参照同类或者类似企业的利润率水平核定。

② 按照企业成本加合理的费用和利润的方法核定。

③ 按照关联企业集团整体利润的合理比例核定。

④ 按照其他合理方法核定。

6.2.2 应纳所得税税额的计算

1. 居民企业应纳所得税税额的计算

居民企业应纳所得税税额等于应纳税所得额乘以适用税率，基本计算公式为：

居民企业应纳所得税税额 = 应纳税所得额 × 适用税率 − 减免税额 − 抵免税额

应纳税所得额 = 收入总额 − 不征税收入 − 免税收入 − 各项扣除金额 − 弥补亏损

应纳税所得额 = 会计利润 + 纳税调整增加额 − 纳税调整减少额

【例 6-7】 某公司 2019 年度营业收入 4 000 万元，利润总额为 500 万元，该公司全年合理的工资薪金支出为 300 万元，实际发生的职工福利费、工会经费、职工教育经费（下文简称“三费”）为 60 万元，公益性捐赠支出为 80 万元，国债利息收入为 10 万元，业务招待费支出为 50 万元，广告及业务宣传费支出为 70 万元。该公司适用的所得税率为 25%。根据资料计算某公司本年度实际应纳企业所得税税额。

① 工资薪金支出是合理的，可全额扣除，不必调整。

②“三费”支出允许扣除的标准 = 300 ×（14% + 8% + 2%）= 72（万元）

实际发生“三费”60 万元，可以全额扣除，不必调整。

③ 公益性捐赠支出的扣除限额 = 500 × 12% = 60（万元）

实际发生 80 万元，应纳税所得额应调增额 = 80−60 = 20（万元）

④ 国债利息收入按规定免征，应纳税所得额应调减 10 万元。

⑤ 业务招待费支出扣除标准：

实际发生额的 60% = 50 × 60% = 30（万元）

营业收入的 5‰ = 4 000 × 5‰ = 20（万元）

取两者最低应扣除 20 万元，应纳税所得额应调增额 = 50−20 = 30（万元）

⑥ 广告及业务宣传费支出扣除标准 = 4 000 × 15% = 600（万元）

实际支出 70 万元可全额扣除，不必调整。

⑦ 应纳税所得额 = 500 + 20−10 + 30 = 540（万元）

⑧ 应纳企业所得税税额 = 540 × 25% = 135（万元）

2. 境外已缴纳所得税税额扣除的规定

企业取得的下列所得已在境外缴纳的所得税税额，可以从其当期应纳税额中抵免。

（1）居民企业来源于中国境外的应税所得。

（2）非居民企业在中国境内设立机构、场所，取得发生在中国境外但与该机构、场所有实际联系的应税所得。

（3）居民企业从其直接或间接控制的外国企业中分得的来源于中国境外的股息、红利等权益性投资收益，外国企业在境外实际缴纳的所得税税额中属于该项所得负担的部分，可作为该居民企业的可抵免境外所得税税额，在《中华人民共和国企业所得税法》

规定的抵免限额内抵免。这里的控制是指持股比例达到20%。

（4）纳税人在与中国缔结避免双重征税协定的国家，按所在国税法及政府规定获得的减免税，经税务机关审核后，视同已缴所得税进行抵免。

抵免限额为该项所得依照《中华人民共和国企业所得税法》规定计算的应纳税额；超过抵免限额的部分，可以在以后5个年度内，用每年度抵免限额抵免当年应抵税额后的余额进行抵补。

抵免限额，是指企业来源于中国境外的所得，依照企业所得税法的规定计算的应纳税额。除国务院财政、税务主管部门另有规定外，该抵免限额应当分国（地区）不分项计算，计算公式为：

抵免限额＝中国境内、境外所得依照《中华人民共和国企业所得税法》和《中华人民共和国企业所得税条例》规定计算的应纳所得税总额 × 来源于某国（地区）的应纳税所得额 ÷ 中国境内、境外应纳税所得额总额

【例6-8】 某公司2019年度境内应纳税所得额为200万元，适用25%的企业所得税税率。另外，该企业分别在甲、乙两国设有分支机构，在甲国分支机构的应纳税所得额为100万元，甲国企业所得税税率为30%；在乙国的分支机构的应纳税所得额为50万元，乙国企业所得税税率为20%。假设该企业在甲、乙两国所得按我国税法计算的应纳税所得额和按甲、乙两国税法计算的应纳税所得额一致，两个分支机构在甲、乙两国分别缴纳了30万元和10万元的企业所得税。计算该企业汇总时在我国应缴纳的企业所得税税额。

① 按我国税法计算的境内、境外所得的应纳税总额：

应纳所得税总额＝（200＋100＋50）× 25%＝87.50（万元）

② 甲、乙两国的扣除限额：

甲国扣除限额＝87.50 × [100 ÷（200＋100＋50）]＝25（万元）

乙国扣除限额＝87.50 × [50 ÷（200＋100＋50）]＝12.50（万元）

在甲国缴纳的所得税为30万元，高于扣除限额25万元，其超过扣除限额的部分5万元当年不能扣除。

在乙国缴纳的所得税为10万元，低于扣除限额12.50万元，可全额扣除。

③ 汇总时在我国应缴纳的所得税＝87.50−25−10＝52.50（万元）

3. 居民企业核定征收应纳所得税税额的规定

1）核定征收范围

根据《中华人民共和国税收征收管理法》第三十五条规定，纳税人具有下列情形之一的，税务机关有权核定其应纳税额：

（1）依照法律、行政法规的规定可以不设置账簿的；

（2）依照法律、行政法规的规定应当设置账簿但未设置的；

（3）擅自销毁账簿或者拒不提供纳税资料的；

（4）虽设置账簿，但账目混乱或者成本资料、收入凭证、费用凭证残缺不全，难以

查账的；

（5）发生纳税义务，未按照规定的期限办理纳税申报，经税务机关责令限期申报，逾期仍不申报的；

（6）纳税人申报的计税依据明显偏低，又无正当理由的。

2）定额征收

定额征收是税务机关按照一定的标准、程序和方法，直接核定纳税人年度应纳税所得额，由纳税人按规定申报缴纳的方法。

3）核定应税所得率征收

核定应税所得率征收是指税务机关按照一定的标准、程序和方法，预先核定纳税人的应税所得率，由纳税人根据纳税年度内的收入总额或成本费用等项目的实际发生额，按预先核定的应税所得率和适用税率计算应纳所得税税额的办法。

应纳所得税税额的计算公式如下：

$$应纳税所得额 = 收入总额 \times 应税所得率$$

或：

$$应纳税所得额 = [成本费用支出总额 \div (1-应税所得率)] \times 应税所得率$$

$$应纳所得税税额 = 应纳税所得额 \times 适用税率$$

应税所得率的幅度标准如表 6-1 所示。

表 6-1　应税所得率的幅度标准

行　业	应税所得率 /%
农、林、牧、渔业	3~10
制造业	5~15
批发和零售贸易业	4~15
交通运输业	7~15
建筑业	8~20
饮食业	8~25
娱乐业	15~30
其他行业	10~30

具体的应税所得率由省级税务机关结合本地实际情况确定，并报国家税务总局备案。

【例 6-9】 某公司为商业企业，年度成本费用支出总额 50 万元，但无法提供完整的收入凭证，税务机关核定的应税所得率为 10%，适用的所得税率为 25%，计算该公司应纳所得税税额？

应纳所得税税额 = [50 ÷（1−10%）] × 10% × 25% ≈ 1.39（万元）

4. 非居民企业应纳所得税税额的计算

对于在中国境内未设立机构、场所的，或者虽设立机构、场所，但所得与其所设机构、场所没有实际联系的非居民企业的所得，应纳税所得额的确定方法如下：

（1）股息、红利等权益性投资收益和利息、租金、特许权使用费所得，以收入全额为应纳税所得额；

拓展阅读6-7　财产净值是什么？

（2）转让财产所得，以收入全额减除财产净值后的余额为应纳税所得额；

（3）其他所得，参照前两项规定的方法计算应纳税所得额。

应纳所得税税额的计算公式如下：

$$应纳所得税税额 = 应纳税所得额 \times 10\%$$

6.3　企业所得税的会计处理

6.3.1　所得税会计差异

由于会计准则和税法两者的目的不同，对收益、费用、资产、负债等的确认、计量标准不同，从而导致企业税前会计利润与应纳税所得额之间的差异，这种差异可以分为永久性差异和暂时性差异。我国企业会计准则规定所得税会计采用资产负债表债务法，该方法仅确认暂时性差异对所得税的影响，不考虑永久性差异，原因是该差异对企业在未来期间计税没有影响，不产生递延所得税。

1. 永久性差异

永久性差异是指在某一会计期间，由于会计准则和税法在计算收益、费用或者损失时的口径、标准不同，所产生的税前会计利润和应纳税所得额之间的差异，这种差异不会影响其他会计期间，也不会在其他会计期间得到转回。例如，税法规定国债利息收入不计入应税所得额，不需要缴所得税；而会计准则规定计入收益，增加会计利润。再如，税法规定各种赞助支出在计算应纳税所得额时不允许扣减；而会计准则规定将其计入当期支出，减少当期会计利润。

【思考6-3】 除了上面列举的永久性差异，还有哪些具体的项目也属于永久性差异？

2. 暂时性差异

暂时性差异是指资产或负债的账面价值与其计税基础之间的差额。由于资产、负债的账面价值与其计税基础的不同，产生了在未来收回资产或清偿负债的期间内，应纳税所得额增加或减少并导致未来期间应交所得税增加或减少的情况，在这些暂时性差异发生的当期，应当确认相应的递延所得税负债或递延所得税资产。根据暂时性差异对未来期间应纳税所得额的影响的不同，分为应纳税暂时性差异和可抵扣暂时性差异。

1）应纳税暂时性差异

应纳税暂时性差异，是指在确定未来收回资产或清偿负债期间的应纳税所得额时，将导致产生应税金额的暂时性差异。该差异在未来期间转回时，会增加转回期间的应纳税所得额，即在未来期间不考虑该事项影响的应纳税所得额的基础上，由于该暂时性差异的转回，会进一步增加转回期间的应纳税所得额和应交所得税金额，在该暂时性差异产生当期，应当确认相关的递延所得税负债。

应纳税暂时性差异通常产生于以下情况：

（1）资产的账面价值大于其计税基础。一项资产的账面价值代表企业在持续使用或最终出售该项资产时将取得的经济利益的总额，而计税基础代表的是一项资产在未来期间可予税前扣除的金额。资产的账面价值大于其计税基础，该项资产未来期间产生的经济利益不能全部税前抵扣。两者之间的差额需要交税，产生应纳税暂时性差异。例如，一项固定资产的账面价值为200万元，计税基础为150万元，两者之间的差额会造成未来期间应纳税所得额和应交所得税的增加，在其产生的当期，符合确认条件的情况下，应确认相关的递延所得税负债。

（2）负债的账面价值小于其计税基础。一项负债的账面价值为企业预计在未来期间清偿该项负债时的经济利益流出，而其计税基础代表的是账面价值在扣除税法规定未来期间允许税前扣除的金额之后的差额。因负债的账面价值与其计税基础不同产生的暂时性差异，本质上是税法规定就该项负债在未来期间可以税前扣除的金额。负债的账面价值小于其计税基础，则意味着就该项负债在未来期间应纳税所得额的基础上调增，增加应交所得税金额，产生应纳税暂时性差异，应确认相关的递延所得税负债。

2）可抵扣暂时性差异

可抵扣暂时性差异，是指在确定未来收回资产或清偿负债期间的应税所得额时，将导致可抵扣金额的暂时性差异。该差异在未来期间转回时会减少转回期间的应纳税所得额，减少未来期间的应交所得税。在可抵扣暂时性差异产生的当期，应当确认相关的递延所得税资产。

可抵扣暂时性差异一般产生于以下情况：

（1）资产的账面价值小于其计税基础。从经济含义来看，资产在未来期间产生的经济利益少，按照税法规定允许税前扣除的金额多，则就账面价值与计税基础之间的差额，企业在未来期间可以减少应纳税所得额并减少应交所得税，符合有关条件时，应当确认相关的递延所得税资产。例如，一项资产的账面价值为200万元，计税基础为260万元，则企业在未来期间就该项资产可以在其取得的经济利益的基础上多扣除60万元。从整体上来看，该企业未来期间应纳税所得额会减少，应交所得税也会减少，形成可抵扣暂时性差异，符合确认条件时，应确认相关的递延所得税资产。

（2）负债的账面价值大于其计税基础。负债产生的暂时性差异实质上是税法规定就该负债可以在未来期间税前扣除的金额。一项负债的账面价值大于其计税基础，意味着未来期间按照税法规定与该项负债相关的全部或部分支出可以自未来应税经济利益中扣除，减少未来期间的应纳税所得额和应交所得税。例如，企业对将发生的产品保修费用在销售当期确认预计负债200万元，但税法规定有关费用支出只有在实际发生时才能够税前扣除，其计税基础为零，企业确认预计负债的相关费用不允许税前扣除，但在以后期间有关费用实际发生时允许税前扣除，使得未来期间的应纳税所得额和应交所得税减少，产生可抵扣暂时性差异，符合有关确认条件时，应确认相关的递延所得税资产。

对于按照税法规定可以结转以后年度的未弥补亏损及税款抵减，虽不是因资产、负债的账面价值与计税基础不同产生的，但本质上可抵扣亏损和税款抵减与可抵扣暂时性差异具有同样的作用，均能够减少未来期间的应纳税所得额和应交所得税，视同可抵扣差异，在符合确认条件的情况下，应确认与其相关的递延所得税资产。

3. 资产的计税基础

资产的计税基础，是指企业收回资产账面价值过程中，计算应纳税所得额时按照税法规定可以自应税经济利益中抵扣的金额，即某一项资产在未来期间计税时按照税法规定可以税前扣除的金额。

资产的计税基础 = 未来可税前列支的金额

资产在初始确认时，其计税基础一般为取得成本，即企业为取得某项资产支付的成本在未来期间准予税前扣除。在资产持续持有的过程中，其计税基础是指资产的取得成本减去以前期间按照税法规定已经税前扣除的金额后的余额。

1）固定资产

以各种方式取得的固定资产，初始确认时按照会计准则规定确定的入账价值基本上是被税法认可的，即取得时其账面价值一般等于计税基础。

固定资产在持有期间进行后续计量时，会计准则规定按照“成本 - 累计折旧 - 固定资产减值准备”进行计量。税法规定按照“成本 - 税法允许的以前期间税前扣除折旧额”进行计量。由于会计准则与税法规定的差异，固定资产的账面价值与计税基础的差异主要产生于折旧方法、折旧年限的不同及固定资产减值准备的提取三个方面。

【例 6-10】 某公司于 2018 年年末以 500 万元购入一项生产用固定资产，按照该项固定资产的预计使用情况，该公司估计其使用寿命为 20 年，按照直线法计提折旧，预计净残值为零。假定税法规定的折旧年限、折旧方法及净残值与会计准则的规定相同。2020 年 12 月 31 日，该公司估计该项固定资产的可收回金额为 400 万元。

该项固定资产在 2020 年 12 月 31 日的账面价值 = 500 –（500 ÷ 20）× 2 – 50 = 400（万元）

该项固定资产在 2020 年 12 月 31 日的计税基础 = 500 –（500 ÷ 20）× 2 = 450（万元）

该项固定资产的账面价值 400 万元与其计税基础 450 万元之间产生的差额 50 万元，因其在未来期间会减少企业的应纳税所得额和应交所得税，为可抵扣暂时性差异，符合确认条件的情况下，应确认与其相关的递延所得税资产。

2）无形资产

除内部研究开发形成的无形资产以外，以其他方式取得的无形资产，初始确认时按照会计准则确定的入账价值与按照税法规定确定的成本之间一般不存在差异。无形资产的账面价值与计税基础之间的差异主要产生于内部研究开发形成的无形资产以及使用寿命不确定的无形资产。

（1）对于内部研究开发形成的无形资产。会计准则规定开发阶段符合资本化条件以后发生的支出应当资本化作为研发无形资产的成本，税法规定以开发过程中该资产符合资本化条件后至达到预定用途前发生的支出为计税基础。可见，一般情况下初始确认时按照会计准则规定确定的成本与计税基础应当是相同的。对于享受税收优惠的研究开发支出，在形成无形资产时，按照会计准则规定确定的成本为研究开发过程中符合资本化条件后至达到预定用途前发生的支出；税法规定按照无形资产成本的 150% 摊销，计税基础为会计的账面价值的基础上加计 50%，产生了账面价值和计税基础在初始确认时的差异，但该差异不影响会计利润也就不影响应纳税所得额，按照会计准则规定，不确认有关暂时性差异的所得税影响。

【例 6-11】 某公司当期发生研究开发支出为 4 000 万元，其中研究阶段支出为 800 万元，开发阶段符合资本化条件前发生的支出为 800 万元。符合资本化条件后至达到预定用途前发生的支出为 2 400 万元。

该项无形资产的账面价值 = 2 400（万元）

该项无形资产的计税基础 = 2 400 × 150% = 3 600（万元）

该内部开发形成无形资产的账面价值与计税基础之间产生的 1 200 万元暂时性差异系资产初始确认时产生，不影响会计利润也不影响应纳税所得额，按照会计准则，不确认该暂时性差异的所得税影响。

（2）无形资产在后续计量时，会计准则与税法的差异主要产生于使用寿命不确定的无形资产不需要摊销和无形资产减值准备的计提。

对于使用寿命不确定的无形资产，会计准则规定不需要摊销，只在会计期末进行减值测试，计提减值准备；税法中没有界定使用寿命不确定的无形资产，除外购商誉外所有的无形资产成本均应在一定期间内摊销。由于摊销规定的不同，会造成其账面价值和计税基础的差异。

在对无形资产计提减值准备的情况下，因所计提的减值准备不允许税前扣除，也会造成其账面价值与计税基础的差异。

【例 6-12】 某公司当年年初取得某项无形资产，取得成本为 1 000 万元，企业根据各方面情况判断，将其视为使用寿命不确定的无形资产。当年年末，对该项无形资产进行减值测试，计提了减值准备 200 万元。该公司在计税时，对该项无形资产按照 10 年的期限摊销。

该项无形资产的账面价值 = 1 000−200 = 800（万元）

该项无形资产的计税基础 = 1 000−1 000 ÷ 10 = 900（万元）

该项无形资产的账面价值与计税基础之间产生了 100 万元的差异，因其在未来期间会减少企业的应纳税所得额和应交所得税，为可抵扣暂时性差异，符合确认条件的情况下，应确认与其相关的递延所得税资产。

3）以公允价值计量且其变动计入当期损益的金融资产

以公允价值计量且其变动计入当期损益的金融资产，按照会计准则的规定，在某一会计期末的账面价值为该时点的公允价值，如果税法规定资产在持有期间市价变动损益在计税时不予考虑，即有关金融资产在某一会计期末的计税基础为其取得成本，会造成在公允价值变动的情况下，该类金融资产的账面价值与计税基础之间的差异。

企业持有的可供出售金融资产的计税基础的确定，与以公允价值计量且其变动计入当期损益的金融资产类似，可比照处理。

【例 6-13】 某公司在当年年初自公开市场取得一项权益性投资，支付价款为 2 000 万元，作为交易性金融资产核算。当年年末该项金融资产的市价为 2 200 万元。

假定税法规定对于交易性金融资产，持有期间公允价值的变动不计入应纳税所得额，待出售时一并计算应计入应纳税所得额。

该项交易性金融资产的账面价值 = 2 200（万元）

该项交易性金融资产的计税基础 = 2 000（万元）

该项交易性金融资产的账面价值与计税基础之间产生了 200 万元的差异，因其在未来期间会增加企业的应纳税所得额和应交所得税，为应纳税暂时性差异，符合确认条件的情况下，应确认与其相关的递延所得税负债。

4）其他资产

因会计准则规定与税法规定不同，企业持有的其他资产，可能造成其账面价值与计税基础之间存在差异，如采用公允价值模式计量的投资性房地产及其他计提了资产减值准备的各项资产。

【例 6-14】 某公司 2019 购入原材料成本为 2 000 万元，当年资产负债表日估计其可变现净值为 1 600 万元。假定该原材料在当年期初的存货跌价准备为 0。

该项原材料的账面价值 = 1 600（万元）

该项原材料的计税基础 = 2 000（万元）

该项原材料的账面价值与计税基础之间产生了 400 万元的差异，因其在未来期间会减少企业的应纳税所得额和应交所得税，为可抵扣暂时性差异，符合确认条件的情况下，应确认与其相关的递延所得税资产。

【思考 6-4】 甲公司 2019 年 12 月 31 日应收账款为 2 000 万元，该公司期末对应收账款计提了 200 万元的坏账准备。税法规定企业提取的应收账款坏账准备不允许税前扣除。假定该企业期初应收账款及坏账准备账户的余额均为零。计算应收账款的账面价值和计税基础，并判断产生的暂时性差异类型。

4. 负债的计税基础

负债的计税基础，是指负债的账面价值减去未来期间计算应纳税所得额时按照税法规定可予抵扣的金额。用公式表示为：

负债的计税基础 = 账面价值 − 未来期间按照税法规定可予税前扣除的金额

负债的确认与偿还一般不会影响企业的损益，也不会影响其应纳税所得额，未来期间计算应纳税所得额时按照税法规定可予抵扣的金额为 0，计税基础即为账面价值。如企业的短期借款、应付账款等，但有些情况下，负债的确认可能会影响企业的损益，进而影响不同期间的应纳税所得额，使其计税基础与账面价值之间产生差额。

1）企业因销售商品提供售后服务等原因确认的预计负债

按照会计准则的规定，企业应将预计提供售后服务发生的支出在销售当期确认为费用，同时确认预计负债。税法规定，与销售产品有关的支出应于发生时税前扣除，则其计税基础为零。

因其他事项确认的预计负债，税法规定其支出无论是否实际发生均不允许税前扣除，即未来期间按照税法规定可予抵扣的金额为 0，因此账面价值等于计税基础，不产生暂时性差异。

【例 6-15】 某公司因销售产品承诺提供 2 年的保修服务，在当年利润表中确认了 200 万元的销售费用，同时确认为预计负债，当年度末未发生任何保修支出。假定按照税法规定，与产品售后服务相关的费用在实际发生时允许税前扣除。

该项预计负债的账面价值 = 200（万元）

该项预计负债的计税基础 = 200−200 = 0（万元）

该项预计负债的账面价值与计税基础之间产生了 200 万元的差异，因其在未来期间会减少企业的应纳税所得额和应交所得税，为可抵扣暂时性差异，符合确认条件的情况下，应确认与其相关的递延所得税资产。

2）预收账款

在会计准则中，企业在收到客户预付的款项时，因不符合收入的确认条件，款项会被确认为负债。税法对收入的确认原则一般与会计准则相同，即会计上未确认收入时，计税时一般不计入应纳税所得额，该部分经济利益在未来期间计税时可予税前扣除的金额为 0，计税基础等于其账面价值，不产生暂时性差异。

在某些特殊情况下，会计上未确认为收入的预收账款，按照税法规定计入当期应纳税所得额，则在未来期间可全额税前扣除，因此预收账款的计税基础为 0，就会产生暂时性差异。

【例 6-16】 某公司收到预售商品房款 3 000 万元，因不符合收入确认的条件，将其作为预收账款核算。税法规定该项预收账款应计入取得当期的应纳税所得额。

该项预收账款账面价值 = 3 000（万元）

该项预收账款计税基础 = 3 000−3 000 = 0（万元）

该项预收账款的账面价值与计税基础之间产生了 3 000 万元的差异，因其在未来期间会减少企业的应纳税所得额和应交所得税，为可抵扣暂时性差异，符合确认条件的情况下，应确认与其相关的递延所得税资产。

3）应付职工薪酬

按照会计准则的规定，企业为获得职工提供的服务所给予的各种形式的报酬，以及其他相关支出均应作为企业的成本费用，在未支付之前确认为负债。税法中对于合理的职工薪酬基本允许在当期税前扣除，即未来期间按照税法规定可予抵扣的金额为 0，因此账面价值等于计税基础，不产生暂时性差异。

【例 6-17】 某公司当年 12 月份计入成本费用的工资总额为 2 000 万元，至 12 月 31 日尚未支付，按照税法规定均可在税前扣除。

该项应付职工薪酬账面价值 = 2 000（万元）

该项应付职工薪酬计税基础 = 2 000−0 = 2 000（万元）

该项应付职工薪酬账面价值等于其计税基础，不产生暂时性差异。

4）其他负债

企业的其他负债项目如应交的罚款和滞纳金等，在尚未支付之前按照会计准则规定确认为费用，同时作为负债反映。税法规定，罚款和滞纳金不能税前扣除，即该部分费用无论是在发生当期还是在以后期间均不允许税前扣除，即未来期间按照税法规定可予抵扣的金额为0，因此账面价值等于计税基础，不产生暂时性差异。

【例 6-18】 某公司接到当地环保部门的处罚通知，要求支付罚款 20 万元，至 12 月 31 日尚未支付。

该项其他应付款账面价值 = 20（万元）

该项其他应付款计税基础 = 20−0 = 20（万元）

该项其他应付款的账面价值等于其计税基础，不产生暂时性差异。

6.3.2 所得税会计账户设置

1.“所得税费用”账户

“所得税费用”账户反映当期应计入利润表的所得税费用。该科目应设置“当期所得税”和“递延所得税”两个明细科目。

2.“递延所得税资产”账户

“递延所得税资产”账户核算由于可抵扣暂时性差异形成的所得税影响金额，以及以后各期转回金额和因税率变动调整的金额。该账户借方登记企业本期因可抵扣暂时性差异产生的影响纳税金额，以及由于税率提高而调增的纳税影响金额；贷方登记企业本期转销已确认的可抵扣暂时性差异对纳税影响的金额，以及由于税率降低而调减的纳税影响金额，期末借方余额反映尚未转回可抵扣暂时性差异形成的所得税影响金额。

3.“递延所得税负债”账户

“递延所得税负债”账户核算由于应纳税暂时性差异形成的所得税影响金额，以及以后各期转回金额和因税率变动调整的金额。该账户贷方登记企业本期因应纳税暂时性差异产生的影响纳税金额，以及由于税率提高而调增的纳税影响金额；借方登记企业本期转销已确认的应纳税暂时性差异对纳税影响的金额，以及由于税率降低而调减的纳税影响金额，期末贷方余额反映尚未转回应纳税暂时性差异形成的所得税影响金额。

4.“递延所得税资产减值准备”账户

“递延所得税资产减值准备”账户核算企业在资产负债表日因未来期间很可能无法获得足够的应纳税所得额，用以抵减递延的所得税资产利益，而减记递延所得税资产的金额，以及转回金额。

5.“应交税费——应交所得税”账户

“应交税费——应交所得税”账户的贷方登记当期应缴纳的所得税，借方登记实际缴纳的所得税。期末贷方余额，反映尚未缴纳的所得税；期末借方余额，反映多缴纳的所得税。

6.3.3 资产负债表债务法

1. 资产负债表债务法的含义

资产负债表债务法是从资产负债表出发，通过比较资产负债表上列示的资产、负债按照会计准则规定确定的账面价值与按照税法规定确定的计税基础，对于两者之间的差额分别应纳税暂时性差异与可抵扣暂时性差异，确认相关的递延所得税负债和递延所得税资产。

递延所得税资产和递延所得税负债的确认体现了交易或事项发生以后，对未来期间计税的影响，即会增加未来期间的应交所得税或是减少未来期间应交所得税，因此在资产负债表中，递延所得税资产与递延所得税负债项目金额更加符合基本会计要素的界定。

2. 资产负债表债务法核算的一般程序

采用资产负债表债务法核算所得税的情况下，企业一般应于每一资产负债表日进行所得税的核算，核算的一般程序如下：

（1）确定资产负债表中除递延所得税资产和递延所得税负债外的其他资产、负债项目的账面价值和计税基础。

（2）比较资产、负债的账面价值与其计税基础，确定应纳税暂时性差异和可抵扣暂时性差异。

（3）根据暂时性差异确定资产负债表日递延所得税资产和递延所得税负债的期末余额，并根据期初余额计算确定递延所得税资产和递延所得税负债的发生额。

递延所得税资产的发生额＝资产负债表日可抵扣暂时性差异 × 适用税率 − 递延所得税资产的期初余额

递延所得税负债的发生额＝资产负债表日应纳税暂时性差异 × 适用税率 − 递延所得税负债的期初余额

（4）按照税法规定计算当期应纳税所得额，确认当期应交所得税。

当期应交所得税＝当期应纳税所得额 × 适用税率

（5）确定利润表中所得税费用，利润表中所得税费用包括当期所得税和递延所得税两个组成部分，企业在计算确定了当期应交所得税和递延所得税后，两者之和或差，是利润表中的所得税费用。

当期所得税＝当期应交所得税

递延所得税＝（期末递延所得税负债 − 期初递延所得税负债）−（期末递延所得税资产 − 期初递延所得税资产）

＝递延所得税负债的发生额 − 递延所得税资产的发生额

所得税费用＝当期所得税＋递延所得税

【例 6-19】 乙公司 2019 年度利润表中利润总额 1 000 万元，该公司适用的企业所得税税率为 25%，该公司当年会计准则规定与税法规定之间的差异包括以下事项：

（1）国债的利息收入 30 万元。

（2）2019 年 1 月开始计提折旧的一项固定资产，成本为 600 万元，使用年限为 10 年，净残值为零，会计处理按双倍余额递减法计提折旧，税法规定按直线法计提折旧。假定税法规定的使用年限及净残值与会计规定相同。

（3）交易性金融资产公允价值增加 70 万元。

（4）因产品售后服务预计负债 80 万元。

（5）税收滞纳金为 60 万元。

（6）期末对持有的存货计提了 30 万元的存货跌价准备。

要求：计算确定应交所得税税额及所得税费用，并编制相应的会计分录。

① 2019 年度当期应交所得税税额：

应纳税所得额 = 1 000−30 + 60−70 + 80 + 60 + 30 = 1 130（万元）

应交所得税 = 1 130 × 25% = 282.50（万元）

② 确定资产、负债的计税基础和暂时性差异。

假设该企业 2019 年度资产负债表中部分项目账面价值和计税基础资料见表 6-2。

表 6-2　乙公司资产负债表中部分项目账面价值和计税基础资料　　单位：万元

项目	账面价值	计税基础	暂时性差异	
			应纳税暂时性差异	可抵扣暂时性差异
交易性金融资产	170	100	70	
存货	1 500	1 530		30
固定资产	480	540		60
预计负债	80	0		80
总计			70	170

③ 确定递延所得税。

假定年初递延所得税资产借方余额为 20 万元，递延所得税负债贷方余额为 2.50 万元。

当期递延所得税资产增加 = 期末递延所得税资产 − 期初递延所得税资产

= 170 × 25%−20 = 42.50−20 = 22.50（万元）

当期递延所得税负债增加 = 期末递延所得税负债 − 期初递延所得税负债

= 70 × 25%−2.50 = 17.50−2.50 = 15（万元）

当期递延所得税 = 15−22.50 = −7.50（万元）

④ 确定所得税费用。

所得税费用 = 282.50−7.50 = 275（万元）

借：所得税费用　　2 750 000

　　递延所得税资产　　225 000

　贷：应交税费——应交所得税　　2 825 000

递延所得税负债 150 000

3. 亏损的会计处理

根据会计准则的规定，企业当年发生的亏损，如果以后年度无法得到弥补，则本年度不做账务处理；如果以后年度能得到弥补，则应以未来期间可能获得的用来弥补亏损的应纳税所得额为限，确认相应的递延所得税资产。

【例 6-20】丙公司 2019 年度亏损 100 万元，预计 2020 年度盈利 60 万元，2021 年度盈利 30 万元，2022 年度盈利 20 万元，该公司适用的企业所得税税率为 25%。假定无其他纳税调整事项，分析计算各年应交所得税税额，并做相应的会计处理。

① 2019 年度，丙公司有充分的理由可以确定以后年度有足够的应纳税所得额用以弥补当年的亏损，则应确认相应的递延所得税资产 25 万元（100 万元 ×25%）。

借：递延所得税资产 250 000

　贷：所得税费用 250 000

② 2020 年度转回 15 万元（60 万元 ×25%）

借：所得税费用 150 000

　贷：递延所得税资产 150 000

③ 2021 年度转回 7.5 万元（30 万元 ×25%）

借：所得税费用 75 000

　贷：递延所得税资产 75 000

④ 2022 年度转回 2.5 万元（10 万元 ×25%）

应交所得税税额为（20−10）×25% = 2.5 万元

借：所得税费用 50 000

　贷：递延所得税资产 25 000

　　应交税费——应交所得税 25 000

6.4 企业所得税纳税申报

企业所得税的纳税申报特别重要。企业所得税分月或分季预缴。企业应当自月度或者季度终了之日起 15 日内，向税务机关报送预缴企业所得税年度纳税申报表预缴税款。应当自年度终了之日起 5 个月内，向税务机关报送企业所得税年度纳税申报表，并汇算清缴，结清应缴应退税款。企业在报送企业所得税年度纳税申报表时，应当按照规定附送财务会计报告和其他有关资料。

1. 企业所得税预缴纳税申报表

企业所得税预缴纳税申报表分 A 类申报表和 B 类申报表（2018 年版）两种。企业所得税月（季）度预缴纳税申报表（A 类），适用于实行查账（核实）征收企业所得税的居民企业纳税人在月（季）度预缴纳税申报时填报；跨地区经营汇总纳税企业的分支机构，在进行月（季）度预缴申报和年度汇算清缴时填报。企业所得税月（季）度预缴纳税申报表（B类），适用于核定征收企业所得税的居民企业纳税人在月（季）度预缴申报和年度汇算清缴时填报。扣缴义务人还应填报“扣缴报告表”，汇总纳税企业应填报“汇总纳税分支机构分配表”。

扫描二维码，阅读两张申报表。

中华人民共和国企业所得税月（季）度预缴纳税申报表（A类）

中华人民共和国企业所得税月（季）度预缴和年度纳税申报表（B类）

2. 企业所得税年度纳税申报表（A类）及其填制

年终进行企业所得税汇算清缴时，应填报企业所得税年度纳税申报表（2018年修订）。该表适用于查账征收企业，由37张表单组成，其中必填表2张，选填表35张。企业所得税年度纳税申报表填报表单列示申报表全部表单名称及编号，全套申报表分为基础信息表、主表，纳税人在填报申报表之前，请仔细阅读这些表单的填报信息，并根据企业的涉税业务，选择“是否填报”。选择“填报”的，在“□”内打“√”，并完成该表单内容的填报。未选择“填报”的表单，无须向税务机关报送。扫描二维码，阅读两张表格。由于篇幅所限，各表单有关情况及其填报说明，请自行查阅税务局有关网站。

企业所得税年度纳税申报表填报表单（2018年修订）

中华人民共和国企业所得税年度纳税申报表（A类）

本章小结

企业所得税是所得税体系的重要构成内容。本章介绍了企业所得税的纳税人、征税对象、应纳税所得额的确定、企业所得税的优惠、征收管理等的有关规定。在学习中，应重点理解企业所得税的计税依据的确定，即应纳税所得额的计算方法，掌握企业所得税的主要优惠政策，并能据以进行计算。企业所得税的会计核算重点是掌握资产负债表债务法的实质及其核算程序，进而掌握递延所得税资产和递延所得税负债的确定方法。

拓展阅读6-8 中英文关键词对照

思考题

1. 企业会计利润与应纳税所得额的关系是什么？
2. 什么是暂时性差异？哪些项目属于暂时性差异？
3. 企业如何弥补亏损？
4. 企业所得税有哪些主要优惠政策？
5. 简述企业所得税与流转税的区别。
6. 计算应纳税所得额时不允许从收入中扣除的项目有哪些？

第6章　即测即练选择题

第6章　即测即练计算题

第6章　即测即练业务综合题

第7章

个人所得税会计

本章学习目标：

通过本章学习，学员应该能够：

1. 熟悉个人所得税的纳税人、征税范围、税率与税收优惠；
2. 掌握居民个人预扣预缴个人所得税的计算及其会计处理；
3. 了解个人所得税的纳税申报；
4. 了解非居民个人所得税的计算和扣缴。

案例导入与问题提出：

李教授与同事小王合作出版了一本关于投资理财的书籍，共获得稿酬 50 000 元。李教授和小王约定按照 6：4 的比例分配稿酬，李教授分得 30 000 元，同事小王分得 20 000 元。但是在交纳个人所得税上两人产生了分歧，李教授认为：应该按照各自分得的所得减除税法规定的扣除费用，计算应纳税所得额再计税，即李教授的所得 30 000 元可以减除一次扣除费用，同事小王的所得 20 000 元也可以减除税法规定的扣除费用；同事小王认为应该把稿酬看作一项所得，减除税法规定的扣除费用后，计算应纳税所得额再计税，即全部所得 50 000 元一次性减除税法规定的扣除费用，再计税。

请回答：1. 李教授和小王谁的观点是正确的？

2. 这笔稿酬所得按照税法规定应该交纳多少个人所得税？

7.1 个人所得税概述

7.1.1 个人所得税的概念

个人所得税是以个人（含个体工商户、个人独资企业、合伙企业中的个人投资者、承租承包者个人）取得的各项应税所得为征税对象而征收的一种所得税。

拓展阅读7-1 个人所得税的税制模式有几种？

我国最早关于个人所得税的立法是 1980 年 9 月 10 日第五届全国人民代表大会第三次会议审议通过并颁布实施的《中华人民共和国个人所得税法》。1993 年 10 月 31 日第八届全国人民代表大会常务委员会第四次会议修订了《中华人民共和国个人所得税法》，并于 1994 年 1 月 1 日起施行。1994 年 1 月 28 日国务院第 142 号令发布《中华人民共和国个人所得税法实施细则》。1999 年 8 月 30 日第九届全国人民代表大会常务委员会第十一次会议通过了第二次修正的《中华人民共和国个人所得税法》。2000 年 9 月财政部、国家税务总局根据《国务院关于个人独资企业和合伙企业征收所得税问题的通知》规定，从 2000 年 1 月 1 日起，个人独资企业和合伙企业停征企业所得税，依法缴纳个人所得税。2005 年 10 月 27 日第十届全国人民代表大会常务委员会第十八次会议对《中华人民共和国个人所得税法》进行第三次修订。2007 年 6 月 29 日第十届全国人民代表大会常务委员会第二十八次会议通过了《关于修改〈中华人民共和国个人所得税法〉的决定》，这是第四次修订。2007 年 12 月 29 日第十届全国人民代表大会常务委员会第三十一次会议通过了第五次修订的《关于修改〈中华人民共和国个人所得税法〉的决定》。2011 年 6 月 30 日第十一届全国人民代表大会常务委员会第二十一次会议第六次修订的《关于修改〈中华人民共和国个人所得税法〉的决定》。

2018 年 8 月 31 日，全国人大常委会第五次会议表决通过《全国人民代表大会常务委员会关于修改〈中华人民共和国个人所得税法〉的决定》，以中华人民共和国主席令第九号正式公布，自 2019 年 1 月 1 日起施行。

7.1.2 个人所得税的纳税义务人

个人所得税的纳税义务人，指在中国境内居住且有取得所得的人，以及不在中国境内居住而从中国境内取得所得的个人。包括中国公民、个体工商业户、个人独资企业、合伙企业投资者，以及在中国有所得的外籍人员和香港、澳门、台湾同胞。根据其住所和居住时间的不同，区分为居民个人和非居民个人，分别承担不同的纳税义务。

1. 居民个人

1）含义

在中国境内有住所，或者无住所而一个纳税年度中在中国境内居住累计满 183 天的个人，为居民个人。居民个人从中国境内和境外取得的所得，依法缴纳个人所得税。

2）居民个人的理解

（1）“在中国境内有住所的个人”是指因户籍、家庭、经济利益关系，而在中国境内习惯性居住的个人。其中，“中国境内”是指中国大陆（内地），目前不包括香港、澳门和台湾地区。“习惯性居住”是指个人因学习、工作、探亲等原因消除之后，没有理由在其他地方继续居留时，所要回到的地方。而不是指实际居住或在某一个特定时期内的居住地。例如个人因学习、工作、探亲或旅游等原因而在中国境外居住，当其在境外居住的原因消除后，必须回到中国境内居住，那么中国就是该个人的习惯性居住地。因此，习惯性居住是判定纳税义务人属于居民还是非居民的一个重要依据。

（2）一个纳税年度在中国境内居住累计满 183 天，是指在一个纳税年度（即公历 1 月 1 日起至 12 月 31 日止）内，在中国境内居住累计满 183 日。注意，在计算居住天数时，按其一个纳税年度内在境内的实际居住时间确定。即境内无住所的某人在一个纳税年度内无论出境多少次，只要在我国境内累计住满 183 天，就可判定为我国的居民个人。

3）居民个人的分类

（1）在中国境内定居的中国公民和外国侨民。但不包括虽具有中国国籍，却并没有在中国境内定居，而是侨居海外的华侨和居住在香港、澳门、台湾的同胞。

（2）从公历 1 月 1 日起至 12 月 31 日止，在中国境内累计居住满 183 天的外国人、海外侨胞和香港、澳门和台湾同胞。例如，一个香港人从 2018 年 10 月起在北京的居住停留时间累计达 200 天，则该纳税义务人应为居民个人。

2. 非居民纳税人

在中国境内无住所又不居住，或者无住所而一个纳税年度内在中国境内居住累计不满 183 天的个人，为非居民个人。实际上，非居民个人只能是在一个纳税年度中，没有在中国境内居住，或者在中国境内累计居住不满 183 天的外籍人员、华侨或香港、澳门、台湾同胞。非居民个人承担有限纳税义务，即仅就其来源于中国境内的所得，向中国缴纳个人所得税。

7.1.3 个人所得税的征税范围

新个税法将原个人所得税从分类税制改为综合与分类相结合的税制，将工资薪金所得、劳务报酬所得、稿酬所得、特许权使用费所得这四项劳动性所得（即综合所得）纳入综合征收范围，适用统一的超额累进税率，统一计算个人所得税；对经营所得，利息、股息、红利所得，财产租赁所得，财产转让所得，偶然所得这五项其他类型所得，仍采用分类征税方式，按照规定分别计算个人所得税。纳税人应区分所得类型，适用对应的征税方式，准确计算个人所得税。下列各项个人所得，应当缴纳个人所得税。

（1）工资薪金所得

工资薪金所得，是指个人因任职或者受雇而取得的工资、薪金、奖金、年终加薪、劳动分红、津贴、补贴以及任职或者受雇有关的其他所得。个人取得的下列所得，不予征税。

① 独生子女补贴；

② 执行公务员工资制度未纳入基本工资总额的补贴、津贴差额和家属成员的副食品补贴；

③ 托儿补助费；

④ 差旅费津贴、误餐补助；

⑤ 外国来华留学生，领取的生活津贴费、奖学金。

（2）劳务报酬所得

劳务报酬所得，指个人独立从事各种非雇佣的各种劳务所取得的所得，包括个人从事设计、装潢、安装、制图、化验、测试、医疗、法律、会计、咨询、讲学、翻译、审稿、书画、雕刻、影视、录音、录像、演出、表演、广告、展览、技术服务、介绍服务、经纪服务、代办服务以及其他劳务取得的所得。

【思考 7-1】 临时工工资属于“劳务报酬”还是“工资”？

（3）稿酬所得

稿酬所得，是指个人因其作品以图书、报刊形式出版、发表而取得的所得。不以图书、报刊形式出版、发表的翻译、审稿、书画所得归为劳务报酬所得。

（4）特许权使用费所得

特许权使用费所得，是指个人提供专利权、商标权、著作权、非专利技术以及其他特许权的使用权取得的所得。提供著作权的使用权取得的所得，不包括稿酬所得。

（5）经营所得

经营所得包括：

① 个体工商户从事生产、经营活动取得的所得，个人独资企业投资人、合伙企业的个人合伙人来源于境内注册的个人独资企业、合伙企业生产、经营的所得。注意，个体工商户以业主为个人所得税纳税义务人。

② 个人依法从事办学、医疗、咨询以及其他有偿服务活动取得的所得。

③ 个人对企业、事业单位承包经营、承租经营以及转包、转租取得的所得。

④ 个人从事企业生产、经营活动取得的所得。

例如，个人因从事彩票代销业务而取得的所得；从事个体出租车运营的出租车驾驶员取得的收入，其中“从事个体出租车运营”包括，出租车属个人所有，但挂靠出租汽车经营单位或企事业单位，驾驶员向挂靠单位缴纳管理费的，或出租汽车经营单位将出租车所有权转移给驾驶员的。

（6）利息、股息、红利所得

利息、股息、红利所得，是指个人拥有债权、股权而取得的利息、股息、红利所得。

（7）财产租赁所得

财产租赁所得，是指个人出租不动产、机器设备、车船以及其他财产取得的所得。

个人取得的财产转租收入属于“财产租赁所得”的征税范围，由财产转租人缴纳个人所得税。

（8）财产转让所得

财产转让所得，是指个人转让有价证券、股权、合伙企业中的财产份额、不动产、机器设备、车船以及其他财产取得的所得。个人进行财产转让主要指转让个人财产的所有权，但对股票转让所得暂不征税。

另外，当集体所有制企业在改制为股份合作企业时，对职工个人以股份形式取得的拥有所有权的企业量化资产，暂缓征收个人所得税；当个人将股份转让时，就其转让收入额，减除个人取得该股份时实际支付的费用支出和合理转让费用后余额，按“财产转让所得”征税。

（9）偶然所得

偶然所得，是指个人得奖、中奖、中彩以及其他偶然性质的所得。

居民个人取得上述第（1）项至第（4）项所得称为综合所得，按纳税年度合并计算个人所得税；非居民个人取得上述第（1）项至第（4）项所得，按月或者按次分项计算个人所得税。纳税人取得上述第（5）项至第（9）项所得，依法分别计算个人所得税。

7.1.4 个人所得税所得来源地的确定

1. 来源于中国境内的所得范围

除国务院财政、税务主管部门另有规定外，下列所得，不论支付地点是否在中国境内，均为来源于中国境内的所得。

（1）因任职、受雇、履约等而在中国境内提供劳务取得的所得。

（2）将财产出租给承租人在中国境内使用而取得的所得。

（3）转让中国境内的不动产等财产或者在中国境内转让其他财产取得的所得。

（4）许可各种特许权在中国境内使用而取得的所得。

（5）从中国境内企业、事业单位、其他组织以及居民个人取得的利息、股息、红利所得。

2. 非居民个人和无住所居民个人所得来源地的确定

根据财税〔2019〕35 号规定，关于非居民个人和无住所居民个人有关所得来源地确定如下。

（1）关于工资薪金所得来源地的规定

个人取得归属于中国境内工作期间的工资薪金所得为来源于境内的工资、薪金所得。境内工作期间按照个人在境内工作天数计算，包括其在境内的实际工作日以及境内工作期间在境内、境外享受的公休假、个人休假、接受培训的天数。

在境内、境外单位同时担任职务或者仅在境外单位任职的个人，在境内停留的当天不足 24 小时的，按照半天计算境内工作天数。

无住所个人在境内、境外单位同时担任职务或者仅在境外单位任职，且当期同时在境内、境外工作的，按照工资薪金所属境内、境外工作天数占当期公历天数的比例计算确定来源于境内、境外工资薪金所得的收入额。境外工作天数按照当期公历天数减去当期境内工作天数计算。

（2）关于数月奖金以及股权激励所得来源地的规定

无住所个人取得的数月奖金或者股权激励所得按照相关规定确定所得来源地的，无住所个人在境内履职或者执行职务时收到的数月奖金或者股权激励所得，归属于境外工作期间的部分，为来源于境外的工资、薪金所得。其中：

无住所个人停止在境内履约或者执行职务离境后收到的数月奖金或者股权激励所得，对属于境内工作期间的部分，为来源于境内的工资薪金所得。

数月奖金是指一次取得归属于数月的奖金、年终加薪、分红等工资薪金所得，不包括每月固定发放的奖金及一次性发放的数月工资。

股权激励包括股票期权、股权期权、限制性股票、股票增值权、股权奖励以及其他因认购股票等有价证券而从雇主取得的折扣或者补贴。

（3）关于稿酬所得来源地的规定

由境内企业、事业单位、其他组织支付或者负担的稿酬所得，为来源于境内的所得。

7.1.5　个人所得税的税率

1. 综合所得适用税率

综合所得适用3%~45%的七级超额累进税率，税率表分为年度税率表和月度税率表两种，见表7-1和表7-2。

表7-1　个人所得税综合所得年度税率表

级　数	全年应纳税所得额	税率/%	速算扣除数/元
1	不超过36 000元的	3	0
2	超过36 000元至144 000元的部分	10	2 520
3	超过144 000元至300 000元的部分	20	16 920
4	超过300 000元至420 000元的部分	25	31 920
5	超过420 000元至660 000元的部分	30	52 920
6	超过660 000元至960 000元的部分	35	85 920
7	超过960 000元的部分	45	181 920

注：本表所称全年应纳税所得额是指依照《中华人民共和国个人所得税法》第六条的规定，居民个人取得综合所得以每一纳税年度收入额减除费用六万元以及专项扣除、专项附加扣除和依法确定的其他扣除后的余额。

表7-2　个人所得税综合所得月度税率表

级　数	全月应纳税所得额	税率/%	速算扣除数/元
1	不超过3 000元的	3	0
2	超过3 000元至12 000元的部分	10	210
3	超过12 000元至25 000元的部分	20	1 410
4	超过25 000元至35 000元的部分	25	2 660
5	超过35 000元至55 000元的部分	30	4 410
6	超过55 000元至80 000元的部分	35	7 160
7	超过80 000元的部分	45	15 160

注：非居民个人取得工资、薪金所得，劳务报酬所得，稿酬所得和特许权使用费所得，依照本表按月换算后计算应纳税额。

2. 经营所得适用税率

经营所得适用5%~35%的五级超额累进税率，税率表见表7-3。

表7-3　经营所得个人所得税率表

级　数	全年应纳税所得额	税率/%	速算扣除数/元
1	不超过30 000元的	5	0
2	超过30 000元至90 000元的部分	10	1 500

续表

级　数	全年应纳税所得额	税率 /%	速算扣除数 / 元
3	超过 90 000 元至 300 000 元的部分	20	10 500
4	超过 300 000 元至 500 000 元的部分	30	40 500
5	超过 500 000 元的部分	35	65 500

3. 利息、股息、红利所得，财产租赁所得，财产转让所得和偶然所得，适用 20% 的比例税率。

7.1.6　个人所得税的减免

《中华人民共和国个人所得税法》及其《实施条例》以及财政部、国家税务总局的若干规定等，都对个人所得项目给予了减税免税的优惠。主要有如下内容：

1. 免征个人所得税

（1）省级人民政府、国务院部委和中国人民解放军军以上单位，以及外国组织颁发（颁布）的科学、教育、技术、文化、卫生、体育、环境保护等方面的奖金（奖学金）。

（2）国债和国家发行的金融债券利息。

（3）按照国家统一规定发给的补贴、津贴。包括按照国务院规定发给的政府特殊津贴、院士津贴，以及国务院规定免予缴纳个人所得税的补贴、津贴。

（4）福利费、抚恤金、救济金。

（5）保险赔款。

（6）军人的转业费、复员费、退役金。

（7）按照国家统一规定发给干部、职工的安家费、退职费、基本养老金或退休工资、离休工资、离休生活补助费。

（8）依照我国有关法律规定应予免税的各国驻华使馆、领事馆的外交代表、领事官员和其他人员的所得。

（9）中国政府参加的国际公约以及签订的协议中规定免税的所得。

（10）经国务院财政部门批准的其他免税所得。

2. 减征个人所得税

有下列情形之一的，经批准可以减征个人所得税：

（1）残疾、孤老人员和烈属的所得；

（2）因严重自然灾害造成重大损失的；

（3）国务院可以规定其他减税情形，报全国人民代表大会常务委员会备案。

7.1.7　个人所得税的征收管理

1. 个人所得税纳税办法

个人所得税的纳税办法，全国通用实行的有自行申报纳税和全员全额扣缴申报纳税两种。

（1）自行申报纳税

自行申报纳税，是由纳税人自行在税法规定的纳税期限内，向税务机关申报取得的应税所得项目和数额，如实填写个人所得税纳税申报表，并按照税法规定计算应纳税额，据此缴纳个人所得税的一种方法。

有下列情形之一的，纳税人应依法办理纳税申报。

① 取得综合所得需要办理汇算清缴。

② 取得应税所得没有扣缴义务人。

③ 取得应税所得，扣缴义务人未扣缴税款。

④ 取得境外所得。

⑤ 因移居境外注销中国户籍。

⑥ 非居民个人在中国境内从两处以上取得工资、薪金所得。

⑦ 国务院规定的其他情形。

上述取得综合所得需要办理汇算清缴的情形包括：

① 从两处以上取得综合所得，且综合所得年收入额减除专项扣除的余额超过6万元；

② 取得劳务报酬所得、稿酬所得、特许权使用费所得中一项或者多项所得，且综合所得年收入额减除专项扣除的余额超过 6 万元；

③ 纳税年度内预缴税额低于应纳税额；

④ 纳税人申请退税。

纳税人申请退税，应当提供其在中国境内开设的银行账户，并在汇算清缴地就地办理税款退库。

汇算清缴的具体办法由国务院税务主管部门制定。

（2）全员全额扣缴申报纳税

税法规定：扣缴义务人向个人支付应税款项时，应当依照个人所得税法规定预扣或者代扣税款，按时缴库，并专项记载备查。其中，扣缴义务人是指向个人支付所得的单位或者个人。支付包括现金支付、汇拨支付、转账支付和以有价证券、实物以及其他形式的支付。

全员全额扣缴申报，是指扣缴义务人应当在代扣税款的次月 15 日内，向主管税务机关报送其支付所得的所有个人的有关信息、支付所得数额、扣除事项和数额、扣缴税款的具体数额和总额以及其他相关涉税信息资料。该种方法有利于控制税源、防止漏税和逃税。

实行个人所得税全员全额扣缴申报的应税所得包括：

① 工资、薪金所得。

② 劳务报酬所得。

③ 稿酬所得。

④ 特许权使用费所得。

⑤ 利息、股息、红利所得。

⑥ 财产租赁所得。

⑦ 财产转让所得。
⑧ 偶然所得。

2. 纳税地点

（1）综合所得申报纳税地点

在中国境内有任职、受雇单位的，向任职、受雇单位所在地主管税务机关申报；若有两处或两处以上任职、受雇单位的，选择向其中一处单位所在地主管税务机关申报；若无任职、受雇单位，则向户籍所在地或经常居住地主管税务机关申报。

（2）经营所得申报纳税地点

纳税人取得经营所得，向经营管理所在地主管税务机关办理预缴纳税申报和汇算清缴；从两处以上取得经营所得的，选择向其中一处经营管理所在地主管税务机关办理年度汇总申报。

3. 纳税期限

（1）居民个人取得综合所得，按年计算个人所得税，有扣缴义务人的，由扣缴义务人按月或者按次预扣预缴税款，需要办理汇算清缴的，应当在取得所得的次年 3 月 1 日至 6 月 30 日内办理汇算清缴。

（2）纳税人取得经营所得，按年计算个人所得税，由纳税人在月度或者季度终了后 15 日内向税务机关报送纳税申报表，并预缴税款，在取得所得的次年 3 月 31 日前办理汇算清缴。

（3）纳税人取得应税所得没有扣缴义务人的，应当在取得所得的次月 15 日内向税务机关报送纳税申报表，并缴纳税款。

（4）纳税人取得应税所得，扣缴义务人未扣缴税款的，纳税人应当在取得所得的次年 6 月 30 日前缴纳税款。

（5）居民个人从中国境外取得所得的，应当在取得所得的次年 3 月 1 日至 6 月 30 日内，在境内办理纳税申报。

（6）非居民个人在中国境内从两处以上取得工资薪金所得的，应当在取得所得的次月 15 日内申报纳税。

（7）实行全员全额扣缴申报的，扣缴义务人每月或每次预扣、代扣的税款，应当在次月 15 日内缴入国库。

7.2 个人所得税应纳税额的计算

7.2.1 应纳税所得额的计算

由于个人所得税的应税项目不同，并且取得某项所得所需费用也不相同，因此，计算个人应纳税所得额，需按不同应税项目分项计算。以某项应税项目的收入额减去税法规定的该项费用减除标准后的余额，为该项应纳税所得额。

1. 居民个人综合所得应纳税所得额的确定

居民个人综合所得，以每一纳税年度收入额减去 60 000 元以及专项扣除、专项附加扣除和依法确定的其他扣除后的余额，为年度应纳税所得额。

（1）收入额的确定

①工薪收入全额计入收入总额。

②劳务报酬所得、稿酬所得、特许权使用费所得以收入减除 20% 的费用后的余额为收入额。其中，稿酬所得的收入额减按 70% 计算。

（2）专项扣除

专项扣除包括居民个人按照国家规定的范围和标准缴纳的基本养老保险、基本医疗保险、失业保险等社会保险费和住房公积金。

（3）专项附加扣除

① 子女教育。纳税人的子女接受学前教育、各层次的学历教育的相关支出，按照每个子女每月 1 000 元的标准定额扣除。父母可以选择由其中一方按扣除标准的 100% 扣除，也可以选择由双方分别按扣除标准的 50% 扣除（在一个纳税年度内不能变更）。

② 继续教育。纳税人在中国境内接受学历（学位）继续教育的支出，在学历（学位）教育期间按照每月 400 元定额扣除。同一学历（学位）继续教育的扣除期限不能超过 48 个月。纳税人接受技能人员职业资格继续教育、专业技术人员职业资格继续教育的支出，在取得相关证书的当年，按照 3 600 元定额扣除。

个人接受本科及以下学历（学位）继续教育，符合规定扣除条件的，可以选择由其父母扣除，也可以选择由本人扣除。

③ 大病医疗。在一个纳税年度内，纳税人发生的与基本医保相关的医药费用支出，扣除医保报销后个人负担（医保目录范围内的自付部分）累计超过 15 000 元的部分，由纳税人在办理年度汇算清缴时，在 80 000 元限额内据实扣除。

纳税人发生的医药费用支出可以选择由本人或其配偶扣除，未成年子女发生的医药费用支出可以选择由其父母一方扣除。纳税人及其配偶、未成年子女发生的医药费用支出，按规定分别计算扣除额。

④ 住房贷款利息。纳税人本人或者配偶单独或者共同使用商业银行或者住房公积金个人住房贷款为本人或者其配偶购买中国境内住房，发生的首套住房贷款利息支出，在实际发生贷款利息的年度，按照每月 1 000 元的标准定额扣除，扣除期限最长不超过 240 个月。纳税人只能享受一次首套住房贷款的利息扣除。

夫妻双方婚前分别购买住房发生的首套住房贷款，其贷款利息支出，婚后可以选择其中一套购买的住房，由购买方按扣除标准的 100% 扣除，也可以由夫妻双方对各自购买的住房分别按扣除标准的 50% 扣除，具体扣除方式在一个纳税年度内不能变更。

⑤ 住房租金。纳税人在主要工作城市没有自有住房而发生的住房租金支出，可按以下标准定额扣除：直辖市、省会城市、计划单列市以及国务院确定的其他城市，扣除标准为每月 1 500 元；其他城市，市辖区户籍人口超过 100 万的城市，扣除标准为每月 1 100 元；市辖区户籍人口不超过 100 万的城市，扣除标准为每月 800 元。纳税人配偶

在纳税人主要工作城市有自有住房的，视同在主要工作城市有自有住房。住房租金支出由签订租赁住房合同的承租人扣除。

⑥ 赡养老人。纳税人赡养一位及以上被赡养人的赡养支出，按以下标准定额扣除：纳税人为独生子女的，按照每月 2 000 元的标准定额扣除；纳税人为非独生子女的，由其与兄弟姐妹分摊每月 2 000 元的扣除额度，每人分摊的额度不能超过每月 1 000 元。可由赡养人均摊或者约定分摊，也可由被赡养人指定分摊。

约定或者指定分摊的须签订书面分摊协议，指定分摊优先于约定分摊；分摊方式和额度在一个纳税年度内不得变更。

（3）其他扣除。包括个人缴付符合国家规定的企业年金、职业年金，个人购买符合国家规定的商业健康保险、税收递延型商业养老保险的支出，以及国务院规定可以扣除的其他项目。

注意，专项扣除、专项附加扣除和依法确定的其他扣除，以居民个人一个纳税年度的应纳税所得额为限额；一个纳税年度扣除不完的，不得结转以后年度扣除。

2. 经营所得应纳税所得额的确定

经营所得，以个体工商户、个人独资企业、合伙企业以及个人从事其他生产、经营活动在每一纳税年度的收入总额减去成本、费用和损失后的余额，为应纳税所得额。

（1）成本、费用，是指纳税义务人从事生产、经营所发生的各项直接支出和分配计入成本的间接费用以及销售费用、管理费用、财务费用；损失，是指纳税义务人在生产、经营过程中发生的固定资产盘亏、毁损、报废损失，转让财产损失、坏账损失、自然灾害等不可抗力因素造成的损失以及其他损失。

（2）取得经营所得的个人，若没有综合所得的，计算其每一纳税年度应纳税所得额时，可扣除免征额 6 万元及专项扣除、专项附加扣除和依法确定的其他扣除，专项附加扣除在办理汇算清缴时减除。

（3）从事生产、经营的纳税义务人未提供完整、准确的纳税资料，不能正确计算应纳税所得额的，由主管税务机关核定其应纳税所得额。

3. 财产租赁所得应纳税所得额的确定

财产租赁所得，以一个月内取得的收入为一次。每次收入不超过 4 000 元的，减除费用 800 元；4 000 元以上的，减除 20% 的费用，其余额为应纳税所得额。

4. 财产转让所得应纳税所得额的确定

财产转让所得，按照一次转让财产的收入额减除财产原值和合理费用后的余额计算纳税。其中，财产原值的确定方法为：

（1）有价证券，为买入价以及买入时按照规定交纳的有关费用；

（2）建筑物，为建造费或者购进价格以及其他有关费用；

（3）土地使用权，为取得土地使用权所支付的金额、开发土地的费用以及其他有关费用；

（4）机器设备、车船，为购进价格、运输费、安装费以及其他有关费用。

另外，纳税人未提供完整、准确的财产原值凭证，不能按照本条第一款规定的方法确定财产原值的，由主管税务机关核定财产原值。

合理费用，是指卖出财产时按照规定支付的有关税费。

5. 利息、股息、红利所得和偶然所得应纳税所得额的确定

利息、股息、红利所得和偶然所得，以每次收入额为应纳税所得额。其中，利息、股息、红利所得，以支付利息、股息、红利时取得的收入为一次。偶然所得，以每次取得该项收入为一次。

6. 个人所得捐赠应纳税所得额的确定

个人将其所得对教育、扶贫、济困等公益慈善事业进行捐赠，捐赠额未超过纳税人申报的应纳税所得额 30% 的部分，可以从其应纳税所得额中扣除；国务院规定对公益慈善事业捐赠实行全额税前扣除的，从其规定。

【例 7-1】 王某 2019 年购买体育彩票中奖 5 000 000 元，王某领奖时拿出了 200 000 元捐赠给希望工程。计算王某应纳税所得额。

捐赠扣除标准 = 5 000 000 × 30% = 1 500 000（元）

纳税人实际捐赠 200 000 元低于扣除标准，对外捐赠可全额扣除。

应纳税所得额 = 5 000 000 − 200 000 = 4 800 000（元）

7. 每次收入的确定

纳税义务人取得的劳务报酬所得，稿酬所得，特许权使用费所得，利息、股息、红利所得，财产租赁所得，偶然所得等六项所得，都是按次计算征税的。

（1）劳务报酬所得，只有一次性收入的，以取得该项收入为一次；属于同一事项连续取得收入的，以一个月内取得的收入为一次。

【思考 7-2】 李某接受一客户的要求，为其进行翻译一篇文章，取得翻译劳务收入 2 000 元。李某取得的收入 2 000 元为一次收入，计征个人所得税，对吗？

【思考 7-3】 张某与某酒吧签约，某年内每天到酒吧演唱一次，每次演出后付费 300 元。张某应该以每次演出后的 300 元收入为一次来计税，还是以一个月的收入总额为一次来计税呢？

（2）稿酬所得，以每次出版、发表取得的收入为一次。

（3）特许权使用费所得，以某项使用权的一次转让所取得的收入为一次。一个纳税义务人，可能不仅拥有一项特许权利，每项特许权的使用权也可能不止一次地向他人提供。因此，对特许权使用费所得的“次”的界定，明确为每一项使用权的每次转让所取得的收入为一次。如果该次转让取得的收入是分笔支付的，则应将各笔收入相加为一次的收入，计征个人所得税。

（4）财产租赁所得，以一个月内取得的收入为一次。

（5）利息、股息、红利所得，以支付利息、股息、红利时取得的收入为一次。

（6）偶然所得，以每次收入为一次。

7.2.2 居民个人所得税应纳税额的计算

1. 工资、薪金所得应纳税额的计算

（1）工资、薪金所得应纳税额计算

应纳税所得额＝工资薪金应税收入额－专项扣除额－免征额－专项附加扣除额－依法确定的其他扣除额

应纳税额＝应纳税所得额 × 适用税率－速算扣除数

（2）工资薪金所得的月度预扣预缴

自2019年1月1日起，税法规定扣缴义务人向居民个人支付工资、薪金所得时，应按累计预扣法计算预扣税款，并按月办理全员全额扣缴申报。

累计预扣法是扣缴义务人在一个纳税年度内，以截至当前月份累计支付的工资薪金所得收入额减除累计基本减除费用、累计专项扣除、累计专项附加扣除和依法确定的累计其他扣除后的余额为预缴应纳税所得额。对照相应的综合所得预扣预缴个人所得税预扣率表，见表7-4，计算出累计应预扣预缴税额，减去已预扣预缴税额后的余额，作为本期应预扣预缴税额的一种方法。余额为负值时，暂不退税。纳税年度终了后余额仍为负值时，由纳税人通过办理综合所得年度汇算清缴，税款多退少补。计算公式为：

本期应预扣预缴税额＝（累计预扣预缴应纳税所得额 × 预扣率－速算扣除数）－累计减免税额－累计已预扣预缴税额

累计预扣预缴应纳税所得额＝累计收入－累计免税收入－累计减除费用（免征额）－累计专项扣除－累计专项附加扣除－累计依法确定的其他扣除

累计减除费用＝5 000元÷月 × 当期月份数

表7-4 个人所得税预扣率表（居民个人工资、薪金所得预扣预缴适用）

级数	累计预扣预缴应纳税所得额	预扣率/%	速算扣除数/元
1	不超过36 000元	3	0
2	超过36 000元至144 000元的部分	10	2 520
3	超过144 000元至300 000元的部分	20	16 920
4	超过300 000元至420 000元的部分	25	31 920
5	超过420 000元至660 000元的部分	30	52 920
6	超过660 000元至960 000元的部分	35	85 920
7	超过960 000元的部分	45	181 920

【例7-2】 小张每月应发工资均为10 000元，“三险一金”等专项扣除为占其应付工资额的16%，如果从1月起享受专项附加扣除1 000元，没有减免收入及减免税额等情况，根据工资、薪金所得预扣税率表（见表7-4），则前3个月应预扣预缴税额分别为：

1 月份预扣预缴税额 =（10 000−5 000−10 000 × 16%−1 000）× 3% = 72（元）

2 月份预扣预缴税额 =（10 000 × 2−5 000 × 2−10 000 × 16% × 2−1 000 × 2）× 3%−72 = 72（元）

3 月份预扣预缴税额 =（10 000 × 3−5 000 × 3−10 000 × 16% × 3−1 000 × 3）× 3%−72−72 = 72（元）

【例 7-3】 依【例 7-2】，假设小张 1 月应发工资为 10 000 元，2 月应发工资为 11 000 元，3 月应发工资为 12 000 元，其他条件不变。根据工资、薪金所得预扣税率表（见表 7-4），则前 3 个月应预扣预缴税额为：

1 月份预扣预缴税额 =（10 000−5 000−10 000 × 16%−1 000）× 3% = 72（元）

2 月份预扣预缴税额 = [（10 000 + 11 000）−5 000 × 2−（10 000 + 11 000）× 16%−1 000 × 2] × 3%−72 = 97.2（元）

3 月份预扣预缴税额 = [（10 000 + 11 000 + 12 000）−5 000 × 3−（10 000 + 11 000 + 12 000）× 16%−1 000 × 3] × 3%−72−97.2 = 122（元）

（3）工资薪金所得的汇算清缴

税法规定，年度终了后，纳税人应在次年 3 至 6 月到主管税务机关进行个人所得税的汇算清缴。

【例 7-4】 依【例 7-3】，假设小张全年应发工资为 133 800 元，全年“三险一金”等专项扣除为 21 408 元，如果从 1 月起享受专项附加扣除共 12 000 元，无其他扣除项目，当年预扣预缴个人所得税税额合计为 1 150 元。根据个人所得税综合所得年度税率表（见表 7-1），则下年初小张到税务机关办理汇算清缴时：

全年应纳税所得额 = 133 800−21 408−12 000−60 000 = 40 392（元）

全年应纳税额 = 40 392 × 10%−2 520 = 1 519.2（元）

应补交的个人所得税税额 = 1 519.2−1 150 = 369.2（元）

（4）全年一次性奖金收入个人所得税计算

一次性奖金包括年终加薪、实行年薪制和绩效工资办法的单位根据考核情况兑现的年薪和绩效工资。居民个人取得除全年一次性奖金以外的其他名目奖金，如半年奖、季度奖、加班奖、先进奖、考勤奖等，一律与当月工资、薪金收入合并，按规定缴纳个人所得税。

拓展阅读7-2　累计预扣法对纳税人有哪些影响？

在 2021 年 12 月 31 日前，全年一次性奖金收入不并入当年综合所得，以全年一次性奖金收入除以 12 个月得到的数额，以按月换算后的综合所得税率表确定使用税率和速算扣除数，单独计算纳税。计算公式为：

应纳税额 = 全年一次性奖金收入 × 适用税率 − 速算扣除数

注意，这是过渡性政策的计算方法，从 2022 年 1 月 1 日起，居民个人取得全年一次性奖金，应并入当年综合所得计算缴纳个人所得税。

【例 7-5】 小张为某单位员工，1 月份工资 8 000 元，专项扣除 1 200 元，专项附加扣除 2 000 元，当月发放上年年终奖 36 000 元。则小张应缴纳的个人所得税计算过程为：

① 当月工资应纳税所得额 = 8 000−1 200−5 000−2 000 = −200（元）

因此，当月工资部分，小张不缴个人所得税。

② 确认一次性奖金适用税率 36 000 ÷ 12 = 3 000，对应个人所得税综合所得月度税率表（见表 7-2），税率为 3%，速算扣除数为 0。

③ 应交个人所得税税额 = 36 000 × 3%−0 = 1 080（元）

2. 劳务报酬所得、稿酬所得、特许权使用费所得应纳税额的计算

税法规定，扣缴义务人向居民个人支付劳务报酬所得、稿酬所得、特许权使用费所得，每次收入不超过 4 000（含）元的，扣除费用按 800 元计算；每次收入 4 000 元以上的，扣除费用按 20% 计算；稿酬所得的收入额减按 70% 计算，以每次收入额为应纳税所得额。属于一次性收入的，以取得该项收入为一次；属于同一项目连续性收入的，以一个月内取得的收入为一次。

劳务报酬所得适用 20% 至 40% 的超额累进预扣率 (见表 7-5)，稿酬所得、特许权使用费所得适用 20% 的比例预扣率。

表 7-5　个人所得税预扣率表（居民个人劳务报酬所得预扣预缴适用）

级数	预扣预缴应纳税所得额	预扣率 /%	速算扣除数 / 元
1	不超过 20 000 元	20	0
2	超过 20 000 元至 50 000 元的部分	30	2 000
3	超过 50 000 元的部分	40	7 000

劳务报酬所得应预扣预缴税额 = 应纳税所得额 × 预扣率 − 速算扣除数

稿酬所得、特许权使用费所得应预扣预缴税额 = 应纳税所得额 × 20%

注意，居民个人取得劳务报酬所得、稿酬所得、特许权使用费所得，在预扣预缴税款后，应在年度终了后与工资薪金所得合并计税，进行汇算清缴，多退少补。

（1）劳务报酬所得预缴税额计算

【例 7-6】 假如老王（居民个人）本月取得劳务报酬所得 40 000 元，计算应预扣预缴税额为：

应纳税所得额 = 收入 ×（1−20%）= 40 000 ×（1−20%）= 32 000（元）

应预扣预缴税额 = 32 000 × 30%−2 000 = 7 600（元）

（2）稿酬所得、特许权使用费所得预缴税额计算

【例 7-7】 假如老王（居民个人）本月取得稿酬所得 30 000 元，计算应预扣预缴税额为：

应纳税所得额 = 收入 ×（1−20%）× 70% = 30 000 ×（1−20%）× 70% = 16 800（元）

应预扣预缴税额 = 16 800 × 20% = 3 360（元）

3. 财产租赁所得应纳税额的计算

（1）每次收入不超过 4 000 元的

应交个人所得税 =(每次收入额 − 费用 800)× 20%

（2）每次收入超过 4 000 元的

应交个人所得税 = 每次收入额 ×（1−20%）× 20%

拓展阅读7-3　个人出租财产取得租赁收入怎么交个人所得税？

4. 财产转让所得应纳税额的计算

财产转让所得应纳税额的计算公式为：

应纳税额 =（财产转让收入额 − 财产原值 − 合理费用）× 20%

【例 7-8】王某转让 5 年前购买的一套普通住房，原购买价 100 000 元，购房时支付税费共计 1 000 元，转让价为 500 000 元，并发生了转让税费共计 32 000 元。计算王某应纳个人所得税。

拓展阅读7-4　个人住房转让所得应纳税额的计算

应纳税所得额 = 500 000 −（100 000 + 1 000）− 32 000 = 367 000（元）

应纳税额 = 367 000 × 20% = 73 400（元）

5. 利息、股息、红利所得应纳税额的计算

根据财政部国家税务总局《证监会关于上市公司股息红利差别化个人所得税政策有关问题的通知》（财税〔2015〕101 号），自 2015 年 9 月 8 日起，个人从公开发行和转让市场取得的上市公司股票，持股期限超过 1 年的，股息红利所得暂免征收个人所得税；持股期限在 1 个月以内（含 1 个月）的，其股息红利所得全额计入应纳税所得额；持股期限在 1 个月以上至 1 年（含 1 年）的，暂减按 50% 计入应纳税所得额；上述所得统一适用 20% 的税率计征个人所得税。

上市公司派发股息红利时，对个人持股 1 年以内（含 1 年）的，上市公司暂不扣缴个人所得税；待个人转让股票时，证券登记结算公司根据其持股期限计算应纳税额，由证券公司等股份托管机构从个人资金账户中扣收并划付证券登记结算公司，证券登记结算公司应于次月 5 个工作日内划付上市公司，上市公司在收到税款当月的法定申报期内向主管税务机关申报缴纳。

利息、股息、红利所得应纳税额的计算公式为：

应纳税额 = 应纳税所得额 × 适用税率 = 每次收入额 × 20%

6. 偶然所得应纳税额的计算

应纳税额 = 每次收入额 × 20%

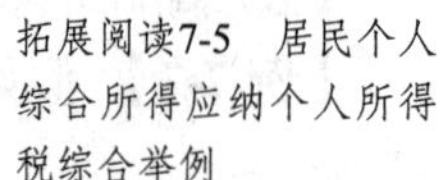

拓展阅读7-5　居民个人综合所得应纳个人所得税综合举例

7.2.3　非居民个人所得税应纳税额计算

非居民个人取得工资薪金所得、劳务报酬所得、稿酬所得和特许权使用费所得，有扣缴义务人的，由扣缴义务人代扣代缴税款，不办理汇算清缴。扣缴义务人向非居民个人支付工资、薪金所得，劳务报酬所得，稿酬所得和特许权使用费所得时，应当按以下方法按月或者按次代扣代缴个人所得税。

1. 非居民个人的工资、薪金所得

（1）以每月收入额扣除免征额 5 000 元后的余额为应纳税所得额，适用按月换算后的综合所得税率表（见表 7-2）计算应纳税额。

非居民个人综合所得应纳税额 = 应纳税所得额 × 税率 − 速算扣除数

（2）在一个纳税年度内，在境内累计居住不超过 90 天的非居民个人，仅就归属于境内工作期间并由境内雇主支付或者负担的工资薪金所得计算缴纳个人所得税。当月工资薪金收入额计算公式如下：

当月工资薪金收入额 = 当月境内外工资薪金总额 ×（当月境内支付的工资薪金数额 ÷ 当月境内外工资薪金总额）×（当月工薪所属工作期间境内工作天数 ÷ 当月工薪所属工作期间公历天数）

其中，境内雇主包括雇佣员工的境内单位和个人以及境外单位或者个人在境内的机构、场所。凡境内雇主采取核定征收所得税或者无营业收入未征收所得税的，无住所个人为其工作取得工资薪金所得，不论是否在该境内雇主会计账簿中记载，均视为由该境内雇主支付或者负担。当月境内外工资薪金包含归属于不同期间的多笔工资薪金的，应当先分别按照规定计算不同归属期间工资薪金收入额，然后再加总计算当月工资薪金收入额。

【例 7-9】 杰克是 B 国公民，他于 2019 年 5 月 15 日来上海工作，7 月在中国工作了 15 天后回国。在中国工作期间，境内机构每月支付工资 30 000 元，B 国公司每月支付工资折合人民币 60 000 元。要求：计算 2019 年 7 月杰克当月应缴纳个人所得税的工资薪金收入额。

当月工资薪金收入额 = 90 000 ×（30 000 ÷ 90 000）×（15 ÷ 30）= 15 000（元）

（3）在一个纳税年度内，在境内累计居住超过 90 天但不满 183 天的非居民个人，取得归属于境内工作期间的工资薪金所得，应计算缴纳个人所得税；其取得归属于境外工作期间的工资薪金所得，不征收个人所得税。当月工资薪金收入额计算公式如下：

当月工资薪金收入额 = 当月境内外工资薪金总额 ×（当月工薪所属工作期间境内工作天数 ÷ 当月工薪所属工作期间公历天数）

2. 非居民个人一个月内取得数月奖金，单独按有关规定计算当月收入额，不与当月其他工资薪金合并，按 6 个月分摊计税，不减除费用，适用月度税率表计算应纳税额，在一个公历年度内，对每一个非居民个人，该计税办法只允许适用一次。计算公式如下：

当月数月奖金应纳税额 = [（数月奖金收入额 ÷ 6）× 适用税率 − 速算扣除数] × 6

3. 非居民个人一个月内取得股权激励所得，单独按照有关规定计算当月收入额，不与当月其他工资薪金合并，按 6 个月分摊计税（一个公历年度内的股权激励所得应合并计算），不减除费用，适用月度税率表计算应纳税额，计算公式如下：

当月股权激励所得应纳税额＝[(本公历年度内股权激励所得合计额÷6)×适用税率－速算扣除数]×6－本公历年度内股权激励所得已纳税额

4. 非居民个人的劳务报酬所得、稿酬所得、特许权使用费所得

非居民个人的劳务报酬所得、稿酬所得、特许权使用费所得，以每次收入额为应纳税所得额，其中：

劳务报酬所得应纳税额＝收入×(1－20%)×税率－速算扣除数

稿酬所得应纳税额＝收入×(1－20%)×70%×税率－速算扣除数

特许权使用费所得应纳税额＝收入×(1－20%)×税率－速算扣除数

7.2.4 经营所得个人所得税应纳税额的计算

个体工商户、个人独资企业及合伙企业的生产经营所得，以每一纳税年度的收入总额，减去成本、费用、税金、损失、其他支出以及允许弥补的以前年度亏损后的余额为应纳税所得额；从事生产经营以及生产经营有关的活动取得的货币形式和非货币形式的各项收入为收入总额，具体包括销售货物收入、提供劳务收入、转让财产收入、利息收入、租金收入、接受捐赠收入、其他收入。经营所得个人所得税应纳税额的计算公式为：

应纳税额＝应纳税所得额×适用税率－速算扣除数＝(全年收入总额－成本、费用以及损失)×适用税率－速算扣除数

1. 个体工商户应纳个人所得税税额的计算

1）计税基本规定

（1）收入总额不包括股息、红利等权益性投资收益和特许权使用费收入。其他收入包括逾期一年以上的未退包装物押金收入。

（2）个体工商户下列支出不得扣除。

①个人所得税税款；②税收滞纳金；③罚金、罚款和被没收财物的损失；④不符合扣除规定的捐赠支出；⑤赞助支出；⑥用于个人和家庭的支出；⑦与取得生产经营收入无关的其他支出；⑧国家税务总局规定不准扣除的支出。

（3）个体工商户生产经营活动中，应当分别核算生产经营费用和个人、家庭费用。对于生产经营与个人、家庭生活混用难以分清的费用，其 40% 视为与生产经营有关费用，准予扣除。

（4）个体工商户纳税年度发生的亏损，准予向以后年度结转，用以后年度的生产经营所得弥补，但结转年限最长不得超过 5 年。

2）扣除项目及标准

（1）应付职工薪酬等相关费用的扣除

个体工商户实际支付给从业人员的、合理的工资薪金支出，准予扣除。个体工商户

业主的费用扣除标准，确定为 60 000 元 / 年（按 5 000 元 / 月标准扣除），但其业主的工资薪金支出不得税前扣除。

（2）保险费和住房公积金的扣除

① 按照国务院有关主管部门或者省级人民政府规定的范围和标准为其业主和从业人员缴纳的基本养老保险费、基本医疗保险费、失业保险费、生育保险费、工伤保险费和住房公积金，准予扣除。个体工商户为从业人员缴纳的补充养老保险费、补充医疗保险费，分别在不超过从业人员工资总额 5% 标准内的部分据实扣除；超过部分，不得扣除。

② 业主本人缴纳的补充养老保险费、补充医疗保险费，以当地（地级市）上年度社会平均工资的 3 倍为计算基数，分别在不超过该计算基数 5% 标准内的部分据实扣除；超过部分，不得扣除。

③ 除个体工商户依照国家有关规定为特殊工种从业人员支付的人身安全保险费和财政部、国家税务总局规定可以扣除的其他商业保险费外，个体工商户业主本人或者为从业人员支付的商业保险费，不得扣除。

④ 个体工商户参加财产保险，按照规定缴纳的保险费，准予扣除。

（3）三项经费的扣除

个体工商户向当地工会组织拨缴的工会经费、实际发生的职工福利费支出、职工教育经费支出分别在工资、薪金总额的 2%、14%、2.5% 的标准内据实扣除。

（4）借款费用和利息支出的扣除

① 个体工商户在生产经营活动中发生的合理的不需要资本化的借款费用准予扣除；

② 个体工商户在生产经营活动中发生的向金融企业借款的利息支出准予扣除；

③ 个体工商户在生产经营活动中发生的向非金融企业和个人借款的利息支出，不超过按照金融企业同期同类贷款利率计算的数额的部分准予扣除。

（5）业务招待费的扣除

① 个体工商户发生的与生产经营活动有关的业务招待费，按照实际发生额的 60% 扣除，但最高不得超过当年销售（营业）收入的 5‰。

② 业主自申请营业执照之日起至开始生产经营之日止所发生的业务招待费，按照实际发生额的 60% 计入个体工商户的开办费。

（6）广告费和业务宣传费

个体工商户每一纳税年度发生的与其生产经营活动直接相关的广告费和业务宣传费不超过当年销售（营业）收入 15% 的部分，可以据实扣除；超过部分，准予在以后纳税年度结转扣除。

（7）研发支出的扣除

个体工商户研究开发新产品、新技术、新工艺所发生的开发费用，以及研究开发新产品、新技术而购置单台价值在 10 万元以下的测试仪器和试验性装置的购置费准予直接扣除；单台价值在 10 万元以上（含 10 万元）的测试仪器和试验性装置，按固定资产管理，不得在当期直接扣除。

【例 7-10】 王某为一个体工商户，全年生产经营收入总额为 2 400 000 元，准予扣除的成本、费用（不含业主工资）及相关税金共计 2 000 000 元。除经营所得外，王某本人没有其他收入，专项附加扣除共计 36 000 元，不考虑专项扣除和符合税法规定的其他扣除。要求：计算王某该年度应缴纳的个人所得税。

应纳税所得额 = 2 400 000−2 000 000−60 000−36 000 = 304 000（元）

应纳税额 = 304 000 × 30%−40 500 = 50 700（元）

2. 个人独资企业和合伙企业应纳个人所得税税额的计算

个人独资企业和合伙企业生产经营所得应纳税额的计算有两种办法。

（1）查账征税

① 自 2019 年 1 月 1 日起，个人独资企业和合伙企业投资者的生产经营所得依法计征个人所得税时，个人独资企业和合伙企业投资者本人的费用扣除标准统一确定为 60 000 元 / 年。投资者的工资不得在税前扣除。

② 企业向其从业人员实际支付的合理工资、薪金支出，允许在税前据实扣除。

③ 企业实际发生的工会经费、职工福利费、职工教育经费支出分别在工资、薪金总额 2%、14%、2.5% 的标准内据实扣除。

④ 企业每一纳税年度发生的广告和业务宣传费用不超过当年销售收入 15% 的部分，可据实扣除；超过部分准予在以后纳税年度结转扣除。

⑤ 企业每一纳税年度发生的与其生产经营业务直接相关的业务招待费支出，按照发生额的 60% 扣除，但最高不得超过当年销售收入的 5‰。

⑥ 投资者及其家庭发生的生活费用不允许在税前扣除。投资者及其家庭发生的生活费用与企业生产经营费用混合在一起，并且难以划分的，全部视为投资者个人及其家庭发生的生活费用，不允许在税前扣除。

⑦ 企业生产经营和投资者及其家庭生活共用的固定资产难以划分的，由主管税务机关根据企业的生产经营类型、规模等具体情况，核定准予在税前扣除的折旧费用的数额或比例。

⑧ 企业计提的各种准备金不得扣除。

（2）核定征收

核定征收方式，包括定额征收、核定应税所得率征收以及其他合理的征收方式。

① 实行核定应税所得率征收方式的，计算公式如下：

应纳税额 = 应纳税所得额 × 适用税率

应纳税所得额 = 收入总额 × 应税所得率

或 = 成本费用支出额 ÷（1− 应税所得率）× 应税所得率

其中，应税所得率是指对采取核定征收方式缴纳企业或个人所得税的纳税人，在计算应纳税所得额时采用的一项标准，是应纳税所得额占收入总额或成本费用支出额的比例，是计算应纳税所得额的尺度和标准，即应税所得率 = 应纳税所得额 ÷ 收入总额 × 100%，该比例根据各个行业的实际销售利润率或者经营利润率等情况分别测算得出，它不是税率。应税所得率按表 7-6 规定的标准执行。

表 7-6 个人所得税应税所得率表

行 业	应税所得率 /%
工业、交通运输业、商业	5~20
建筑业、房地产开发业	7~20
饮食服务业	7~25
娱乐业	20~40
其他行业	10~30

【例 7-11】 王某投资设立一家个人独资企业，属于饮食业，由于会计核算资料不全，2019 年只能确定成本费用支出为 240 000 元，税务机关采取核定应税所得率的办法对其征税，确定应税所得率为 20%，计算该个人独资企业应纳个人所得税税额。

应纳税所得额 = 240 000 ÷（1−20%）× 20% = 60 000（元）

应纳税额 = 60 000 × 20%−3 750 = 8 250（元）

7.2.5 境外所得的税额扣除

基于国家之间对同一所得应避免双重征税的原则，我国在对纳税人的境外所得行使税收管辖权时，对该所得在境外已纳税额采取了分不同情况从应征税额中予以扣除的做法。

税法规定，纳税义务人从中国境外取得的所得，准予其在应纳税额中扣除已在境外缴纳的个人所得税税额。但扣除额不得超过该纳税义务人境外所得依照我国税法规定计算的应纳税额。

我国在计算扣除限额时的采用分国不分项的原则。纳税人在中国境外实际已经缴纳的个人所得税税额，低于计算出的扣除限额的，应当在中国缴纳差额部分的税款；超过扣除限额的，其超过部分不得在本纳税年度的应纳税额中扣除，但是可以在以后纳税年度的扣除限额的余额中补扣，补扣期限最长不得超过 5 年。

【例 7-12】 某纳税人（居民）在同一纳税年度从 A、B 两国取得应税收入。其中，在 A 国一公司任职，取得工资薪金收入 240 000 元（平均每月 20 000 元），因提供一项技术咨询服务取得劳务费 30 000 元，这两项收入在 A 国缴纳个人所得税 20 000 元；因在 B 国出版著作，获得稿酬收入 20 000 元，并在 B 国缴纳该项收入的个人所得税 2 000 元。要求计算该纳税人在我国应缴纳的个人所得税税额。

（1）A 国个人所得税的抵减

① 工资、薪金所得的应纳税额

综合所得应税所得额 = 240 000−60 000 = 180 000（元）

应纳税额 = 180 000 × 20%−16 920 = 19 080（元）

② 劳务报酬所得的应纳税额

30 000 ×（1−20%）× 30%−2 000 = 5 200（元）

A 国个人所得税抵免限额 = 19 080 + 5 200 = 24 280（元）

该纳税人在 A 国实际缴纳个人所得税 20 000 元，低于抵减限额 4 280 元，须在我国补缴个人所得税款 4 280 元。

（2）B 国个人所得税的抵减

稿酬所得的应纳税额 = 20 000 ×（1−20%）× 70% × 20% = 2 240（元）

该纳税人在 B 国实际缴纳了个人所得税 2 000 元，低于抵减限额，可以全额扣除，并需在中国补缴差额税款 240 元。

7.3 个人所得税的会计处理

7.3.1 企业代扣代缴个人所得税的会计处理

个人所得税实行源泉扣税，由向个人支付报酬的单位代扣代缴。企业作为个人所得税的扣缴义务人，代扣代缴的个人所得税通过“应交税费——应交代扣个人所得税”科目核算。企业支付所得并代扣个人所得税时，计入该账户的贷方，将代扣代缴的个人所得税交给税务机关时，计入该科目的借方。

扣缴义务人代扣代缴个人所得税时，应通过“应交税费——应交代扣个人所得税”账户的贷方核算，同时在“应付职工薪酬”“应付股利”“应付债券”“管理费用”等相关账户的借方反映。

（1）代扣工资薪金所得个人所得税的会计处理

单位在向职工支付工资、薪金时，按计算出的代扣所得税，借记“应付职工薪酬”账户，贷记“应交税费——应交代扣个人所得税”账户；实际缴纳税款时，借记“应交税费——应交代扣个人所得税”账户，贷记“银行存款”账户。

【例 7-13】 长江公司 3 月份共代扣工资薪金所得的个人所得税 5 000 元，编制相应的会计分录。

① 计算应代缴个人所得税时

借：应付职工薪酬　　5 000

　贷：应交税费——应交代扣个人所得税　　5 000

② 实际上缴时

借：应交税费——应交代扣个人所得税　　5 000

　贷：银行存款　　5 000

（2）代扣其他所得个人所得税的会计处理

企业代扣除工资薪金所得以外的其他所得的个人所得税时，根据个人所得项目的不同，代扣个人所得税应分别借记“应付债券”“应付股利”“其他应付款”“管理费用”等账户，贷记“应交税费——应交代扣个人所得税”账户。

【例 7-14】 长江公司聘请外部人员进行机器设备的修理，支付修理费 6 000 元，计算应代扣代缴个人所得税，并编制相应的会计分录。

应纳个人所得税 = 6 000 ×（1−20%）× 20% = 960（元）

① 支付劳务费并代扣个人所得税时

借：管理费用　6 000

　贷：应交税费——应交代扣个人所得税　960

　　库存现金　5 040

② 实际缴纳时

借：应交税费——应交代扣个人所得税　960

　贷：银行存款　960

7.3.2 经营所得个人所得税的会计处理

个体工商户、个人独资企业及合伙企业的投资者应缴纳的个人所得税，通过“应交税费——应交个人所得税”和“留存利润”账户核算。计算出应交个人所得税时，借记“留存利润”账户，贷记“应交税费——应交个人所得税”账户；实际上缴税款时，借记“应交税费——应交个人所得税”账户，贷记“银行存款”账户。

【例 7-15】 某个体工商户 2019 年全年经营收入为 50 万元，发生相关的生产经营成本、费用总额为 30 万元，计算其应纳个人所得税税额并编制相应的会计分录。

应纳税所得额 = 500 000－300 000 = 200 000（元）

应纳税额 = 200 000 × 20%－10 500 = 29 500（元）

① 计算应纳个人所得税时

借：留存利润　55 250

　贷：应交税费——应交个人所得税　55 250

② 实际缴纳税款时

借：应交税费——应交个人所得税　55 250

　贷：银行存款　55 250

7.4 个人所得税纳税申报

个人所得税纳税申报表包括：个人所得税基础信息表（A 表、B 表）、个人所得税扣缴申报表、个人所得税自行纳税申报表（A 表）、个人所得税年度自行纳税申报表、个人所得税经营所得纳税申报表（A 表、B 表、C 表）、合伙制创业投资企业单一投资基金核算方式备案表、单一投资基金核算的合伙制创业投资企业个人所得税扣缴申报表。

1. 个人所得税基础信息表

（1）个人所得税基础信息表（A 表）适用于扣缴义务人办理全员全额扣缴申报时，填报支付所得的自然人纳税人的基础信息。

（2）个人所得税基础信息表（B 表）适用于自然人直接向税务机关办理涉税事项时

填报其个人基础信息。

2. 个人所得税扣缴申报表

个人所得税扣缴申报表适用于扣缴义务人向居民个人或非居民个人支付各类应税所得扣缴个人所得税申报。居民个人取得工资、薪金所得，保险营销员、证券经纪人取得佣金收入，按照累计预扣法计算税款，填报当月和累计情况相应项目。居民个人取得上述规定以外的所得或非居民个人取得应税所得时，填报当月（次）情况相应项目。

3. 个人所得税自行纳税申报表（A 表）

个人所得税自行纳税申报表（A 表）适用于纳税人向税务机关按月或按次办理自行纳税申报，包括：居民个人取得综合所得以外的所得扣缴义务人未扣缴税款，非居民个人取得应税所得扣缴义务人未扣缴税款，非居民个人在中国境内从两处以上取得工资、薪金所得等。

纳税人取得利息、股息、红利所得，财产租赁所得，财产转让所得和偶然所得的，应当在取得所得的次年 6 月 30 日前，按相关规定向主管税务机关办理纳税申报，并报送个人所得税自行纳税申报表（A 表）。

非居民个人取得工资、薪金所得，劳务报酬所得，稿酬所得，特许权使用费所得的，应当在取得所得的次年 6 月 30 日前，向扣缴义务人所在地主管税务机关办理纳税申报，并报送个人所得税自行纳税申报表（A 表）。有两个以上扣缴义务人均未扣缴税款的，选择向其中一处扣缴义务人所在地主管税务机关办理纳税申报。非居民个人在次年 6 月 30 日前离境（临时离境除外）的，应当在离境前办理纳税申报。

4. 个人所得税年度自行纳税申报表

个人所得税年度自行纳税申报表适用于居民个人取得境内综合所得汇算清缴申报。需要办理汇算清缴的纳税人，应当在取得所得的次年 3 月 1 日至 6 月 30 日内，向任职、受雇单位所在地主管税务机关办理纳税申报，并报送个人所得税年度自行纳税申报表。

纳税人办理综合所得汇算清缴，应当准备与收入、专项扣除、专项附加扣除、依法确定的其他扣除、捐赠、享受税收优惠等相关的资料，并按规定留存备查或报送。

5. 个人所得税经营所得纳税申报表

（1）个人所得税经营所得纳税申报表（A 表）适用于个体工商户业主、个人独资企业投资者、合伙企业个人合伙人、承包承租经营者以及其他从事生产、经营活动的个人在中国境内取得经营所得，按查账征收办理预缴纳税申报，或者按核定征收办理纳税申报。合伙企业有两个或者两个以上个人合伙人的，应分别填报本表。纳税人取得经营所得，按年计算个人所得税，由纳税人在月度或季度终了后 15 日内，向经营管理所在地主管税务机关办理预缴纳税申报，并报送个人所得税经营所得纳税申报表（A 表）。

（2）个人所得税经营所得纳税申报表（B 表）适用于查账征收的个体工商户业主、个人独资企业投资者、合伙企业个人合伙人、承包承租经营者个人以及其他从事生产、经营活动的个人在中国境内取得经营所得的汇算清缴申报。在取得所得的次年 3 月 31 日前，向经营管理所在地主管税务机关办理汇算清缴，并报送个人所得税经营所得纳税申报表（B 表）。

（3）个人所得税经营所得纳税申报表（C 表）适用于个体工商户业主、个人独资企业投资者、合伙企业个人合伙人、承包承租经营者个人以及其他从事生产、经营活动的个人在中国境内两处及以上取得经营所得，办理个人所得税的年度汇总纳税申报。从两处以上取得经营所得的，选择向其中一处经营管理所在地主管税务机关办理年度汇总申报，并报送个人所得税经营所得纳税申报表（C 表）。

6. 合伙制创业投资企业单一投资基金核算方式备案表

合伙制创业投资企业单一投资基金核算方式备案表适用于创业投资企业（含创投基金，下同）选择按单一投资基金核算，按规定向主管税务机关进行核算类型备案，报送本表。

7. 单一投资基金核算的合伙制创业投资企业个人所得税扣缴申报表

单一投资基金核算的合伙制创业投资企业个人所得税扣缴申报表适用于选择按单一投资基金核算的创业投资企业按规定办理年度股权转让所得扣缴申报。

个人所得税基础信息表（A表、B表）

个人所得税扣缴申报表

个人所得税自行纳税申报表（A表）

个人所得税年度自行纳税申报表

个人所得税经营所得纳税申报表（A表）（B表）（C表）

合伙制创业投资企业单一投资基金核算方式备案表

本章小结

本章主要介绍了个人所得税的概念、纳税人、税目税率、征税范围、税收减免、应纳税额的计算、会计处理、纳税申报等内容。个人所得税实行综合与分类相结合的所得税制。重点掌握综合所得和分类所得的计税方法及其相应的会计处理。根据目前最新的个税税法、条例规定，诠释了新个人所得税法的主要内容，以便读者尽快更新个税相关知识。

拓展阅读7-6　中英文关键词语对照

思考题

1. 个人所得税实行分类征收的具体内容有哪些？

2. 居民个人与非居民个人的工资、薪金所得的应纳税额计算有哪些不同？

3. 采用累计预扣法预扣缴工资薪金所得的个人所得税对居民个人的经济利益有何影响？

第7章　即测即练选择题

第7章　即测即练计算题

案例讨论　“对等交换”偷税案

第8章

其他税种会计

本章学习目标：

通过本章学习，学员应该能够：

1. 熟悉城市维护建设税、土地增值税、资源税、房产税、城镇土地使用税、耕地占用税、印花税、契税、车船税、车辆购置税的税制要素；
2. 掌握小税种的基本内容；
3. 掌握小税种计算与会计处理。

案例导入与问题提出：

某房地产开发公司 2016 年 3 月注册登记成立，主要经营项目为转让土地使用权，公司启用记载资金的营业账簿时按实收资本和资本公积合计数 1 000 万元缴纳印花税 5 000 元，并取得了税务机关开具的完税证。公司于 2017 年 2 月 8 日又向地税部门申报缴纳了以“实收资本”和“资本公积”两个账户的合计金额为计税基础计算的印花税 5 000 元，全年签订转让土地使用权合同 115 份，分次按转让土地使用权的合同金额缴纳了万分之五的印花税共计 10 240 元，税务征收部门开具了完税凭证。

某县地税局稽查局在检查该公司 2017 年度的纳税情况时，发现其 2017 年度实收资本和资本公积没有新增加金额。经稽查人员的税收政策辅导，公司财务人员对印花税政策有了较为全面的掌握和了解，公司发现多缴了印花税，要求税务部门退还多缴的印花税，并强调公司多缴印花税是误以为记载资金的营业账簿按年缴纳印花税，也因对印花税税收政策把握不准而按转让土地使用权的合同金额缴纳了印花税。

请回答：1. 该公司多缴了多少印花税？

2. 其多缴印花税的原因是什么？

3. 税务局能将多交的印花税退还给该公司吗？

8.1 城市维护建设税及教育费附加会计

8.1.1 城市维护建设税

1. 城市维护建设税概述

1）城市维护建设税含义

城市维护建设税简称“城建税”。是指国家对缴纳增值税、消费税（以下简称“二税”）

的单位和个人就其实际缴纳的“二税”税额为计税依据而征收的一种税。它是一种附加税，没有独立的征税对象，该税的征收目的主要是为了加强城市的维护建设，扩大和稳定城市维护建设资金的来源。现行城建税的基本规范是 1985 年 2 月 8 日国务院发布，2011 年 1 月 8 日修订的《中华人民共和国城市维护建设税暂行条例》。

2）城市维护建设税的纳税人

城建税的纳税人是指缴纳“二税”的单位和个人。包括国有企业、集体企业、私营企业、股份制企业、其他企业和行政单位、事业单位、军事单位、社会团体、其他单位，以及个体户及其他个人。自 2010 年 12 月 1 日起，对外商投资企业、外国企业及外籍个人（以下简称外资企业）征收城市维护建设税。对外资企业 2010 年 12 月 1 日（含该日）之后发生纳税义务的“二税”征收城市维护建设税；对外资企业 2010 年 12 月 1 日之前发生纳税义务的“二税”，不征收城市维护建设税。

3）城市维护建设税的纳税范围

城建税的纳税范围包括城市、县城、建制镇、农村。即只要缴纳增值税、消费税这“二税”的地方，一般都属于城建税的征收范围。

4）城市维护建设税税率

城建税实行地区差别比例税率，按照纳税人所在地不同，设置了如下三档税率，而且一般都是按照纳税人所在地的规定税率执行。

（1）纳税人所在地为城市市区的，税率为 7%；

（2）纳税人所在地为县城、镇的，税率为 5%；

（3）纳税人所在地不在城市市区、县城或者镇的，税率为 1%。

但在下列特殊情况下，可按缴纳“二税”所在地的规定税率计算缴纳城市维护建设税。

（1）由受托方代征代扣“二税”的单位和个人，其代扣代缴、代收代缴的城建税按受托方所在地适用税率执行；

（2）流动经营等无固定纳税地点的单位和个人，在经营地缴纳“二税”的，其城建税的缴纳按经营地适用税率执行。

5）城市维护建设税的减免

城建税不单独减免，其具体规定与“二税”的减免相关，即随着“二税”的减免而减免。

2. 城市维护建设税的计算

1）计税依据

城建税以纳税人实际缴纳的“二税”的税额为计税依据。纳税人违反“二税”有关规定而加收的滞纳金和罚款，不作为城建税的计税依据，但是纳税人在被查补“二税”和被处以罚款时，应同时对其偷漏的城建税进行补税和罚款。对出口产品，退还增值税、消费税的，不退还已缴纳的城建税。海关对进口产品代征增值税、消费税的，不征收城建税。

2）应纳税额计算

城建税是附加在“二税”上的，其计算公式为：

应纳税额 =（实际缴纳增值税 + 实际缴纳消费税）× 适用税率

3. 城市维护建设税的会计处理

企业计算应缴纳的城建税借记“税金及附加”账户，贷记“应交税费——应交城市维护建设税”账户；实际缴纳时借记“应交税费——应交城市维护建设税”账户，贷记“银行存款”等账户。

【例 8-1】 某企业地处城市市区，9 月实际缴纳增值税 100 000 元、消费税 80 000 元。计算该企业本月应缴纳的城市维护建设税，并进行相关的会计处理。

应纳城市维护建设税税额 =（100 000 + 80 000）× 7% = 12 600（元）

① 计提城建税时

借：税金及附加　　12 600

　贷：应交税费——应交城市维护建设税　　12 600

② 实际缴纳时

借：应交税费——应交城市维护建设税　　12 600

　贷：银行存款　　12 600

4. 城市维护建设税的纳税申报

1）纳税义务发生时间

城建税纳税义务发生时间与“二税”的纳税义务发生时间相同。

2）纳税期限

城建税的纳税期限原则上与“二税”的纳税期限一致。

3）纳税地点

纳税人缴纳“二税”的地点就是缴纳城建税的地点。但下列情况除外：

（1）代征代扣“二税”的单位和个人，其城建税的纳税地点在代征代扣地。

（2）对管道局输油部门的收入，由取得收入的各管道局于所在地缴纳增值税。因此，其应纳城建税，也应由取得收入的各管道局于所在地缴纳增值税时一并缴纳。

（3）对流动经营等无固定纳税地点的单位和个人，应随同“二税”在经营地按适用税率缴纳。

（4）跨省开采的油田，下属生产单位与核算单位不在一个省内的，其生产的原油在油井所在地缴纳增值税，其应纳税款由核算单位按照各油井产量和规定税率，计算汇拨各油井缴纳。所以，各油井应纳的城建税，应由核算单位计算，随同增值税一并汇拨油井所在地，由油井在缴纳增值税的同时，一并缴纳城建税。

8.1.2 教育费附加

1. 教育费附加概述

1）教育费附加的含义

教育费附加是国家对缴纳增值税、消费税的单位和个人，就其实际缴纳的“二税”税额为计税依据而征收的一种附加费。

教育费附加和城建税一样，都是附加税，没有独立的征税对象，其主要为了加快地方教育事业发展，扩大地方教育经费的资金来源。现行的教育费附加的基本规范是2011年第三次修订的《征收教育费附加的暂行规定》。

2）教育费附加的征收范围

教育费附加的征收范围是对凡是缴纳“二税”义务的单位和个人。自2010年12月1日起，对外商投资企业、外国企业及外籍个人征收教育费附加，即对外资企业2010年12月1日（含）之后发生纳税义务的“二税”征收教育费附加。

3）教育费附加的计征比率

现行的教育费附加的征收比率为“二税”税额的3%，但是对生产卷烟和烟叶的单位减半征收教育费附加。

拓展阅读8-1 教育费附加计征比率历史变化

4）教育费附加的减免

（1）对海关进口的产品征收的增值税、消费税，不征收教育费附加。

（2）对由于减免增值税、消费税和营业税而发生退税的，可同时退还已征收的教育费附加。但对出口产品退还增值税、消费税的，不退还已征的教育费附加。

（3）对国家重大水利工程建设基金免征教育费附加。

拓展阅读8-2 应纳城市维护建设税和教育费附加举例

2. 教育费附加的计算

1）教育费附加计算依据

教育费附加按纳税人实际缴纳“二税”的税额为计算依据。

2）教育费附加的计算公式

应纳教育费附加 =（实际缴纳增值税税额 + 实际缴纳消费税税额）× 征收比率

3. 教育费附加的会计处理

企业计算的教育费附加按其“二税”的业务性质不同，借记“税金及附加”“固定资产清理”等账户，贷记“应交税费——应交教育费附加”账户。实际缴纳时，借记“应交税费——应交教育费附加”账户，贷记“银行存款”等账户。

【例8-2】 某公司10月份主营业务实际缴纳增值税270 000元，消费税120 000元。要求计算该公司应缴纳的教育费附加，并进行相关的会计处理。

应纳的教育费附加 =（270 000 + 120 000）× 3% = 11 700（元）

① 计提时

	借方	贷方
借：税金及附加	11 700	
贷：应交税费——应交教育费附加		11 700

② 实际缴纳时

	借方	贷方
借：应交税费——应交教育费附加	11 700	
贷：银行存款		11 700

4. 教育费附加的纳税申报

其纳税地点、期限等与“二税”相同。

8.2　土地增值税会计

8.2.1　土地增值税概述

1. 土地增值税含义

土地增值税是对在我国境内转让国有土地使用权、地上的建筑物及其附着物并取得收入的单位和个人，就其转让房地产所取得的增值额征收的一种税。“国有土地”是指按国家法律规定属于国家所有的土地；“地上的建筑物”是指建于土地上的一切建筑物，包括地上地下的各种附属设施；“附着物”是指附着于土地上的不能移动，一经移动即遭损坏的物品，如种植物、养殖物等。

土地增值税是一种收益税，是 1994 年税制改革中新开征的一个税种，其目的是为了规范土地、房地产市场交易秩序，合理调节土地增值收益，维护国家的权益。现行土地增值税的基本规范是 1993 年 12 月 13 日国务院颁布的《中华人民共和国土地增值税暂行条例》。本条例自 1994 年 1 月 1 日起施行。《中华人民共和国土地增值税暂行条例实施细则》（财政部　国家税务总局第 50 号令）自 2009 年 1 月 1 日起施行，2011 年 1 月 8 日国务院修订了《中华人民共和国土地增值税暂行条例》。

2. 土地增值税的纳税人

凡在我国境内转让国有土地使用权、地上的建筑物及其附着物并取得收入的单位和个人，为土地增值税的纳税人。其中，单位是指各类企业单位、事业单位、国家机关和社会团体及其他组织，个人包括个体经营者，收入包括转让房地产的全部价款及有关的经济收益。

3. 土地增值税的征税范围

1）基本征税范围包括：

（1）转让国有土地使用权。

（2）地上的建筑物及其附着物连同国有土地使用权一并转让。

2）土地增值税征税范围具有以下三个判定标准

（1）转让的土地使用权是否是国家所有。转让的土地使用权只能是国有土地使用权，不包括集体土地及耕地。

（2）土地使用权、地上建筑物及其附着物是否发生产权转让。国有土地使用权只有发生产权转让才属于土地增值税征税范畴。

地上建筑物，是指建于土地上的一切建筑物，包括地上地下的各种附属设施，如厂房、仓库、商店、医院、住宅、地下室、围墙、烟囱、电梯、中央空调、管道等。

附着物，是指附着于土地上的不能移动，一经移动即遭损坏的物品。如种植物、养殖物及其他物品。

（3）转让房地产是否取得收入。只有取得转让收入才属于土地增值税征税范畴。

拓展阅读8-3　土地增值税征税范围总结

这里的收入包括转让房地产的全部价款及有关的经济收益，包括货币收入、实物收入或其他形式收入；同时，纳税人转让国有土地使用权、地上的建筑物及其附着物，必须是有偿转让房地产的行为，不包括以继承、赠与方式无偿转让房地产的行为。

4. 土地增值税的税率

土地增值税实行四级超率累进税率。即以纳税对象的增值率为累进依据，按超率累进方式计算应纳税额的税率。税率表见表 8-1。

表 8-1　土地增值税税率表

级　数	增值额与扣除项目金额的比率（增值率）	税率 /%	速算扣除系数 /%
1	不超过 50%（含）的部分	30	0
2	超过 50% 至 100%（含）的部分	40	5
3	超过 100% 至 200%（含）的部分	50	15
4	超过 200% 的部分	60	35

上表的详细解读内容为：

（1）增值额未超过扣除项目金额 50% 的部分，税率为 30%。

（2）增值额超过扣除项目金额 50%、未超过扣除项目金额 100% 的部分，税率为 40%。

（3）增值额超过扣除项目金额 100%、未超过扣除项目金额 200% 的部分，税率为 50%。

（4）增值额超过扣除项目金额 200% 的部分，税率为 60%。

5. 土地增值税的减免

（1）纳税人建造普通标准住宅出售，增值额未超过扣除项目金额 20% 的，免征土地增值税。

拓展阅读8-4　普通标准住宅是什么样的？

（2）因国家建设需要依法征用、收回的房地产，免征土地增值税。

（3）因城市实施规划、国家建设的需要而搬迁，由纳税人自行转让原房地产的，免征土地增值税。

（4）个人因工作调动或改善居住条件而转让原自用住房，经向税务机关申报核准，凡居住满五年或五年以上的，免予征收土地增值税；居住满三年未满五年的，减半征收土地增值税；居住未满三年的，按规定计征土地增值税。

（5）为支持廉租住房、经济适用住房建设，自 2007 年 8 月 1 日起，企事业单位、社会团体及其他组织转让旧房作为廉租住房、经济适用住房房源且增值额未超过扣除项目金额 20% 的，免征土地增值税。

（6）自 1999 年 8 月 1 日起，对居民个人拥有的普通住宅，在其转让时暂免征土地增值税。从 2008 年 11 月 1 日起，对个人销售住房暂免征收土地增值税。

（7）对个人之间互换自由居住用房地产的，经当地税务机关核实，可以免征土地增值税。

8.2.2　土地增值税的计算

1. 土地增值税的计税依据

土地增值税以纳税人转让房地产所取得的增值额为计税依据。增值额的确定采用扣除法或余额法，即纳税人转让房地产所取得的收入减除规定扣除项目金额后的余额为增值额。用公式表示为：

土地增值额 = 转让房地产所取得的收入 − 规定扣除项目金额

1）转让收入的确定

纳税人转让房地产取得的收入是指转让房地产的全部价款及有关的经济收益，包括货币收入、实物收入和其他收入。

2）扣除项目金额的确定

（1）取得土地使用权所支付的金额。是指纳税人为取得土地使用权所支付的地价款和按国家统一规定缴纳的有关费用和税金。

（2）房地产开发成本。房地产开发成本是指纳税人房地产开发项目实际发生的成本，包括土地征用及拆迁补偿费、前期工程费、建筑安装工程费、基础设施费、公共配套设施费、开发间接费用。

① 土地征用及拆迁补偿费包括土地征用费、耕地占用税、劳动力安置费及有关地上、地下附着物拆迁补偿的净支出、安置动迁用房支出等。

② 前期工程费包括规划、设计、项目可行性研究和水文、地质、勘察、测绘、“三通一平”等支出。

③ 建筑安装工程费是指以出包方式支付给承包单位的建筑安装工程费，以自营方式发生的建筑安装工程费。

④ 基础设施费包括开发小区内道路、供水、供电、供气、排污、排洪、通信、照明、环卫、绿化等工程发生的支出。

⑤ 公共配套设施费包括不能有偿转让的开发小区内公共配套设施发生的支出。

⑥ 开发间接费用是指直接组织、管理开发项目发生的费用，包括工资、职工福利费、折旧费、修理费、办公费、水电费、劳动保护费、周转房摊销等。

（3）房地产开发费用。房地产开发费用是指与房地产开发项目有关的销售费用、管理费用、财务费用。其中对财务费用中的数额较大利息支出的扣除作了如下较为详细的规定：

① 凡能够按转让房地产项目计算分摊并提供金融机构证明的，允许据实扣除，但最高不能超过按商业银行同类同期贷款利率计算的金额。其他房地产开发费用，按上述（1）（2）项规定计算的金额之和的5%以内予以扣除，即

允许扣除的房地产开发费用 = 利息 +（取得土地使用权所支付的金额 + 房地产开发成本）× 5% 以内

② 凡不能按转让房地产项目计算分摊利息支出或不能提供金融机构证明的，房地产开发费用按上述（1）（2）项规定计算的金额之和的10%以内计算扣除，即

允许扣除的房地产开发费用 =（取得土地使用权所支付的金额 + 房地产开发成本）× 10% 以内

值得注意的是，计算扣除的具体比例由各省、自治区、直辖市人民政府规定。

另外，财政部、国家税务总局还对扣除项目金额中利息支出的计算问题做了两点专门规定：

① 利息的上浮幅度按国家的有关规定执行，超过上浮幅度的部分不允许扣除；

② 对于超过贷款期限的利息部分和加罚的利息不允许扣除。

（4）与转让房地产有关的税金。指在转让房地产时缴纳的增值税、城市维护建设税、印花税。因转让房地产缴纳的教育费附加也可视同税金予以扣除。房地产开发企业按照有关规定，其转让房地产缴纳的印花税因列入管理费用中，故在此不允许单独再扣除。其他纳税人缴纳的印花税（按产权转移数据所载金额的0.5‰贴花）允许在此扣除。

（5）旧房及建筑物的评估价格。评估价格是指在转让已使用的房屋及建筑物时，由政府批准设立的房地产评估机构评定的重置成本价乘以成新度折扣率的价格。评估价格须经税务机关确认。其扣除项目包括转让房地产的评估价格和转让中支付的相关税金。

（6）财政部规定的其他扣除项目。指对从事房地产开发的纳税人可按上述（1）（2）项规定计算的金额之和，加计20%的扣除。此条优惠只适用从事房地产开发的纳税人，其他纳税人均不适用。另外，即使是从事房地产开发的纳税人，如果取得土地使用权后未进行任何开发与投入就将土地使用权转让，也不允许扣除20%的加计费用。

拓展阅读8-5　征税中需要进行房地产评估的情况

2. 土地增值税的计算

土地增值税按照纳税人转让房地产所取得的增值额和规定的税率计算征收。公式表示为：

应纳土地增值税 = 增值额 × 税率

土地增值税应纳税额有两种计算方法：

（1）分步计算法。是指按照每一级距的土地增值额乘以该级距相应的税率，分别计算各级土地增值税税额，然后将其相加汇总，计算应纳税额。其计算公式为：

应纳税额 = $\sum$（每级距的土地增值税 × 适用税率）

这种计算方法要分段计算、汇总合计，比较烦琐，因此，在实际工作中，一般很少采用，多采用速算扣除法来计算。

（2）速算扣除法。是按照增值额乘以适用的税率，减去扣除项目金额乘以速算扣除系数的简便方法计算应纳税额。计算步骤为：

① 计算应税收入、扣除项目金额和增值额。

② 计算增值额占扣除项目金额的比率，确定适用税率和速算扣除系数数。

③ 计算应纳土地增值税税额。

应纳税额 = 土地增值额 × 适用税率 − 扣除项目金额 × 速算扣除系数

【例 8-3】 某企业转让房地产所取得的收入为 2 000 000 元，其扣除项目金额为 500 000 元，计算该企业应纳的土地增值税税额。

采用分步计算法计算如下：

① 计算增值额 = 2 000 000−500 000 = 1 500 000（元）

② 计算增值比例 = 1 500 000 ÷ 500 000 × 100% = 300%

增值额占扣除项目金额 300%，分别适用 30%、40%、50%、60% 四档税率。

③ 计算各级次土地增值税税额

增值税未超过扣除项目金额 50% 的部分，适用 30% 的税率。

该部分增值额 = 500 000 × 50% = 250 000（元）

该部分增值额应纳的土地增值税税额 = 250 000 × 30% = 75 000（元）

增值额超过扣除项目金额 50%、未超过扣除项目金额 100% 的部分，适用 40% 的税率。

该部分增值额 = 500 000 ×（100%−50%）= 250 000（元）

该部分增值额应纳的土地增值税税额 = 250 000 × 40% = 100 000（元）

增值额超过扣除项目金额 100%、未超过扣除项目金额 200% 的部分，适用 50% 的税率。

该部分增值额 = 500 000 ×（200%−100%）= 500 000（元）

该部分增值额应纳的土地增值税税额 = 500 000 × 50% = 250 000（元）

增值额超过扣除项目金额 200% 以上部分的适用 60% 的税率。

该部分增值额 = 500 000 ×（300%−200%）= 500 000（元）

该部分增值额应纳的土地增值税税额 = 500 000 × 60% = 300 000（元）

④将各级税额相加得到土地增值税应纳总税额。

应纳土地增值税税额 = 75 000 + 100 000 + 250 000 + 300 000 = 725 000（元）

采用速算扣除法计算如下：

① 计算增值额 = 2 000 000−500 000 = 1 500 000（元）

② 计算增值比例 = 1 500 000 ÷ 500 000 × 100% = 300%

增值比例 300% > 200%，适用税率为 60%，速算扣除系数为 35%。

③ 计算土地增值税税额为：

应纳土地增值税税额 = 1 500 000 × 60%−500 000 × 35% = 725 000（元）

8.2.3 土地增值税的会计处理

企业应缴纳的土地增值税通过“应交税费——应交土地增值税”明细账户进行核算。

1. 主营房地产业务企业土地增值税的会计处理

房地产企业是指主要经营房地产买卖业务的企业。在计提土地增值税时，借记“税金及附加”科目，贷记“应交税费——应交土地增值税”科目。

2. 非主营房地产业务企业土地增值税的会计处理

（1）兼营房地产业务的企业，应由营业收入负担的土地增值税，借记“其他业务成本”科目，贷记“应交税费——应交土地增值税”科目。实际缴纳税款，借记“应交税费——应交土地增值税”科目，贷记“银行存款”等科目。

（2）非房地产开发企业转让土地使用权有以下三种情况。

① 企业转让国有土地使用权连同地上已完工交付使用的建筑物及其附着物时，在“固定资产”“固定资产清理”等有关科目中反映。转让时借记“固定资产清理”“累计折旧”等科目；贷记“固定资产”科目。取得转让收入时借记“银行存款”科目，贷记“固定资产清理”科目。计算土地增值税时借记“固定资产清理”科目，贷记“应交税费——应交土地增值税”科目。实际上交税金时借记“应交税费——应交土地增值税”科目，贷记“银行存款”科目。

② 企业转让国有土地使用权连同地上未竣工的建筑物及其附着物，计算应交土地增值税时，借记“在建工程”科目，贷记“应交税费——应交土地增值税”科目。

③ 企业转让以行政划拨方式取得的土地使用权或者连同地上建筑物及其附着物，计算应交土地增值税时，借记“其他业务成本”“固定资产清理”等科目贷记“应交税费——应交土地增值税”科目。

【例 8-4】 某非房地产开发企业于 2018 年 12 月转让其于 2013 年 1 月购入一处房产，取得的含税收入为 50 000 000 元，取得房产时的原值为 18 000 000 元，已提累计折旧 3 000 000 元，经房产评估机构评定的重置成本为 25 000 000 元，该楼房为七成新。假设该企业选择简易计税方法计算该笔业务的增值税，不考虑相关税费，请做出相应的会计处理。

解析：评价价格 = 25 000 000 × 70% = 17 500 000（元）

增值额 = 50 000 000 ÷ 1.05 − 17 500 000 = 30 119 047（元）

增值率 = 30 119 047 ÷ 17 500 000 × 100% ≈ 172.11%

应纳土地增值税税额 = 30 119 047 × 50% − 17 500 000 × 15% = 12 434 523.5（元）

应纳增值税额 = [（50 000 000 − 18 000 000）÷（1 + 5%）] × 5% = 1 523 809（元）

会计处理如下

① 将固定资产净值转入清理

借：固定资产清理		15 000 000
累计折旧		3 000 000

贷：固定资产 18 000 000

② 收到转让房地产收入时

借：银行存款 50 000 000

贷：固定资产清理 50 000 000

借：固定资产清理 1 523 809

贷：应交税费——应交增值税（销项税额） 1 523 809

③ 计算应缴纳的土地增值税

借：固定资产清理 12 434 523.5

贷：应交税费——应交土地增值税 12 434 523.5

④ 实际缴纳土地增值税

借：应交税费——应交土地增值税 12 434 523.5

贷：银行存款 12 434 523.5

⑤ 结转固定资产出售净收益

借：固定资产清理 21 041 667.5

贷：营业外收入 21 041 667.5

8.2.4 土地增值税的纳税申报

1. 纳税期限

纳税人应该在转让房地产合同签订后 7 日内，到房地产所在地主管税务机关办理土地增值税纳税申报。

2. 纳税地点

纳税人应向房地产所在地主管税务机关办理纳税申报，并在税务机关核定的期限内缴纳土地增值税。

8.3 资源税会计

8.3.1 资源税概述

1. 资源税含义

资源税是对在我国境内开采应税矿产品和生产盐的单位和个人课征的一种税，属于对自然资源占用课税的范畴。现行的资源税主要法律依据是国务院于 1993 年 12 月颁布实施的《中华人民共和国资源税暂行条例》和财政部于同年制定的《中华人民共和国资源税暂行条例实施细则》。《国务院关于修改〈中华人民共和国资源税暂行条例〉的决定》于 2011 年 9 月 21 日国务院第 173 次常务会议通过，自 2011 年 11 月 1 日起施行。2016 年 5 月 9 日，财政部国家税务总局发布《关于全面推进资源税改革的通知》（财税

〔2016〕53号），决定我国自2016年7月1日起全面推进资源税改革，全面实行矿产资源税从价计征。自2017年12月1日起，北京、天津、山西、内蒙古、河南、山东、四川、陕西、宁夏9个省（自治区、直辖市）纳入水资源税改革试点，由征收水资源费改为征收水资源税。直接取用地表水、地下水的单位和个人，包括直接从江河、湖泊（含水库）和地下取用水资源的单位和个人为水资源税的纳税人。《中华人民共和国资源税法》已由第十三届全国人民代表大会常务委员会第十二次会议于2019年8月26日通过，并予以公布，自2020年9月1日起施行。

拓展阅读8-6　资源税改革核心内容有哪些?

2. 资源税的纳税人和扣缴义务人

（1）纳税人

资源税的纳税人是指在中华人民共和国领域和中华人民共和国管辖的其他海域开发应税资源的单位和个人。其中，单位是指国有企业、集体企业、私营企业、股份制企业、外商投资企业、外国企业和行政事业单位、军事单位、社会团体及其他单位。个人是指个体经营者和其他个人。

中外合作开采陆上、海上石油资源的企业也依法缴纳资源税。

纳税人开采或者生产应税产品自用的，应当依照本法规定缴纳资源税；但是，自用于连续生产应税产品的，不缴纳资源税。

（2）扣缴义务人

独立矿山、联合企业以及其他单位为资源税代扣代缴义务人。其中“独立矿山”是指只有采矿或只有采矿和选矿的独立核算、自负盈亏的单位，其生产的原矿和精矿主要用于对外销售。“联合企业”是指采矿、选矿、冶炼（或者加工）连续生产的企业或采矿、冶炼（或加工）连续生产的企业，其采矿单位一般是该企业的二级或三级以下核算单位。

资源税代扣代缴的适用范围应限定在除原油、天然气、煤炭以外的，税源小、零散、不定期开采等难以在采矿地申报缴纳资源税的矿产品。对已纳入开采地正常税务管理或者在销售矿产品时开具增值税发票的纳税人，不采用代扣代缴的征管方式。扣缴义务人代扣代缴税款，其纳税义务发生时间为支付首笔货款或首次开具支付货款凭据的当天。扣缴义务人代扣代缴的资源税，应当向收购地主管税务机关缴纳。

3. 资源税的税目和税率

1）资源税税目

资源税法将资源税税目分为5大类，在5类税目下面又设有若干个子目。应税产品为矿产品的，包括原矿和选矿产品。具体包括：

（1）能源矿产，指开采的天然原油、天然气、页岩气、天然气水合物和煤。

（2）金属矿产，包含铁矿、金矿、铜矿、铝土矿、铅锌矿、镍矿、锡矿、钨、钼、稀土及其他金属矿产品原矿或选矿。

（3）非金属矿产，包含石墨、硅藻土、高岭土、石灰石、萤石、硫铁矿、磷矿、水晶、工业用金刚石、大理岩、花岗岩、宝石及其他非金属矿产品。

（4）水气矿产，包括二氧化碳气、硫化氢气、氦气、氡气及矿泉水。

（5）盐，钠盐、钾盐、镁盐、锂盐及天然卤水。

2）资源税税率

现行资源税的税目税率表中一一列示了各税目及其相应的税率（见表8-2）。资源税采取从价定率或者从量定额的办法计征，分别以应税产品的销售额乘以纳税人具体适用的比例税率或者以应税产品的数量乘以纳税人具体适用的定额税率计算，各省级人民政府可在税率幅度内提出或确定本地区资源税适用税率。

表8-2　资源税税目税率表

税目		征税对象	税率幅度
能源矿产	原油	原矿	6%
	天然气、页岩气、天然气水合物	原矿	6%
	煤	原矿或选矿	2%~10%
金属矿产	铁、锰、铬、钒、钛	原矿或选矿	1%~9%
	铜、铅、锌、锡、镍、锑、镁、钴、铋、汞	原矿或选矿	2%~10%
	铝土矿	原矿或选矿	2%~9%
	钨	选矿	6.5%
	钼	选矿	8%
	金、银	原矿或选矿	2%~6%
	铂、钯、钌、锇、铱、铑	原矿或选矿	5%~10%
	轻稀土	选矿	7%-12%
	中重稀土	选矿	20%
	铍、锂、锆、锶、铷、铯、铌、钽、锗、镓、铟、铊、铪、铼、镉、硒、碲	原矿或选矿	2%~10%
非金属矿产	高岭土	原矿或选矿	1%~6%
	石灰岩	原矿或选矿	1%~6%或每吨（或每立方米）1~10元
	磷	原矿或选矿	3%~8%
	石墨	原矿或选矿	3%~12%
	萤石、硫铁矿、自然硫	原矿或选矿	1%~8%
	天然石英砂、脉石英、粉石英、水晶、工业用金刚石、冰洲石、蓝晶石、硅线石（矽线石）、长石、滑石、刚玉、菱镁矿、颜料矿物、天然碱、芒硝、钠硝石、明矾石、砷、硼、碘、溴、膨润土、硅藻土、陶瓷土、耐火粘土、铁钒土、凹凸棒石粘土、海泡石粘土、伊利石粘土、累托石粘土	原矿或选矿	1%~12%
	叶蜡石、硅灰石、透辉石、珍珠岩、云母、沸石、重晶石、毒重石、方解石、蛭石、透闪石、工业用电气石、白垩、石棉、蓝石棉、红柱石、石榴子石、石膏	原矿或选矿	2%~12%

续表

税　目		征税对象	税率幅度
——	其他粘土	原矿或选矿	1%~5% 或者每吨（或者每立方米）0.1~5 元
非金属矿产	大理岩、花岗岩、白云岩、石英岩、砂岩、辉绿岩、安山岩、闪长岩、板岩、玄武岩、片麻岩、角闪岩、页岩、浮石、凝灰岩、黑曜岩、霞石正长岩、蛇纹岩、麦饭石、泥灰岩、含钾岩石、含钾砂页岩、天然油石、橄榄岩、松脂岩、粗面岩、辉长岩、辉石岩、正长岩、火山灰、火山渣、泥炭	原矿或选矿	1%~10%
	砂石	原矿或选矿	1%~5% 或者每吨（或者每立方米）0.1~5 元
	宝石、玉石、宝石级金刚石、玛瑙、黄玉、碧玺	原矿或选矿	4%~20%
水气矿产	二氧化碳气、硫化氢气、氦气、氡气	原矿	2%~5%
	矿泉水	原矿	1%~20% 或者每立方米 1~30 元
盐	钠盐、钾盐、镁盐、锂盐	原矿	3%~15%
	天然卤水	原矿	3%~15% 或者每吨（或者每立方米）1~10 元

注意，纳税人开采或者生产不同税目应税产品的，应当分别核算不同税目应税产品的销售额或者销售数量；未分别核算或者不能准确提供不同税目应税产品的销售额或者销售数量的，从高适用税率。

4. 资源税的减免

根据资源税法，资源税的减免有以下具体规定：

1）有下列情形之一的，免征资源税：

（1）开采原油以及在油田范围内运输原油过程中用于加热的原油、天然气；

（2）煤炭开采企业因安全生产需要抽采的煤成（层）气。

2）有下列情形之一的，减征资源税：

（1）从低丰度油气田开采的原油、天然气，减征 20% 资源税；

（2）高含硫天然气、三次采油和从深水油气田开采的原油、天然气，减征 30% 资源税；

（3）稠油、高凝油减征 40% 资源税；

（4）从衰竭期矿山开采的矿产品，减征 30% 资源税。

另外，根据国民经济和社会发展需要，国务院对有利于促进资源节约集约利用、保护环境等情形可以规定免征或者减征资源税，报全国人民代表大会常务委员会备案。

3)纳税人有下列情形之一的，省、自治区、直辖市可以对其决定免征或者减征资源税：

（1）纳税人在开采或者生产应税产品过程中，因意外事故或者自然灾害等原因遭受重大损失；

（2）纳税人开采共伴生矿、低品位矿、尾矿。

注意，上述规定的免征或者减征资源税的具体办法，由省、自治区、直辖市人民政府提出，报同级人民代表大会常务委员会决定，并报全国人民代表大会常务委员会和国务院备案。纳税人的减税、免税项目，应当单独核算纳税数量，未单独核算或者不能准确提供课税数量的，不予减税或免税。

拓展阅读8-7　什么情形下不缴纳水资源税？

8.3.2　资源税的计算

1. 资源税的计税依据

1）从价定率征收的计税依据

从价定率征收的计税依据为销售额。该销售额是指纳税人销售应税产品向购买方收取的全部价款和价外费用，不包括增值税销项税额和运杂费用。

运杂费用是指应税产品从坑口或洗选（加工）地到车站、码头或购买方指定地点的运输费用、建设基金以及随运销产生的装卸、仓储、港杂费用。运杂费用应与销售额分别核算，凡未取得相应凭据或不能与销售额分别核算的，应当一并计征资源税。

2）从量定额征收的计税依据

实行从量定额征收的以销售数量为计税依据。销售数量的具体规定为：

（1）销售数量，包括纳税人开采或生产应税产品的实际销售数量和视同销售的自用数量。

（2）纳税人不能准确提供应税产品销售数量的，以应税产品的产量或者主管税务机关确定的折算比换算成的数量为计征资源税的销售数量。

2. 关于原矿销售额与精矿销售额的换算或折算

为公平原矿与精矿之间的税负，对同一种应税产品，征税对象为精矿的，纳税人销售原矿时，应将原矿销售额换算为精矿销售额缴纳资源税；征税对象为原矿的，纳税人销售自采原矿加工的精矿，应将精矿销售额折算为原矿销售额缴纳资源税。换算比或折算率原则上应通过原矿售价、精矿售价和选矿比计算，也可通过原矿销售额、加工环节平均成本和利润计算。

金矿以标准金锭为征税对象，纳税人销售金原矿、金精矿的，应比照上述规定将其销售额换算为金锭销售额缴纳资源税。

换算比或折算率应按简便可行、公平合理的原则，由省级财税部门确定，并报财政部、国家税务总局备案。

3. 资源税应纳税额的计算

1）从价定率应纳税额的计算

实行从价定率征收的，根据应税产品的销售额和规定的适用税率计算应纳税额，具体计算公式为：

$$应纳税额=销售额\times适用税率$$

【例 8-5】某油田 5 月销售原油 22 000 吨，开具增值税专用发票取得销售额 10 000 万元，增值税税额 1600 万元，按《资源税税目税率幅度表》的规定，其适用的税率为 8%。则计算该油田 5 月应缴纳的资源税如下。

应纳税额 = 10 000 × 8% = 800（万元）

【例 8-6】某煤矿 5 月份生产原煤焦煤 18 万吨，其中，对外销售焦煤 8 万吨，不含增值税售价 700 元 / 吨。该矿还用自产原煤加工洗煤，本月销售洗小块 8 万吨，不含税售价 1 000 元 / 吨，本月销售洗大块 4 万吨，不含税售价 1 250 元 / 吨。洗煤的折算率为 70%，当地政府规定煤炭资源税税率为 5%。则计算该月份该煤矿应纳资源税如下。

应税销售额 = 8 × 700 +（8 × 1 000 + 4 × 1 250）× 70% = 14 700（万元）

应纳税额 = 14 700 × 5% = 735（万元）

2）从量定额应纳税额的计算

实行从量定额征收的，根据应税产品的课税数量和规定的单位税额计算应纳税额，具体计算公式为：

应纳税额 = 课税数量 × 单位税额

代扣代缴应纳税额 = 收购未税矿产品的数量 × 适用的单位税额

【例 8-7】某砂石开采企业 6 月销售砂石 4 000m³，资源税税率为 1.5 元 /m³。则计算该企业 6 月份应纳资源税税额如下。

外销砂石应纳税额 = 4 000 × 1.5 = 6 000（元）

8.3.3 资源税的会计处理

1. 账户设置

资源税主要通过“应交税费——应交资源税”账户进行核算，其贷方登记本期应缴纳的资源税税额，借方登记企业实际缴纳或抵扣的资源税税额，贷方余额表示企业应缴未缴的资源税税额。

2. 纳税人销售应税产品的会计处理

纳税人计算出销售的应税产品应缴纳的资源税，借记“税金及附加”等账户，贷记“应交税费——应交资源税”账户；实际缴纳资源税时，借记“应交税费——应交资源税”账户，贷记“银行存款”账户。

【例 8-8】沿用例 8-6 的资料，其会计处理如下

① 计提资源税时

借：税金及附加　　7 350 000

　贷：应交税费——应交资源税　　7 350 000

② 实际缴纳资源税时

借：应交税费——应交资源税　　7 350 000

　贷：银行存款　　7 350 000

3. 纳税人自用应税产品的会计处理

企业计算出自产自用的应税产品应缴纳的资源税，借记“生产成本”“制造费用”“管理费用”等账户，贷记“应交税费——应交资源税”账户；缴纳资源税时，借记“应交税费——应交资源税”账户，贷记“银行存款”账户。

4. 收购未税矿产品的会计处理

企业收购未税矿产品，按实际支付的收购款，借记“在途物资”等账户，贷记“银行存款”等账户，按代扣代缴的资源税，借记“在途物资”“原材料”等账户，贷记“应交税费——应交资源税”账户；上缴资源税时，借记“应交税费——应交资源税”账户，贷记“银行存款”账户。

8.3.4　资源税的纳税申报

1. 纳税申报期限

资源税按月或者按季申报缴纳；不能按固定期限计算缴纳的，可以按次申报缴纳。纳税人按月或者按季申报缴纳的，应当自月度或者季度终了之日起15日内，向税务机关办理纳税申报并缴纳税款；按次申报缴纳的，应当自纳税义务发生之日起15日内，向税务机关办理纳税申报并缴纳税款。

2. 纳税申报地点

纳税人应当向应税产品开采地或者生产地的税务机关申报缴纳资源税。

8.4　房产税会计

8.4.1　房产税概述

1. 房产税的含义

房产税以房屋为征税对象，按房屋的计税余值或租金收入为计税依据，向房屋产权所有人征收的一种财产税。房产是指有屋面和围护结构，能够遮风避雨，可供人们在其中生产、学习、工作、娱乐、居住或贮藏物资的场所。现行房产税的主要法律依据是国务院于1986年9月15日发布了《中华人民共和国房产税暂行条例》，后2011年1月8日《国务院关于废止和修改部分行政法规的决定》和财政部、国家税务总局于2011年9月25日颁布的《关于房产税若干具体问题的解释和暂行规定》。根据2011年1月4日发布的《国家税务总局关于公布全文失效废止部分条款失效废止的税收规范性文件目录的公告》（国家税务总局公告2011年第2号）可知，《关于房产税若干具体问题的解释和暂行规定》中的若干条款内容已废止。

2. 房产税的纳税人

凡在我国境内拥有房屋产权的单位和个人均为房产税的纳税义务人。实务中具体可分为以下几种情况：

（1）产权属于国家所有的，其经营管理的单位和个人为纳税义务人；产权属于集体和个人所有的，由集体单位和个人纳税。

（2）产权出典的，承典人纳税。产权出典是指产权所有人将房屋、生产资料等的产权，在一定期限内典当给他人使用而取得资金的一种融资业务。

（3）产权所有人、承典人不在房产所在地，或者产权未确定或租典纠纷未解决的，房产代管人或者使用人为纳税义务人。

（4）无租使用房产管理部门、免税单位及纳税单位的房产，由使用人纳税。

自 2009 年 1 月 1 日起，外商投资企业、外国企业和组织及外籍个人也是房产税的纳税人。

3. 房产税的征税范围和计税依据

房产税的征税范围区域包括：城市、县城、建制镇和工矿区，不包括农村。

房产税的计税依据是房产的计税价值或房产的租金收入。按照房产计税价值征税的，称为从价计征；按照房产租金收入计征的，称为从租计征。

1）从价计征

《中华人民共和国房产税暂行条例》规定，房产税依照房产原值一次减除 10%~30% 后的余值计算缴纳。各地扣除比例由当地省、自治区、直辖市人民政府确定。

房产原值是指纳税人按照会计制度规定，在账簿“固定资产”账户中记载的房屋原价。没有房产原值作为依据的，由房产所在地税务机关参考同类房产核定。对于房产原值的确定，应注意以下情况：

（1）纳税人对原房屋进行改建、扩建的，要相应增加房产的原值。

（2）自 2010 年 12 月 21 日起，对按照房产原值计税的房产，无论会计上如何核算，房产原值均应包含地价，包括为取得土地使用权支付的价款、开发土地发生的成本费用等。宗地容积率低于 0.5 的，按房产建筑面积的 2 倍计算土地面积，并据此确定计入房产原值的地价。

（3）对于投资联营的房产，在计征房产税时予以区别对待。对于以房产投资联营，参与投资方利润分配，共担风险的，以房产余值作为计税依据；对于以房产投资，收取固定收入，不承担联营风险的，按租金收入计征房产税。

（4）融资租赁的房产，由承租人自融资租赁合同约定开始日的次月起依照房产余值缴纳房产税。合同未约定开始日的，由承租人自合同签订的次月起依照房产余值缴纳房产税。

（5）房地产开发企业开发的商品房在出售前，对房地产开发企业而言是一种产品，因此，对房地产开发企业建造的商品房，在售出前，不征收房产税；但对售出前房地产开发企业已使用或出租、出借的商品房应按规定征收房产税。

（6）凡在房产税征收范围内的具备房屋功能的地下建筑，包括与地上房屋相连的地下建筑及完全建在地面以下的建筑、地下人防设施等，均应当依照有关规定征收房产税。工业用途房产，以房屋原价的 50%~60% 作为应税房产原值；商业和其他用途的房产，以房屋原价的 70%~80% 作为应税房产原值。

2）从租计征

对于出租的房产，以房产租金收入为依据，实行从租计征。房产租金收入指房屋的产权所有人出租房产使用权所得的报酬，包括货币收入和实物收入。

如果以劳务或其他形式为报酬抵付房租的，应根据当地同类房产的租金水平，确定一个标准租金额从租计征。

对出租房产，租赁双方签订的租赁合同约定有免收租金期限的，免收租金期间由产权所有人按照房产原值缴纳房产税。

出租的地下建筑，按照出租地上房屋建筑的有关规定计算征收房产税。

4. 房产税的税率

房产税适用比例税率，计税依据不同，适用的税率也随之不同。自用房产，按自用房产余值从价计征，税率为 1.2%；出租房产，按租金收入从租计征，税率为 12%。自 2008 年 3 月 1 日起，对个人出租住房，不区分用途，按 4% 的税率征收房产税。

5. 房产税的减免

（1）国家机关、人民团体、军队自用的房产免税。但仅限于这些单位本身的办公用房和公务用房，出租房产及非自身业务使用的生产、营业用房，不属于免税范围。

（2）由国家财政部门拨付事业经费的单位自用的房产免税。如学校、医疗卫生单位、敬老院等自用的房产。但所属的附属工厂、商店、招待所等不属于单位公务、业务的用房，不属于免税范围。

（3）宗教寺庙、公园、名胜古迹自用的房产免税。但附设的营业单位，如影剧院、饮食部、照相馆等所使用的房产及出租的房产，不属于免税范围。

（4）个人所有非营业用房免税。个人拥有的营业用房或者出租的房产，不属于免税范围，应照章纳税。

（5）中国人民银行总行（含国家外汇管理局）所属分支机构自用的房产免税。

（6）经财政部批准免税的其他情况。

8.4.2 房产税计算

1. 从价计征的计算

应纳税额 = 应税房产原值 ×（1− 扣除比例）× 1.2%

【例 8-9】 A 公司的经营用房产原值为 8 000 000 元，其所在市规定允许原值一次扣除 20% 后的余值计税，则该公司应纳的房产税为：

应纳房产税税额 = 8 000 000 ×（1−20%）× 1.2% = 76 800（元）

2. 从租计征的计算

$$应纳税额=租金收入\times 12\%（或4\%）$$

【例 8-10】某企业出租其房屋，年租金收入为 50 000 元，则该企业的应纳房产税为：

应纳房产税税额 = 50 000 × 12% = 6 000（元）

8.4.3 房产税的会计处理

企业按规定缴纳的房产税，应通过“应交税费——应交房产税”账户进行核算，在“税金及附加”账户中据实列支。计算应交的房产税时，借记“税金及附加”账户，贷记“应交税费——应交房产税”。实际缴纳房产税时，借记“应交税费——应交房产税”账户，贷记“银行存款”等账户。

【例 8-11】某企业 1 月 1 日拥有房产原值 6 000 000 元，其中有一部分房产为企业办幼儿园使用，原值 800 000 元。按照规定，按原值一次减除 20% 后的余值纳税。按年计算，分月缴纳。税率为 1.2%。则该企业有关房产税的会计处理为：

年应纳税额 =（6 000 000−800 000）×（1−20%）× 1.2% = 49 920（元）

月应纳税额 = 49 920 ÷ 12 = 4 160（元）

① 每月预提税金时

借：税金及附加　　4 160

　贷：应交税费——应交房产税　　4 160

② 每月实际缴纳税金时

借：应交税费——应交房产税　　4 160

　贷：银行存款　　4 160

8.4.4 房产税的纳税申报

1. 纳税义务发生时间

房产税的纳税义务发生时间的相关规定如下：

（1）将原有房产用于生产经营的，从生产经营之月起缴纳房产税。

（2）自行新建房屋用于生产经营，从建成之次月起缴纳房产税。

（3）委托施工企业建设的房屋，从办理验收手续之次月起缴纳房产税。

（4）购置新建商品房，自房屋交付使用之次月起缴纳房产税。

（5）纳税人购置存量房，自办理房屋权属转移、变更登记手续，房地产权属登记机关签发房屋权属证书之次月起缴纳房产税。

（6）纳税人出租、出借房产，自交付出租、出借房产之次月起缴纳房产税。

（7）房地产开发企业自用、出租、出借本企业建造的商品房，自房屋使用或交付之次月起缴纳房产税。

2. 纳税期限

房产税实行按年计算、分期缴纳的征收方法，具体纳税期限由省、自治区、直辖市人民政府确定。

3. 纳税地点

房产税在房产所在地缴纳。房产不在同一地方的纳税人，应按房产的坐落地点分别向房产所在地的税务机关纳税。

8.5 城镇土地使用税会计

8.5.1 城镇土地使用税概述

1. 城镇土地使用税的含义

城镇土地使用税是对在城市、县城、建制镇和工矿区使用国家和集体土地的单位和个人，按其实际占用土地面积定额征收的一种税。现行城镇土地使用税的基本规范是国务院于 1988 年 9 月 27 日发布的《中华人民共和国城镇土地使用税暂行条例》，根据 2006 年 12 月 31 日《国务院关于修改〈中华人民共和国城镇土地使用暂行条例〉的决定》第一次修订，根据 2011 年 1 月 8 日《国务院关于废止和修改部分行政法规的决定》第二次修订，根据 2013 年 12 月 7 日《国务院关于修改部分行政法规的决定》第三次修订。

2. 城镇土地使用税的纳税人

城镇土地使用税的纳税人是指在城市、县城、建制镇和工矿区范围内使用土地的单位和个人。具体包括以下几类：

（1）拥有土地使用权的单位和个人。

（2）拥有土地使用权的单位和个人不在土地所在地的，该土地的代管人或实际使用人为纳税人。

（3）土地使用权未确定或权属纠纷未解决的，由实际使用人纳税。

（4）土地使用权为多方共有的，由共有各方分别纳税。

从 2007 年 1 月 1 日起，外商投资企业和外国企业也是城镇土地使用税的纳税人。

3. 城镇土地使用税的征税范围

征税范围包括城市、县城、建制镇和工矿区内国家所有和集体所有的土地。具体有以下几方面：

（1）城市是指国务院批准设立的市，其征税范围包括市区和郊区。

（2）县城是指县人民政府所在地，其征税范围为人民政府所在地的城镇。

（3）建制镇是指经省、自治区、直辖市人民政府批准设立的，符合国务院规定的城镇建制标准的镇，其征税范围为镇人民政府所在地。

（4）工矿区是指工商业比较发达，人口比较集中的大中型企业所在地，工矿区的设立必须经省、自治区、直辖市人民政府批准。

4. 城镇土地使用税的税率

城镇土地使用税采用定额税率，根据土地的地理位置不同采用有幅度的差别税额。每平方米应税土地的年税额标准为：大城市 1.5~30 元，中等城市 1.2~24 元，小城市 0.9~18 元，县城、建制镇、工矿区 0.6~12 元。

其中，大城市是指市区与郊区非农业人口在 50 万以上的，中等城市是指市区与郊区非农业人口在 20 万 ~50 万的，小城市是指市区与郊区非农业人口在 20 万以下的。对在城镇土地使用税征税范围内单独建造的地下建筑用地，按规定征收城镇土地使用税。其中，已取得地下土地使用权证的，按土地使用权证确认的土地面积计算应征税款；未取得地下土地使用权证或地下土地使用权证上未标明土地面积的，按地下建筑垂直投影面积计算应征税款。对上述地下建筑用地暂按应征税款的 50% 征收城镇土地使用税。

5. 城镇土地使用税的税收减免

1）法定免缴土地使用税的情况有：

（1）国家机关、人民团体、军队自用的土地；

（2）由国家财政部门拨付事业经费的单位自用的土地；

（3）宗教寺庙、公园、名胜古迹自用的土地；

（4）市政街道、广场、绿化地带等公共用地；

（5）直接用于农、林、牧、渔业的生产用地；

（6）经批准开山填海整治的土地和改造的废弃土地，从使用的月份起免缴土地使用税 5~10 年；

（7）由财政部另行规定免税的能源、交通、水利设施用地和其他用地。

2）省级地方税务局确定减免土地使用税的优惠有：

（1）个人所有的居住房屋及院落用地；

（2）免税单位职工家属的宿舍用地；

（3）民政部门举办的安置残疾人占一定比例的福利工厂用地；

（4）集体和个人办的各类学校、医院、托儿所、幼儿园用地。

8.5.2 城镇土地使用税计算

1. 城镇土地使用税的计税依据

城镇土地使用税以纳税人实际占用的土地面积为计税依据。纳税人实际占用的土地面积按下列办法确定：

（1）由省、自治区、直辖市人民政府确定的单位组织测定土地面积的，以测定的面积为准；

（2）尚未组织测量但纳税人持有政府部门核发的土地使用证书的，以证书确认的土地面积为准；

（3）尚未核发土地使用证书的，应由纳税人申报土地面积，据以纳税，待核发土地使用证以后再做调整。

2. 城镇土地使用税的计算

城镇土地使用税的应纳税额可以通过纳税人实际占用的土地面积乘以该土地所适用的税额求得。其计算公式为：

全年应纳税额 = 实际占用应税土地面积（m^2）× 适用单位税额

8.5.3　城镇土地使用税的会计处理

企业将应缴的土地使用税在"应交税费——应交城镇土地使用税"账户核算，并确认企业的"税金及附加"。计提时，借记"税金及附加"账户，贷记"应交税费—应交城镇土地使用税"账户；实际缴纳时，借记"应交税费——应交城镇土地使用税"，贷记"银行存款"等账户。

【例 8-12】 北京市某企业实际占用土地 40 000m^2，其中企办医院用地 1 500m^2，企办幼儿园用地 500m^2。北京市政府核定该企业的城镇土地使用税单位税额为 20 元 /m^2。则该企业本年应缴纳的城镇土地使用税的会计处理为：

全年应纳税额 =（40 000−1 500−500）× 20 = 760 000（元）

① 计提应纳税额时

借：税金及附加　　760 000

　贷：应交税费——应交城镇土地使用税　　760 000

② 实际缴纳时

借：应交税费——应交城镇土地使用税　　760 000

　贷：银行存款　　760 000

8.5.4　城镇土地使用税的纳税申报

1. 纳税义务发生时间

（1）购置新建商品房，自房屋交付使用之次月起开始计征。

（2）购置存量房，自办理房屋产权属转移、变更登记手续，房地产权属登记机关签发房屋权属证书之次月起开始计征。

（3）出租、出借房产，自交付出租、出借房产之次月起开始计征。

（4）房地产开发企业自用、出租、出借本企业建造的商品房，自房屋使用或交付之次月起开始计征。

（5）纳税人新征用的耕地，自批准征用之日起满 1 年时开始计征。

（6）纳税人新征用的非耕地，自批准征用次月起开始计征。

2. 纳税期限

城镇土地使用税按年计算，分期缴纳。具体缴纳期限由省、自治区、直辖市人民政府确定。

3. 纳税地点

城镇土地使用税在土地所在地缴纳。纳税人使用的土地不属于同一省、自治区、直辖市管辖的，由纳税人分别向土地所在地的税务机关缴纳土地使用税；在同一省、自治区、直辖市管辖范围内，纳税人跨地区使用的土地，其纳税地点由各省、自治区、直辖市地方税务机关确定。

8.6 耕地占用税会计

8.6.1 耕地占用税概述

1. 耕地占用税的含义

耕地占用税是对占用耕地建房或从事其他非农业建设的单位和个人，就其占用的耕地面积一次性征收的一种税。现行耕地占用税的基本规范是国务院于 1987 年 4 月 1 日发布，2007 年 12 月 1 日修订的《中华人民共和国耕地占用税暂行条例》。2018 年 12 月 29 日第十三届全国人民代表大会常务委员会第七次会议通过的《中华人民共和国耕地占用税法》成为现行耕地占用税法的基本规范。

2. 耕地占用税的纳税人

在中国境内占用耕地建设建筑物、构筑物或者从事非农业建设的单位和个人。

3. 耕地占用税的征税范围

征税范围包括占用耕地建设建筑物、构筑物或者从事非农业建设的国家所有和集体所有的耕地。

1）种植农作物的土地：种植粮食作物、经济作物的农田，种植蔬菜和果树的菜地、园地及其附属的土地（如田间道路）。

2）占用园地建房或者从事非农业建设的，视同占用耕地征收耕地占用税。

3）占用林地、牧草地、农田水利地、养殖水面以及渔业水域滩涂等其他农用地建房或从事非农业建设，比照占用耕地征收耕地占用税。其中：

（1）林地，包括有林地、灌木林地、疏林地、未成林地、迹地、苗圃等，不包括居民点内部的绿化林木用地，铁路、公路征地范围内的林木用地，以及河流、沟渠的护堤林用地。

（2）牧草地，包括天然牧草地、人工牧草地。

（3）农田水利用地，包括农田排灌沟渠及相应附属设施用地。农田水利占用耕地，不论是否包含建筑物、构筑物，均不属于耕地占用税征税范围，不征收耕地占用税。

（4）养殖水面，包括人工开挖或者天然形成的用于水产养殖的河流水面、湖泊水面、水库水面、坑塘水面及相应附属设施用地。

（5）渔业水域滩涂，包括专门用于种植或者养殖水生动植物的海水潮浸地带和滩地。

（6）直接为农业生产服务的生产设施，是指直接为农业生产服务而建设的建筑物和构筑物。

具体包括：储存农用机具和种子、苗木、木材等农业产品的仓储设施，培育、生产种子、种苗的设施，畜禽养殖设施，木材集材道、运材道，农业科研、试验、示范基地，野生动植物保护、护林、森林病虫害防治、森林防火、木材检疫的设施，专为农业生产服务的灌溉排水、供水、供电、供热、供气、通讯基础设施，农业生产者从事农业生产必需的食宿和管理设施，其他直接为农业生产服务的生产设施。

（7）占用林地、牧草地、农田水利用地、养殖水面以及渔业水域滩涂等其他农用地建房或者从事非农业建设的，适用税额可以适当低于当地占用耕地的适用税额，具体适用税额按照各省、自治区、直辖市人民政府的规定执行。

占用上述（1）—（7）条农用地的，适用税额可以适当低于本地区确定的适用税额，但降低的部分不得超过50%。具体适用税额由省、自治区、直辖市人民政府提出，报同级人民代表大会常务委员会决定，并报全国人民代表大会常务委员会和国务院备案。

4. 耕地占用税的税率

耕地占用税实行地区差别定额税率。具体情况参见表8-3和表8-4。

表8-3 耕地占用税税额表

级　次	地区 / 以县为单位	税额 / (元 /m^2)
1	人均耕地在1亩（含1亩）以下的	10~50
2	人均耕地在1~2亩（含2亩）的	8~40
3	人均耕地在2~3亩（含3亩）的	6~30
4	人均耕地在3亩以上的	5~25

表8-4 各省、自治区、直辖市耕地占用税平均税额表

地　区	税额标准 / (元 /m^2)
上海	45
北京	40
天津	35
江苏、浙江、福建、广东	30
辽宁、湖北、湖南	25

续表

地 区	税额标准 /（元 /m²）
河北、安徽、江西、山东、河南、四川、重庆	22.5
广西、海南、贵州、云南、陕西	20
山西、吉林、黑龙江	17.5
内蒙古、西藏、甘肃、青海、宁夏、新疆	12.5

各省、自治区、直辖市人民政府在表 8-3 规定的税额范围内，结合本地区的具体情况，核定各地适用的税额。而且，各省、自治区、直辖市人民政府核定的适用税率的平均水平，不得低于表 8-4 中规定的平均税额。经济特区、经济技术开发区和经济发达且人均耕地特别少的地区，可以适当提高其适用税额，但是提高的部分最高不得超过上述规定的当地适用税额的 50%。

5. 耕地占用税的减免

1）免征耕地占用税

（1）军事设施占用耕地。

（2）学校、幼儿园、养老院、医院占用耕地。

（3）社会福利机构、医疗机构占用耕地。

（4）以下占用土地的行为不征收耕地占用税。

① 农田水利占用耕地的；

② 建设直接为农业生产服务的生产设施占用林地、牧草地、农田水利用地、养殖水面以及渔业水域滩涂等其他农用地的；

③ 农村居民经批准搬迁，原宅基地恢复耕种，凡新建住宅占用耕地不超过原宅基地面积的。

2）减征耕地占用税

（1）铁路线路、公路线路、飞机场跑道、停机坪、港口、航道占用耕地，减按每平方米 2 元的税额征税。

铁路线路：限于铁路路基、桥梁、涵洞、隧道及其按照规定的两侧留地。

专用铁路和铁路专用线占用耕地，须纳税。

公路线路：限于经批准建设的国道、省道、县道、乡道和属于农村公路的村道的主体工程以及两侧边沟或者截水沟。

专用公路和城区内机动车道占用耕地，须纳税。

飞机场跑道、停机坪：限于经批准建设的民用机场专门用于民用航空器起降、滑行、停放的场所。

港口：限于经批准建设的港口内供船舶进出、停靠以及旅客上下、货物装卸的场所。

航道：限于在江、河、湖泊、港湾等水域内供船舶安全航行的通道。

（2）农村居民占用耕地新建住宅，按照当地适用税额减半征收耕地占用税。

农村居民占用耕地新建住宅，是指农村居民经批准在户口所在地按照规定标准占用耕地建设自用住宅。

农村居民经批准搬迁，原宅基地恢复耕种，凡新建住宅占用耕地不超过原宅基地面积的，不征收耕地占用税；超过原宅基地面积的，对超过部分按照当地适用税额减半征收耕地占用税。

农村烈士家属、残疾军人、鳏寡孤独以及革命老根据地、少数民族聚居区和边远贫困山区中生活困难的农村居民，在规定用地标准以内新建住宅缴纳耕地占用税确有困难的，经所在地乡（镇）人民政府审核，报经县级人民政府批准后，可以免征或者减征耕地占用税。

（3）免征或者减征耕地占用税后，纳税人改变原占地用途，不再属于免征或者减征耕地占用税情形的，应当按照当地适用税额补缴耕地占用税。

8.6.2　耕地占用税的计算

1. 计税依据

耕地占用税的计税依据为纳税人实际占用耕地的面积。

2. 计算公式

$$应纳税额=实际占用耕地面积（m^2）\times 适用定额税率$$

8.6.3　耕地占用税的会计处理

由于耕地占用税是在实际占用耕地之前一次性缴纳的，不存在与征税机关清算和结算的问题，因此企业按规定缴纳的耕地占用税，可以不通过“应交税费”科目核算。企业为购建固定资产而缴纳的耕地占用税，作为固定资产价值的组成部分，记入“在建工程”账户。

【例 8-13】 某高校占用耕地 25 000m²，其中校办工厂占地 6 000m²，当地适用税率为 10 元 /m²。则该校应缴纳的耕地占用税税额及其会计处理为：

应纳的耕地占用税税额 = 6 000 × 10 = 60 000（元）

借：在建工程　　60 000

　贷：银行存款　　60 000

8.6.4　耕地占用税的纳税申报

1. 纳税义务发生时间

耕地占用税纳税义务发生时间分为两种情况：一是经批准占用耕地的，为纳税人收到土地管理部门办理占用农用地手续通知的当天；二是未经批准占用耕地的，为实际占用耕地的当天。

2. 纳税期限

纳税义务发生时间为纳税人收到自然资源主管部门办理占用耕地手续的书面通知的当日。纳税人应当自纳税义务发生之日起 30 日内申报缴纳耕地占用税。

3. 纳税地点

耕地占用税由地方税务机关征收，具体由哪一级土地管理部门批地，就由哪一级税务机关征税。

8.7 印花税会计

8.7.1 印花税概述

1. 印花税的含义

印花税是以经济活动和经济交往中，书立、领受应税凭证的行为为征收对象征收的一种税。它是一种具有行为税性质的凭证税，凡发生书立、领受应税凭证的行为就必须履行纳税义务。现行印花税法的主要法律依据是 1988 年 8 月 6 日国务院发布并于同年 10 月 1 日实施的《中华人民共和国印花税暂行条例》。

2. 印花税的纳税人

印花税的纳税人是指在中国境内书立、使用、领受印花税法所列举凭证的单位和个人。“单位和个人”是指各类企业、事业、机关、团体、部队，以及中外合资经营企业、中外合作经营企业、外商独资企业和其他经济组织及其在华机构等单位和个人。

印花税纳税人具体分为以下 6 类：

（1）立合同人。立合同人是指合同的当事人，不包括合同的担保人、证人、鉴定人。

（2）立据人。立据人是指书立产权转移书据的单位和个人。

（3）立账簿人。立账簿人是指设立并使用营业账簿的单位和个人。

（4）领受人。领受人是指领取或接受并持有该项凭证的单位和个人。

（5）使用人。使用人是指在国外书立、领受，但在国内使用应税凭证的单位和个人。

（6）各类电子应税凭证的签订人。指电子形式签订的各类应税凭证的当事人。

3. 印花税的征税范围

印花税的征税范围非常广泛，凡在我国境内书立、领受和使用合同、书据、账簿等，均应缴纳印花税。具体可以分为 5 大类。

（1）合同。包括购销、加工承揽、建设工程承包、财产租赁、货物运输、仓储保管、借款、财产保险、技术合同或具有合同性质的凭证。

（2）产权转移书据。是指单位和个人产权的买卖、继承、赠与、交换、分割等所立的书据。包括财产所有权、版权、商标专用权、专利权、专用技术使用权等转移书据。

（3）营业账簿。包括单位和个人记载生产经营活动的财务会计核算账簿。按其反映的内容不同可分为记载资金的账簿（反映生产经营单位资本金数额增减变化的账簿）和其他账簿。

（4）权利、许可证照。包括房屋产权证、工商营业执照、商标注册证、专利证、土地使用证。

（5）其他凭证。财政部确定征税的其他凭证。

4. 印花税的税目、税率

印花税具体征税范围即税目有 13 个，其税率采用两种形式：比例税率和定额税率。

（1）比例税率。印花税中的绝大多数税目都适用于比例税率，包括各类合同或具有合同性质的凭证、产权转移书据、营业账簿中记载资金的账簿均适用比例税率。比例税率分为 5 档，分为 0.05‰、0.25‰、0.3‰、0.5‰、1‰。

（2）定额税率。权利、许可证照，适用定额税率，税额为每件 5 元。表 8-5 为印花税税目税率表。

表 8-5 印花税税目税率表

税 目	范 围	税 率	纳 税 人	说 明
购销合同	供应、预购、采购、购销结合及协作、调剂、补偿、易货等合同	购销金额的 0.3‰	立合同人	
加工承揽合同	加工、定做、修缮、修理、印刷、广告、测绘、测试等合同	加工或承揽收入的 0.5‰	立合同人	
建设工程勘察设计合同	勘察、设计合同	收取费用的 0.5‰	立合同人	
建筑安装工程承包合同	建筑、安装工程承包合同	承包金额的 0.3‰	立合同人	
财产租赁合同	租赁房屋、船舶、飞机、机动车辆、机械、器具、设备等合同	租金的 0.05‰或者 1‰	立合同人	
货物运输合同	民用航空运输、铁路运输、海上运输、内河运输、公路运输和联运合同	运输费用的 0.3‰	立合同人	单据作为合同使用的，按合同贴花
仓储保管合同	仓储、保管合同	仓储、保管费用的 1‰	立合同人	仓单或栈单作为合同使用的，按合同贴花
借款合同	银行及其他金融组织和借款人（不包括银行同业拆借）所签订的借款合同	借款金额的 0.05‰	立合同人	单据作为合同使用的，按合同贴花
财产保险合同	财产、责任、保证、信用等保险合同	保险费的 1‰	立合同人	单据作为合同使用的，按合同贴花

续表

税 目	范 围	税 率	纳税人	说 明
技术合同	技术开发、转让、咨询、服务等合同	记载金额的 0.3‰	立合同人	
产权转移书据	财产所有权和版权、商标专用权、专利权、专有技术使用权等转移书据、土地使用权出让合同、土地使用权转让合同、商品房销售合同	支付价款的 0.5‰	立据人	
权利许可证	房屋产权证、工商营业执照、商标注册证、专利证、土地使用证	每件贴花 5 元	领受人	
营业账簿		实收资本（股本）、资本公积的合计金额的 0.25‰	立账簿人	
证券交易		成交金额的 1‰	交易出让方	

注：根据财政部税务总局《关于对营业账簿减免印花税的通知》（财税〔2018〕50 号）规定：为减轻企业负担，鼓励投资创业，自 2018 年 5 月 1 日起，对按 0.5‰ 税率贴花的资金账簿减半征收印花税，对按件贴花 5 元的其他账簿免征印花税。

5. 印花税的减免

对印花税的减免优惠情况主要有：

（1）已缴纳印花税的凭证副本或抄本。

（2）无息、贴息贷款合同。

（3）房地产管理部门与个人签订的用于生活居住的房屋租赁合同。

（4）国家指定的收购部门与村民委员会、农民个人书立的农副产品收购合同。

（5）农牧业保险合同。

（6）与高校学生签订的高校学生公寓租赁合同。

（7）公租房经营管理单位建造管理公租房涉及的印花税。

（8）改造安置住房经营管理单位、开发商与改造安置住房相关的印花税以及购买安置住房的个人涉及的印花税。

（9）军事物资运输、抢险救灾物资运输，以及新建铁路的工程临管线运输等特殊的运输凭证。

8.7.2 印花税的计算

1. 印花税的计税依据

1）从价计税下的计税依据

各种合同和产权转移书据的计税依据，为合同或书据上记载的金额，如购销额、收入额、费用额、承包额、租赁额、借款额等。

记载资金的账簿的计税依据，为实收资本和资本公积两项金额之和。

从价计税下的具体规定参见表 8-5 中对应税目的税率栏。

2）从量计税下的计税依据

从量计征的征税对象有：权利、许可证照。它们的计税依据为应税凭证的件数，具体规定参见表 8-5 中相应项的税目税率栏。

2. 印花税的计算

（1）从价计税，按比例税率征税，计算公式为：

$$应纳税额 = 应税凭证计税金额 \times 适用税率$$

（2）从量计税，按定额税率征税，计算公式为：

$$应纳税额 = 应税凭证件数 \times 单位税额$$

【例 8-14】 东方和兴盛两个公司签订的购销合同约定，东方公司向兴盛公司提供价值 600 000 元的设备，兴盛公司向东方公司提供价值 700 000 元的产品，货物价差由东方公司补足，则两家公司应缴纳的印花税分别为：

东方公司应纳的印花税 =（600 000 + 700 000）× 0.3‰ = 390（元）

兴盛公司应纳的印花税 =（600 000 + 700 000）× 0.3‰ = 390（元）

8.7.3 印花税的会计处理

由于印花税主要是由纳税人以购买并一次贴足印花税票的方式缴纳税款的，不存在与税务机关结算或清算税款的问题，因此，印花税不通过“应交税费”账户核算，而是直接借记“税金及附加”账户，贷记“银行存款”账户。

【例 8-15】 甲企业 6 月正式营业，领受工商营业执照、土地使用证各一份，签订借款合同一份，计 600 000 元，签订产品销售合同两份，计 200 000 元。该企业有营业账册 5 本，其中一本记载“实收资本”1 500 000 元。则该企业 7 月份印花税的会计处理为：

应纳的印花税税额 = 2 × 5 + 600 000 × 0.05‰ + 200 000 × 0.3‰ + 1 500 000 × 0.5‰ ÷ 2
= 475（元）

借：税金及附加　　475
　贷：银行存款　　475

8.7.4 印花税的纳税申报

1. 纳税义务发生时间

以纳税人书立、领受或者使用应税凭证当时为纳税义务发生时间。

2. 纳税期限

印花税的纳税方法不同，纳税期限也不一样，具体规定如下：

（1）自行贴花，根据规定自行计算应纳税额，自行购买印花税票，至一次贴足印花税票并加以注销时完成纳税。一般适用于应税凭证较少或者贴花次数较少的纳税人。

（2）汇贴或汇缴，汇总缴纳期限为一个月。一般适用于应税凭证较少或者贴花次数较少的纳税人。

（3）委托代征，纳税期限自书立、领受或者使用应税凭证时开始，至纳税义务完成时止。

3. 纳税地点

印花税一般实行就地纳税。在全国性订货会上所签订的合同，由纳税人回其所在地后及时办理贴花完税手续。

8.8 契税会计

8.8.1 契税概述

1. 契税的含义

契税是以在境内转移土地、房屋权属为征税对象，向产权承受人征收的一种财产税。现行契税的基本规范，是 1997 年 7 月 7 日国务院发布并于同年 10 月 1 日开始施行的《中华人民共和国契税暂行条例》。

2. 契税的纳税人

契税的纳税人是我国境内转移土地、房屋权属时承受的单位和个人。其中“房屋权属”是指土地使用权和房屋所有权；“承受”是指受让、购买、受赠、交换等方式取得的土地、房屋权属的行为；“单位”是指企业单位、事业单位、国家机关、军事单位和社会团体及其他组织；“个人”是指个体经营者及其他个人，包括中国公民和外籍人员。

3. 契税的征税范围

契税的征税对象为发生土地使用权和房屋所有权权属转移的土地和房屋。契税的征税范围是在境内发生使用权转移的土地和发生所有权转移的房屋。具体包括以下几种情况。

（1）国有土地使用权的出让。是指土地使用者向国家交付土地使用权出让费用，国家将国有土地使用权在一定年限内让与土地使用者的行为。

（2）国有土地使用权的转让。国有土地使用权的转让是指土地使用者以出售、赠与、交换或者其他方式将土地使用权转移给其他单位和个人的行为。土地使用权的转让不包括农村集体土地承包经营权的转移。

（3）房屋买卖。是指以货币为媒介，出卖者向购买者过渡房产所有权的交易行为。以下特殊情况视同买卖房屋：以房产抵债或实物交换房屋，以房产作价投资、入股，买房拆料或翻建新房。

（4）房屋赠与。是指房屋产权所有人将其房屋无偿转让给受赠者的行为。

（5）房屋交换。房屋交换是指房屋所有者之间互相交换房屋的行为。

（6）视同土地使用权转让、房屋买卖或者房屋赠与的特殊方式。包括以土地、房屋权属作价投资、入股，以土地、房屋权属抵债，以获奖方式承受土地、房屋权属，以预购方式或者预付集资建房款方式承受土地、房屋权属。

4. 税率

现行契税实行幅度税率。即各省、自治区、直辖市人民政府可以在3%~5%的幅度税率规定内，按照本地区的实际情况确定适用税率。这主要考虑到目前我国经济发展不平衡，各地区经济差别较大的实际情况。

5. 契税优惠的一般规定

（1）国家机关、事业单位、社会团体、军事单位承受土地、房屋用于办公、教学、医疗、科研和军事设施的免征契税。

（2）城镇职工按规定第一次购买公有住房的免征契税。

财政部、国家税务总局规定，自2000年11月29日起，对各类公有制单位为解决职工住房而采取集资建房方式建成的普通住房，或由单位购买的普通商品住房，经当地县以上人民政府房改部门批准、按照国家房改政策出售给本单位职工的，如属职工首次购买住房，均可免征契税。

（3）因不可抗力灭失住房而重新购买住房的，酌情准予减征或者免征契税。不可抗力是指自然灾害、战争等不能预见、不能避免并不能克服的客观情况。

（4）土地、房屋被县级以上人民政府征用、占用后，重新承受土地、房屋权属的，是否减征或者免征契税，由省、自治区、直辖市人民政府确定。

（5）纳税人承受荒山、荒沟、荒丘、荒滩土地使用权，用于农、林、牧、渔业生产的免征契税。

（6）依照我国有关法律规定及我国缔结或参加的双边和多边条约或协定的规定应当予以免税的外国驻华使馆、领事馆、联合国驻华机构及其外交代表、领事官员和其他外交人员承受土地、房屋权属的，经外交部确认，可以免征契税。

（7）对公租房经营管理单位购买住房作为公租房，免征契税。

（8）夫妻关系存续期间，房屋、土地权属由单方所有，改为共同所有，免征契税。

（9）已缴纳契税的购房者，权属变更前退房的，退税；变更后退房的，不予退还已纳契税。

（10）对饮水工程运营管理单位为建设饮水工程而承受的土地使用权免征契税。

（11）个人购买住房的优惠政策。

① 对个人购买家庭唯一住房，面积为90m^{2}及以下的，减按1%税率征收契税；面

积为 $90m^2$ 以上的，减按 1.5% 的税率征收契税。

② 对个人购买家庭第二套改善性住房，面积为 $90m^2$ 及以下的，减按 1% 的税率征收契税；面积为 $90m^2$ 以上的，减按 2% 的税率征收契税。

经批准减征、免征契税的纳税人改变有关土地、房屋的用途，不再属于上述规定的减征、免征契税范围的，应当补缴已经减征、免征的税款。

8.8.2 契税的计算

1. 计税依据

契税的计税依据为不动产的价格。由于土地、房屋权属转移方式不同，定价方法不同，因而契税的具体计税依据视不同情况而定：

（1）国有土地使用权出让、土地使用权出售、房屋买卖，以成交价格为计税依据。

（2）土地使用权赠予、房屋赠予，由征收机关参照土地使用权出售、房屋买卖的市场价格核定。

（3）土地使用权交换、房屋交换，为所交换的土地使用权、房屋的价格差额。交换价格相等时，免征契税；交换价格不等时，由多交付货币、实物、无形资产或者其他经济利益的一方缴纳契税。

（4）以划拨方式取得土地使用权，经批准转让房地产时，由房地产转让者补交契税。计税依据为补交的土地使用权出让费用或者土地收益。

（5）房屋附属设施征收契税的依据。

① 采取分期付款方式购买房屋附属设施土地使用权、房屋所有权的，应按合同规定的总价款计征契税。

② 承受的房屋附属设施权属如为单独计价的，按照当地确定的适用税率征收契税；如与房屋统一计价的，适用与房屋相同的契税税率。

（6）个人无偿赠与不动产行为，应对受赠人全额征收契税。

2. 契税应纳税额的计算

契税应纳税额的计算公式为：

$$应纳税额 = 计税依据 \times 税率$$

应纳税额以人民币计算，转移土地、房屋权属以外汇结算的，按照纳税义务发生之日中国人民银行公布的人民币市场汇率中间价折合成人民币计算。

8.8.3 契税的会计处理

企业在购买房屋、建筑物、取得土地使用权时计算应缴的契税，借记“在建工程”“固定资产”“无形资产”等账户，贷记“应交税费——应交契税”账户；实际缴纳时借记“应交税费——应交契税”账户，贷记“银行存款”等账户。

【例 8-16】 某企业 5 月年购入一栋办公楼，价值 6 000 000 元，当地政府规定契税税率为 3%，则该企业应纳的契税税额及其会计处理为：

应纳税额 = 6 000 000 × 3% = 180 000（元）

① 计提契税时

借：固定资产　　180 000

　贷：应交税费——应交契税　　180 000

② 实际缴纳时

借：应交税费——应交契税　　180 000

　贷：银行存款　　180 000

8.8.4 契税的纳税申报

1. 纳税义务发生时间

契税的纳税义务发生时间是纳税人签订土地、房屋权属转移合同的当天，或者纳税人取得其他具有土地、房屋权属转移合同性质凭证的当天。

2. 纳税期限

纳税人应当自纳税义务发生之日起的 10 日内，向土地、房屋所在地的契税征收机关办理纳税申报。

3. 纳税地点

契税在土地、房屋所在地的征收机关纳税。

8.9 车船税会计

8.9.1 车船税概述

1. 车船税含义

车船税是指在我国境内应依法到公安、交通、农业、渔业、军事等管理部门办理登记的车辆、船舶，根据其种类，按照规定的计税依据和年税额标准计算征收的一种财产税。

现行的车船税基本规范是 2011 年 2 月 25 日第十一届全国人民代表大会常务委员会第十九次会议通过的《中华人民共和国车船税法》自 2012 年 1 月 1 日起施行。

2. 车船税的纳税人和扣缴义务人

车船税的纳税人是指车船的所有人或者管理人。车船的所有人或者管理人未缴纳车船税的，使用人应代为缴纳车船税。

从事机动车交通事故责任强制保险业务的保险机构为机动车车船税的扣缴义务人，依法代收代缴车船税。

3. 车船税的征税范围

（1）依法在车船登记管理部门登记的机动车辆和船舶；

（2）依法不需要在车船登记管理部门登记的在单位内部场所行驶或作业的机动车辆和船舶。

4. 车船税的税目和税率

车船税实行定额税率，车辆的具体适用税额由省、自治区、直辖市人民政府在规定的子税目税额幅度内确定。车船税税目税额见表 8-6。

表 8-6　车船税税目税额表

税目		计税单位	年基准税额 / 元	备注
乘用车［按发动机气缸容量（排气量）分档］	1.0 升（含）以下的	每辆	60～360	核定载客人数 9 人(含)以下
	1.0 升以上至 1.6 升（含）的		300～540	
	1.6 升以上至 2.0 升（含）的		360～660	
	2.0 升以上至 2.5 升（含）的		660～1 200	
	2.5 升以上至 3.0 升（含）的		1 200～2 400	
	3.0 升以上至 4.0 升（含）的		2 400～3 600	
	4.0 升以上的		3 600～5 400	
商用车	客车	每辆	480～1 440	核定载客人数 9 人以上，包括电车
	货车	整备质量每吨	16～120	包括半挂牵引车、三轮汽车和低速载货汽车等
挂车		整备质量每吨	按照货车税额的 50% 计算	
其他车辆	专用作业车	整备质量每吨	16～120	不包括拖拉机
	轮式专用机械车	整备质量每吨	16～120	不包括拖拉机
摩托车		每辆	36～180	
船舶	机动车船	净吨位每吨	3～6	拖船、非机动驳船分别按照机动船舶税额的 50% 计算
	船舶游艇	艇身长度每米	600～2 000	

注：根据新车船税法，乘用车车船税按照排气量划分为 7 个档次。乘用车车船税年基准税额从 1.0 升以下的 60 元至 360 元，到 4.0 升以上的 3 600 元至 5 400 元，最大差距将达到 90 倍。车船税法规定，车辆的具体适用税额由省、自治区、直辖市人民政府依照本法规定的税额幅度和国务院的规定确定。

5. 车船税的减免

根据车船税有关规定，下列车船免征车船税：

（1）捕捞、养殖渔船；

（2）军队、武装警察部队专用的车船；

（3）警用车船；

（4）依照法律规定应当予以免税的外国驻华使领馆、国际组织驻华代表机构及其有关人员的车船。

（5）对节约能源、使用新能源的车船可以减征或者免征车船税；对受严重自然灾害影响纳税困难以及有其他特殊原因确需减税、免税的，可以减征或者免征车船税。具体办法由国务院规定，并报全国人民代表大会常务委员会备案。

（6）省、自治区、直辖市人民政府根据当地实际情况，可以对公共交通车船，农村居民拥有并主要在农村地区使用的摩托车、三轮汽车和低速载货汽车定期减征或免征车船税。

8.9.2　车船税的计算

1. 车船税的计税依据

车船税计税标准分别为辆、自重吨位和净吨位。

（1）按“辆”征收，主要适用于载客汽车、摩托车。

（2）按“自重吨位”征收，主要适用于载货汽车、三轮汽车、低速货车、专项作业车和轮式专用机械车。

（3）按“净吨位”征收，主要适用于船舶。

2. 车船税应纳税额的计算

车船税应纳税额通用计算公式：

应纳税额 = 计税依据 × 适用税率

根据不同的计税标准，车船税的具体计算公式如下：

载客汽车、摩托车应纳税额 = 车辆数 × 适用单位税额
载货汽车、三轮车、低速货车应纳税额 = 自重吨数 × 适用单位税额
船舶应纳税额 = 净吨位 × 适用单位税额
拖船和非机动驳船应纳税额 = 净吨位 × 适用单位税额 × 50%
专项作业车和轮式专用机械车应纳税额 = 自重吨位数 × 适用单位税额

8.9.3　车船税的会计处理

企业计算的应纳车船税在“应交税费——应交车船税”账户里核算，同时确认企业的“税金及附加”。实际上缴时借记“应交税费——应交车船税”账户,贷记“银行存款”等账户。

【例 8-17】 某企业拥有机动载货车 5 辆，自重吨位 2 吨；有大客车 4 辆。根据当地政府规定，载货汽车计税额为自重每吨 40 元，大客车每辆年税额为 500 元。则该企业本年应纳车船税税额及其相关的会计处理为：

年应纳税额 = 5 × 2 × 40 + 4 × 500 = 2 400（元）

①计提时

借：税金及附加　　2 400

　贷：应交税费——应交车船税　　2 400

②实际缴纳时

借：应交税费——应交车船税　　2 400

　贷：银行存款　　2 400

8.9.4　车船税的纳税申报

1. 纳税义务发生时间

（1）车船税的纳税义务发生时间，为车船管理部门核发的车船登记证书或者行驶证书所注日期的当月。

（2）纳税人未按照规定到车船管理部门办理应税车船登记手续的，以车船购置发票所注开具时间的当月作为车船税的纳税义务发生时间。

（3）对未办理车船登记手续且无法提供车船购置发票的，由主管地方税务机关核定纳税义务发生时间。

2. 纳税期限

车船税按年申报纳税，分月计算，一次性缴纳。纳税年度为公历1月1日至12月31日。具体申报纳税期限由省、自治区、直辖市人民政府规定。

3. 纳税地点

车船税的纳税地点为车船的登记地或者车船税扣缴义务人所在地。依法不需要办理登记的车船，车船税的纳税地点为车船的所有人或者管理人所在地。

8.10　车辆购置税会计

8.10.1　车辆购置税的概述

1. 车辆购置税的含义

现行车辆购置税是指在中华人民共和国境内购置（并使用）汽车、有轨电车、汽车挂车、排气量超过150毫升的摩托车的购置者征收的一种税。车辆购置税属于一次征收的特种财产税。现行的车辆购置税的基本规范是2018年12月29日第十三届全国人民代表大会常务委员会第七次会议通过，并于2019年7月1日起施行的《中华人民共和国车辆购置税法》。

2. 车辆购置税的纳税人

我国境内购置汽车、有轨电车、汽车挂车、排气量超过150毫升的摩托车（以下统称“应税车辆”）的单位和个人，为车辆购置税的纳税人。其中，购置是指以购买、进口、自产、受赠、获奖或以其他方式取得并自用应税车辆的行为。单位是指国有企业、集体企业、私营企业、股份制企业、外商投资企业、外国企业，以及其他企业和事业单位、社会团体、国家机关、部队和其他单位；个人是指个体工商户及其他个人，包括中国公民和外国公民。

3. 车辆购置税的征税范围

车辆购置税的征税范围比较广泛，包括：汽车、摩托车（轻便摩托车、二轮摩托车、三轮摩托车）、电车（无轨电车、有轨电车）、挂车（全挂车、半挂车）、农用运输车（三轮车、四轮车）。

4. 车辆购置税的税率

车辆购置税实行统一比例税率，税率为 10%。

5. 车辆购置税的减免

（1）外国驻华使馆、领事馆和国际组织驻华机构及其外交人员自用车辆免税。

（2）中国人民解放军和中国人民警察部队列入军队武器装备订货计划的车辆免税。

（3）设有固定装置的非运输车辆免税。

（4）自 2018 年 1 月 1 日至 2020 年 12 月 31 日，对购置列入《新能源汽车车型目录》的新能源汽车免征车辆购置税。

（5）自 2016 年 1 月 1 日至 2020 年 12 月 31 日，对城市公交企业购置的公共汽电车辆免征车辆购置税。

（6）对部分特殊用途车辆实行免税指标管理。包括“母亲健康快车”项目流动医疗车辆、防汛专用车辆、森林消防专用车辆。

（7）长期来华定居专家进口 1 辆自用小汽车免征车辆购置税。

（8）回国服务的留学人员用现汇购买 1 辆自用国产小汽车可免税。

（9）农用三轮运输车免税。

（10）自 2018 年 7 月 1 日至 2021 年 6 月 30 日，对购置挂车减半征收车辆购置税。

拓展阅读8-8 什么车型享受车辆购置税减免税优惠政策？

6. 车辆购置税的退税制度

（1）已缴纳车辆购置税的车辆，发生下列情形之一的，准予申请退税：

① 车辆退回生产企业或者经销商的；

② 符合免税条件的设有固定装置的非运输专用作业车辆但已征税的；

③ 其他依据法律法规规定应予退税的情形。

（2）纳税人申请退税时，应如实填写“车辆购置税退税申请表”，由本人、单位授权人员到主管税务机关办理退税手续，提供相关资料。

（3）退税计算

纳税人申请退还车辆购置税的，退税额以已缴税款为基准，自缴纳税款之日至申请退税之日，每满一年扣减 10%，未满一年的，按已缴纳税款全额退税。

应退税额 = 已纳税额 ×（1− 使用年限 × 10%）

【例 8-18】 下列关于车辆购置税退税的说法中，错误的是（　　）。

A. 因质量原因车辆被退回经销商，可以申请退税

B. 纳税人应填写“车辆购置税退税申请表”办理退税

C. 纳税人应提供经销商开具的退车证明或退车发票作为退税资料

D. 使用年限的计算自纳税人缴纳税款次日起，至申请退税之日止

【答案】 D

【解析】 使用年限的计算自纳税人缴纳税款之日起，至申请退税之日止。

8.10.2 车辆购置税的计算

1. 计税依据

车辆购置税实行从价定率征收，它的计税依据是车辆的计税价格。车辆购置税的计税价格具体情况如下：

（1）购买自用应税车辆计税依据的确定

购买自用应税车辆计税价格的包括纳税人购买应税车辆而支付给销售者的全部价款和价外费用，但不包括增值税税款。

（2）进口自用应税车辆计税依据的确定

纳税人进口自用的应税车辆以组成计税价格为计税依据。这里的“进口自用的应税车辆”，是指纳税人直接从境外进口或委托代理进口自用的应税车辆，即非贸易方式进口自用的应税车辆。计税价格的计算公式为：

计税价格 = 关税完税价格 + 关税 + 消费税

① 公式中的“关税完税价格”，是指海关核定的关税完税价格。

② 公式中的“关税”，是指由海关课征的进口车辆的关税，其计算公式为：

应纳关税 = 关税完税价格 × 关税税率

③ 公式中的“消费税”，是由海关代征的消费税，其计算公式为：

应纳消费税税额 = 组成计税价格 × 消费税税率

组成计税价格 =（关税完税价格 + 关税）÷（1− 消费税税率）

关税完税价格、关税和消费税的相关资料，可以凭海关相关的完税证明取得。

（3）纳税人自产自用应税车辆计税价格，按照纳税人生产的同类应税车辆的销售价格确定，不包括增值税税款。

（4）纳税人受赠、获奖或者以其他方式取得并自用的应税车辆的计税价格，按照购

置应税车辆时相关凭证载明的价格确定，不包括增值税税款。

纳税人申报的应税车辆计税价格明显偏低，又无正当理由的，申报的计税价格低于同类型应税车辆的最低计税价格，由税务机关依照《中华人民共和国税收征收管理法》的规定核定其应纳税额。

纳税人以外汇结算应税车辆价款的，按照申报纳税之日的人民币汇率中间价折合成人民币计算缴纳税款。

2. 车辆购置税的计算

车辆购置税实行从价定率的方法计算应纳税额，其计算公式为：

$$应纳税额 = 计税价格 \times 税率$$

8.10.3 车辆购置税的会计处理

企业缴纳的车辆购置税应当作为所购置车辆的成本。由于车辆购置税是一次性缴纳，因此它可以不通过“应交税费”账户进行核算。在具体进行会计核算时，对于企业实际缴纳的车辆购置税，借记“固定资产”账户，贷记“银行存款”账户。

【例 8-19】 东方租赁公司经批准从美国进口 1.6 升排量以上汽车 2 辆，到岸价格为 25 000 美元，海关征收 30% 的进口关税，消费税税率为 8%，企业按规定缴纳进口关税 50 400 元，消费税 18 991.30 元。东方公司进行车辆购置税纳税申报当日人民银行公布的基准汇价为 1 美元 = 6.72 人民币。

要求：（1）计算东方公司进口自用的应税车辆的计税价格；

（2）计算东方公司进口自用的应税车辆的应纳税额；

（3）对该公司车辆购置税进行会计处理。

解答：

（1）计税价格 = 25 000 × 6.72 + 50 400 + 18 991.30 = 237 391.30（元）

（2）进口车辆的应纳税额 = 237 391.30 × 10% = 23 739.13（元）

（3）该公司车辆购置税的会计处理为

	借方	贷方
借：固定资产	23 739.13	
贷：银行存款		23 739.13

8.10.4 车辆购置税的纳税申报

1. 纳税义务发生时间

车辆购置税纳税义务发生时间因取得车辆的方式而不同：购买自用车为购买当天，进口自用车为进口当天，自产、受赠、获奖以及其他方式取得的为取得当天。

2. 纳税期限

纳税人应在纳税义务发生之日起 60 日内申报纳税。

3. 纳税地点

纳税人购置应税车辆，应当向车辆登记注册地的主管税务机关申报纳税；购置不需要办理车辆登记注册手续的应税车辆，应当向纳税人所在地的主管税务机关申报纳税。

纳税人应当持主管税务机关出具的完税证明或者免税证明，向公安机关车辆管理机构办理车辆登记注册手续；没有完税证明或者免税证明的，公安机关车辆管理机构不得办理车辆登记注册手续。

本章小结

本章主要介绍了土地增值税、资源税、房产税、印花税、城镇土地使用税、车船税、城市维护建设税及教育费附加、耕地占用税、契税、车辆购置税十个小税种，就其概念、纳税人、税目税率、征税范围、税收减免、应纳税额的计算、会计处理等内容根据我国目前最新的税法规定以及新会计准则的处理方法做了详细的阐述。考虑到我国对房产税、资源税、车船税、耕地占用税、车辆购置税税率和税收优惠改动较大，所以针对这几个小税种的相关方面也做了讲解，以便读者了解更新更全面的相关知识。

拓展阅读8-9　中英文关键词语对照

第8章　即测即练

案例讨论　土地增值税清算中的税收风险及应对策略

第9章

税务筹划基本原理及应用

本章学习目标：

通过本章学习，学员应该能够：

1. 掌握税务筹划的原理、基本手段、方法与技术；
2. 理解增值税、消费税、土地增值税税务筹划；
3. 了解企业经营活动的税务策划。

案例导入与问题提出：

金星工厂销售建筑材料，并代客装潢。2019 年 6 月，该公司承包的一项装潢工程总收入为 116 万元，该公司为装潢购进材料 85 万元（不含增值税）。该公司销售建筑材料的增值税适用税率为 13%，装潢的增值税适用的税率为 9%。

请回答：假设工程的总收入为 180 万元，如何进行税务筹划？

9.1 税务筹划的原理

9.1.1 税务筹划的概念

税务筹划亦称税收筹划、纳税筹划，是指在纳税行为发生之前，在不违反法律、法规（税法及其他相关法律、法规）的前提下，通过对纳税主体（法人或自然人）的经营活动或投资行为等涉税事项做出事先安排，以达到少缴税或递延纳税目标的一系列谋划活动。

税务筹划在西方国家的研究与实践起步较早，在 20 世纪 30 年代就引起社会的关注，并得到法律的认可。而在我国，税务筹划自 20 世纪 90 年代初引入以后，其功能和作用不断被人们所认识、所接受、所重视，已经成为有关中介机构的一项特别有前景的业务。目前，税务筹划是税务代理机构可从事的不具有鉴证性能的业务内容之一。

拓展阅读9-1　税务筹划是合理的吗？

税务筹划有狭义与广义之分。狭义的税务筹划仅指节税，是指纳税人在不违反法律、政策规定的前提下，通过对经营、投资、理财活动的安排和筹划，尽可能减轻税收负担，达到最小纳税目的。广义的税务筹划既包括节税，又包括避税。在税务筹划实务中，节税与避税往往难以严格划分，因此，本章所述税务筹划是广义的税务筹划。

9.1.2 税务筹划的原则

1. 合法性原则

合法性原则也称不违法性原则。进行税务筹划，应该以现行税法及相关法律等为法律依据，要在熟知税法规定的前提下，利用税制构成要素中的税负弹性进行税务筹划，选择最优的纳税方案。税务筹划的最基本原则或最基本特征是符合税法或者不违反税法，这是区别于偷、逃、欠、抗、骗税的关键。

2. 保护性原则

由于我国大部分税种的税率、征收率不固定，采用不同的扣除率、出口退税率，纳税人要避免多缴税款，在经营不同税种、经营不同税率的货物、劳务时，在出口货物时，在同时经营应税与免税货物时，要按不同税率（退税率）分别设账，分别核算（它与财务会计的设账原则不同）；在有混合销售行为时，要掌握计税原则。另外，由于增值税实行专用发票抵扣制，依法取得并认真审核、妥善保管专用发票是至关重要的。对纳税人来说，这都是保护性的举措，否则，不但不能减轻负担，还可能加重税负。

3. 时效性原则

时效性原则体现在充分利用资金的时间价值上，如销售（营业）收入的确认、准予扣除项目的确认、增值税进项税额的确认与抵扣时间、销售与销项税额的确认时间、出口与出口退税时间等，都有时效性问题。再则，程序性税法与实体性税法如有变动，遵循“程序从新、实体从旧”原则也是时效性原则的一种体现。

4. 整体综合性原则

在进行一种税的税务筹划时，还要考虑与之有关的其他税种的税负效应，进行整体筹划，综合衡量，以求整体税负最轻、长期税负最轻，防止顾此失彼，前轻后重。从小的方面说，眼睛不能只盯在个别税种的税负高低上，一种税少缴了，另一种税是否要多缴？要着眼于整体税负的轻重。还要从另一个角度看，税收支付的减少不等于资本总体收益的增加。设在我国经济特区的某些外资企业，用转让定价的方法将利润逆向转移到境外高税区，为的是逃避外汇管制，追求集团总体收益而非税负最轻。最理想的当然是节税增收，如果有多种的税收选择，总体收益最多但纳税并非最少的一种方案，也应视为理想的方案。就是说，税务筹划要算大账。选优弃劣，避害取利，始终是税务筹划的根本原则。

9.1.3 税务筹划的特点

税务筹划具有合法性、超前性、目的性、普遍性、风险性和专业性等特点。

1. 合法性

合法性是指税务筹划只能在税收法律许可的范围内进行。这里有两层含义：一是遵守税法，二是不违反税法。纳税人负有依法纳税的责任和义务，任何不纳、少纳或推迟缴纳税款的行为都是违法的。而税务筹划是在对税法进行认真研究比较后，对纳税进行的一种最优化选择，符合政府的宏观调控目标。在有多种纳税方案可供选择时，纳税人利用对税法的熟识、对实践技术的掌握，做出缴纳低税负的决策是无可非议的，征税人不应当加以反对。税务筹划也正是税收政策引导经济、调节纳税人经营行为的重要方法之一。但违反税收法律规定，逃避纳税责任，以降低税收负担的行为，属于偷、逃税，要坚决加以反对和制止。

2. 超前性

超前性是指在应税行为发生之前，对经济事项进行规划、设计和安排。在经济活动中，纳税义务通常具有滞后性。企业交易行为发生后，才缴纳有关流转税；收益实现或分配后，才缴纳所得税；财产取得或行为发生之后，才缴纳财产税。这在客观上为纳税人提供了纳税前事先做出筹划的可能性。另外，经营、投资和理财活动是多方面的，税法规定也是有针对性的。纳税人和征税对象的性质不同，税收待遇也往往不同，这在另一方面向纳税人显示出可选择较低税负决策的机会。如果经营活动已经发生，应纳税款已经确定而去谋求少缴税款或不纳税款，则不能认为是税务筹划。

3. 目的性

目的性表示纳税人要取得税务筹划的税收利益。这有两层意思：一是选择低税负，低税负意味着低的税收成本，较低的税收成本意味着高的资本回报率；二是滞延纳税时间（不是指不按税法规定期限缴纳税款的欠税行为），纳税期的推后，获取货币的时间价值。通过一定的技巧，在资金运用方面做到提前收款、延缓支付。这将意味着企业可以得到一笔与滞延税款相等的政府无息贷款，避免高边际税率或减少利息支出，其结果都是减少支付的税款。

4. 普遍性

各个税种规定的纳税人、纳税对象、纳税地点、税目、税率、减免税及纳税期限等，一般都有差别。这就给纳税人提供了税务筹划的机会，也就决定了税务筹划的普遍性。

5. 风险性

税务筹划的目的是为了获得税收收益，但由于实际操作风险是客观存在的，往往不能达到预期效果，这与税务筹划的成本和税务筹划的风险有关。税务筹划的成本，是指由于采用税务筹划方案而增加的成本，包括显性成本和隐含成本，比如聘请专业人员支出的费用，采用一种税务筹划方案而放弃另一种税务筹划方案所导致的机会成本。此外，对税收政策理解不准确或操作不当，而在不知不觉的情况下采用了导致企业税负不减反增的方案，或者触犯法律而受到税务机关的处罚，都可能使得税务筹划的结果背离预期的效果。

6. 专业性

纳税人的税务筹划需要由其财务、会计专业人员进行。在面临社会化大生产、全球经济一体化、国际经贸业务的日益频繁及规模越来越大的情况下，各国税制也越来越复杂时，仅靠纳税人自身进行税务筹划就显得力不从心，作为第三产业的税务代理、税务咨询便应运而生，并逐步向专业化的方向发展。

9.1.4 税务筹划的作用

1. 有利于提高纳税人的纳税意识

企业纳税意识强的基本要求包含以下几方面：财务会计账证齐全、行为规范、信息真实完整；按规定办理营业登记与税务登记手续；及时、足额地申报缴纳税款，自觉配合税务机关的纳税检查；接受税务机关的处罚，如上缴滞纳金及罚款等。在我国，较早进行税务筹划的企业，多是一些“三资”企业或国有、民营大中型企业，这些企业的纳税一般比较规范，相当一部分还是纳税先进户或模范户。也就是说，税务筹划搞得好的企业往往纳税意识也比较强。因此，税务筹划与纳税意识的增强具有客观一致性和同步性的关系，是纳税人纳税意识提高的表现。同时，税务筹划的存在和发展为纳税人节约税收开支提供了合法的渠道，这在客观上减少了企业税收违法的可能性。

2. 有利于实现纳税人财务利益的最大化

企业可通过税务筹划，降低纳税人的税收费用，减少现金流出量，增加税后收益。同时，税务筹划还可以防止纳税人陷入税法陷阱。税法陷阱是税法漏洞的对称。税法漏洞的存在，给纳税人提供了避税的机会；而税法陷阱的存在，又让纳税人不得不小心，否则会落入税务当局设置的看似漏洞或优惠，实为陷阱的圈套。纳税人一旦落进税法陷阱，就要缴纳更多的税款，影响纳税人财务利益。可见，企业的税务筹划得当，用足用好税收优惠政策，有利于纳税人财务利益的最大化。

3. 有利于提高企业的经营管理和会计核算水平

资金、成本、利润是企业经营管理和会计管理的三大要素，税务筹划就是为了实现资金、成本、利润的最优效果，从而提高企业的经营管理水平。企业进行税务筹划离不开会计核算和会计管理，设立完整、规范的财务账表和选择会计处理方法是税务筹划的技术基础。企业各种经济业务的会计处理方法是多种多样的，选择不同的方法对企业利润、应纳税额和纳税期限有不同的影响。因此，会计人员既要熟知会计准则、会计制度，也要熟知现行税法，要按照税法要求设账、记账、编报财务会计报告、计税和填报纳税申报表及其附表。因此，税务筹划有利于提高企业的经营管理水平和会计管理水平。

4. 有利于优化企业产业结构

纳税人根据税法中税基与税率的差别，根据税收的各项优惠政策，进行投资决策、企业制度改造、产品结构调整等，尽管在主观上是为了减轻自己的税负，但在客观上却是在国家税收的经济杠杆作用下，逐步走向优化产业结构和生产力合理布局的道路，体现了国家的产业政策，有利于促进资本的流动和资源的合理配置，从而更好地发挥国家的税收宏观调控职能。

5. 有利于涵养税源，推动国民经济良性发展

国家宏观调控直接作用于市场，政策目标的实现有赖于市场主体的纳税人对国家政策做出积极正确的回应。企业按照国家税收政策进行税务筹划，减轻了企业的税负，企业有了活力和竞争力，从长远和整体上看，企业发展了，收入和利润增加了，税源丰盈，国家收入自然也会增加。因此，从长远和整体看，税务筹划不仅不会减少国家的税收总量，还可能增加国家的税收总量。

6. 有利于完善税收法律制度

纳税人的税务筹划可以促使税务当局及早发现现行税制中的不尽合理和不完善之处，依法对程序进行更正、补充或修改，从而使税收法律、制度不断健全和完善，更好地引导纳税人按照政府的意图去进行投资、消费、经营等活动，推动依法纳税、依法治税的进程。

9.2 税务筹划的基本手段

9.2.1 节税

1. 节税的含义

节税，又称节减税收，是纳税人利用税法的政策导向性，采取合法手段减少应纳税款的行为，一般是指纳税人在多种营利的经济活动方式中，在不违背国家税收立法精神的前提下，当存在多种税收政策、计税方法可供选择时，选择税负最轻或税收优惠最多的方法，以达到减少税收的目的。就实质而言，节税实际上就是税务筹划的另一种委婉表述。

通常意义上，凡是符合税收立法精神的实现税收负担减轻的行为都属于节税，节税在任何国家都是合法且正当的现象。比如我国对公司和合伙企业实行不同的纳税规定，企业出于税务筹划动机选择有利于自己的经营方式。在这种情况下，纳税人进入一个立法者所不希望去控制或不认为与财政有关的行为领域。因此,有的学者还将节税称为“顺法意识避税”。

2. 节税的特点

（1）合法性。节税是在符合税法规定的前提下，在税法允许，甚至鼓励的范围内

进行的纳税优化选择。合法性是节税行为区别于其他少缴应纳税款行为的一个最典型特点。

（2）政策导向性。税收作为有力的宏观调控手段（杠杆），各国政府都会根据纳税人谋求利润最大化的心态，有意识地通过税收优惠、鼓励政策，引导投资，引导消费。当纳税人的税务筹划符合这些政策的引导，则纳税人在实现节税目的的同时，政府也实现了其政策导向。

（3）普遍性。各国的税收制度都强调中性原则，但它在不同纳税人、征收对象（范围）、征收期限、地点、环节等方面，总是存在差别的，这就为纳税人节税提供了普遍性。

（4）策划性。节税包含税法、会计、财务管理、企业管理等多方面知识，具有很强的专业性，它需要纳税人充分了解现行税法知识和财务知识，结合企业全方位的筹资、投资和经营业务，进行合理合法的策划。没有策划就没有节税。

（5）形式多样性。各国的税法不同，不同时期的会计准则、会计制度有所变动，不同地区、不同行业之间也存在差异。这种差异越大，变动越多，纳税人节税的余地也越大，形式也越多。具体节税形式有：利用税收照顾性政策、鼓励性政策进行的节税，这是最基本的节税形式；根据税法的规定，在企业组建、经营、投资与筹资过程中进行旨在节税的抉择，或者在税法规定的范围内，选择不同的会计政策、会计方法以求节税。

9.2.2 避税

1. 避税的概念

避税是纳税人在熟知相关税境的税收法规的基础上，在不直接触犯税法的前提下，通过对筹资活动、投资活动、经营活动等的巧妙安排，利用税法的漏洞、特例或者其他不足之处，采取非违法的手段达到规避或减轻税负的行为。

从法律的角度分析，避税行为分为顺法意识避税和逆法意识避税两种类型。顺法意识避税活动及其产生的结果，与税法的立法意识相一致，它不影响或削弱税法的法律地位，也不影响或削弱税收的职能作用，如纳税人利用税收的起征点避税等。逆法意识避税是与税法的立法意识相悖的，它是利用税法的不足进行反制约、反控制的行为，但并不影响或削弱税法的法律地位。

避税实质上就是纳税人在履行应尽法律义务的前提下，运用税法赋予的权利保护既得利益的手段。避税并没有，也不会，也不能不履行法律规定的义务，避税不是对法定义务的抵制和对抗。必须明确的是：避税是纳税人应该享有的权利，即纳税人有权依据法律的“非不允许”进行选择和决策。国家针对避税活动暴露出的税法的不完备、不合理之处，采取修正、调整举措，是国家拥有的基本权力，也是国家对付避税的唯一正确的办法。如果用非法律的形式去矫正法律上的缺陷，只会带来诸多不良后果。因此，国家不能借助行政命令、政策、纪律、道德，甚至舆论来反对、削弱、谴责避税。退一步说，即使不承认避税是合法的，是受法律保护的经济行为，但也不能称其为违法的，应受法律制裁的经济行为。

2. 避税的分类

避税可以从不同角度分类，前文从法律的角度，将避税分为顺法意识避税与逆法意识避税，在税务筹划中，前者称为节税，通常避税指代后者。此外，避税还可以有以下分类。

（1）按涉及的税境分类

按涉及的税境分类，避税可分为国内避税和国际避税。国内避税是纳税人利用国内税法所提供的条件、存在的可能所进行的避税。一般情况下，从事国内避税比国际避税要容易些。国际避税比国内避税更普遍、更复杂。纳税人的避税活动一旦具备了某种涉外因素，从而与两个或两个以上国家的税收管辖权产生联系，就构成了国际避税，即国际避税是在不同税境（国境）下的避税。国际避税产生的原因很多，从纳税人的角度，当然是为了追求企业（公司）利润。从客观条件看，主要是因为各国税制存在的差异（税收管辖权、税率、获利机会等），税收的国际协调不够，国家之间的政治、经济以及税收方面的合作、协定不同。有的国家为了吸引外资推动本国经济发展，在税收上制定了一些特定的优惠政策，加之各国税收征管的力度不等，这些都为国际避税提供了机会。发达国家往往认为国际避税产生的原因是发展中国家为吸引外资、技术、管理经验等而制定的税收优惠政策。这种观点不够合理，因为企业的获利除了税收因素外，还有资金及资源供给、管理基础、技术、公共基础设施等诸因素，实际上发达国家企业的获利能力和机会是发展中国家的 40%~83%。

（2）按针对的税收法规制度分类

按针对的税收法规制度分类，避税可分为利用选择性条款避税，利用伸缩性条款避税，利用不明确条款避税和利用矛盾性条款避税。利用选择性条款避税，是针对税法中某一项目、某一条款并列规定的内容，纳税人从中选择有利于自己的内容和方法，如纳税期限、折旧方法、存货计价方法等。利用伸缩性条款避税，是针对税法中有的条款在执行中具有弹性，纳税人按有利于自己的理解去执行。利用不明确条款避税，是针对税法中过于抽象、过于简化的条款，纳税人根据自己的理解，从有利于自身利益的角度去进行筹划。利用矛盾性条款避税，是针对税法相互矛盾、相互冲突的内容，纳税人进行有利于自己的决策。

上述几种避税行为，有的可以使纳税人实现永久性避税（只要税法不修改），给企业带来长远利益；有的则仅是纳税人利用了时间差，暂时递延了纳税义务（财务会计上是先发生递延税款贷项），使纳税人获得资金营运上的好处（尽管是暂时的），因为这等于企业获得了政府的一笔无息贷款。而且，暂时性的避税利益也可能转化为永久性利益，如国家在暂时性避税期间修改了税法，并对已实现的暂时性避税利益不再追溯。因此，企业要根据各种条件，随时注意变化的各种情况，运用可能运用的一切避税形式寻求企业利益。

此外，还有一种税负转移避税，这种避税主要是针对流转税的，因为流转税在一般情况下都具有税负转嫁的特点，纳税人一般不是该税的负税人。这种避税不是对缴税的回避，也不是对税法不完善及其缺陷的利用，而是在纳税人直接缴纳税款后，再将税负转移他人，最终由他人负担。这种通过税负转移的避税要看其价格制定是否适当，当然，价格高低要看其产品在市场上的竞争能力，看供求弹性。价格过低时，税负就无法转嫁或全部转嫁出去。如果税率高，而销售价格又不能随之上扬，那就不能实现利用税负转移避税。

3. 避税的特点

（1）非违法性。逃税是违法的，节税是合法的，只有避税处在逃税与节税之间，属于“非违法”性质。

（2）策划性。逃税属于低素质纳税人的所为，而避税者往往素质较高，通过对现行税法的了解与研究，找出其中的漏洞，加以巧妙安排，这就是所谓的策划性。

（3）权利性。避税筹划实质上就是纳税人在履行应尽法律义务的前提下，运用税法赋予的权利，保护既得利益的手段。避税并没有，也不会，也不能不履行法律规定的义务，避税不是对法定义务的抵制和对抗。

（4）规范性。避税者的行为较规范，往往是依据税法的漏洞、特例或者其他不足之处展开的。

9.3 税务筹划的方法与技术

9.3.1 税务筹划的基本方法

税务筹划的方法很多，而且实践中也是多种方法结合起来使用。为了便于理解，这里只简单介绍转让定价筹划法、成本（费用）调整法、利用优惠政策筹划法和利用税法漏洞筹划法等几种方法。

1. 转让定价筹划法

1）转让定价的含义

转让定价又称转移定价，是指在经济活动中，有经济联系的企业各方为了转移收入、均摊利润或转移利润而在交换或买卖过程中，不是依照市场买卖规则和市场价格进行交易，而是根据它们之间的共同利益或为了最大限度地维护它们之间的收入进行的产品或非产品转让。转让定价筹划法主要是通过关联企业不符合营业常规的交易形式进行的税务筹划。它是税务筹划的基本方法之一，已被广泛地应用于国际、国内的税务筹划实务当中。

在转让定价筹划中，根据双方的意愿，产品的转让价格可高于或低于市场上由供求关系决定的价格，以达到少纳税甚至不纳税的目的。但为了保证利用转让定价进行税务筹划的有效性，筹划时应注意：要进行成本效益分析；充分考虑价格的波动应在一定的范围内，以防被税务机关调整而增加税负；纳税人可以运用多种方法进行全方位、系统的筹划安排。

2）转让定价的方式

关联企业之间进行转让定价的方式有很多，一般来说主要有以下几种。

（1）利用商品交易进行筹划。即关联企业间商品交易采取压低定价或抬高定价的策略，转移收入或利润，以实现从整体上减轻税收负担。例如有些实行高税率的企业，在向低税率的关联企业销售产品时，有意地压低产品的售价，将利润转移到关联企业。这是转让定价中应用最为广泛的做法。

（2）利用原材料及零部件购销进行筹划。通过控制零部件和原材料的购销价格，进而影响产品成本，来实现税务筹划。例如，由母公司向子公司低价供应零部件产品，或由子公司高价向母公司出售零部件，以此降低子公司的产品成本，使其获得较高的利润。又如，利用委托加工产品收回后直接出售的不再缴纳消费税的政策进行定价转让筹划。

（3）利用关联企业之间相互提供劳务进行筹划。关联企业相互提供劳务时，通过高作价、低作价，甚至不作价的方式收取劳务费用，从而使关联企业之间的利润根据需要进行转移，达到减轻税收负担的目的。

（4）利用无形资产价值评定困难进行筹划。因无形资产价值的评定没有统一的标准，关联企业即可以通过转让定价的方式调节利润，达到税收负担最小化的目的。如某企业将本企业的生产配方、商标权等无偿或低价提供给关联企业，不计或少计转让收入，但是另外从对方的获利中获取好处。

另外，还有利用租赁机器设备、利用管理费用等进行税务筹划。

3）转让定价的作用

由于转让定价的具体运用不同，其作用也是特定的。

（1）避税或者拖延缴纳所得税。价格转让可以使转出方与接受方的实际税负趋缓乃至消失。它主要适用于规定起征点的超额累进所得税税率的情况。

（2）减少从价计征的关税。利用有经济联系的企业发生进出口业务，通过拆装、分包、增减批量等方式使纳税额减少。

（3）集团公司（尤其是跨国集团公司）通过转让价格实现税负最小。利用高税区与低税区的税收差别，躲避高税区，使高税区成本提高，利润减少，而使低税区成本降低，利润增加，确保公司整体税负最轻。

（4）在一定条件下可以逃避外汇管制。不少国家的外汇管制较严，价格转让如果在实行不同外汇管制办法的国家进行，会使外汇管制失效或减效。价格转让可以起到货币转移的效果，如果A国外汇管制很严，B国外汇管制松，甚至不管制，那么在A国的企业向在B国的企业转让产品或劳务，就可以起到逃避A国外汇管制的作用。

（5）有助于减轻、消除风险。转让价格不仅使有利益关系的企业受益，而且也因风险随利益的均摊而降低，从而增强其竞争实力。

由此可见，在不同情况下采用转让定价筹划法，可以实现特定目的，发挥特定作用。不论是集团公司，还是非集团公司，只要它们之间有经济利益关系，并且是非单一利润中心，也就是说，它们之间有互补性、合法性，既保持独立，又进行联合，就能以转让定价方式进行避税。

2. 成本（费用）调整法

成本（费用）调整法是通过对成本（费用）的合理调整或分配（摊销），抵消收益，减少利润，以达到规避纳税义务的避税方法。应该指出，合理的成本（费用）调整和分摊，应是根据现行税收法规制度、会计准则和制度等，在可允许的范围内，所做的一些"技术处理"，它不违反有关法规制度，不是乱摊成本、乱计费用。企业会计人员、领导人员业务素质的高低，决定其财务管理水平的高低，其水平高低的一个重要标志就是如何最大限度地维护企业的间接利益，这是对真正的独立实体的必然要求。

成本（费用）调整法适用于各类企业、各种经济实体，在具体运用时，有发出材料、库存材料成本计算法，销售商品、库存商品计算法，折旧计算法，费用分配（摊）法，计提减值准备法以及技术改造运用法等。

企业发出存货成本计算与结转方法有先进先出法、加权平均法、移动平均法、个别计价法、计划成本法、毛利率法或零售价法等。不同的计价方法对存货的期末库存成本、销售成本影响不同，继而影响到当期应税所得额的大小。特别是在物价持续上涨或下跌的情况下，影响的程度会更大。企业就是利用其进行税务筹划的。例如，在物价持续下跌的情况下，采用先进先出法会降低税负。如果存货采用计划成本计价或售价法，还可以有不同的成本差异率、进销差价率计算方法；企业库存存货，有成本与市价孰低法等。企业不论先确定发出存货成本，还是先确定库存存货成本，都有多种方法可供选择。

折旧计算方法有平均折旧模式与递减折旧模式两种类型，每类模式又有不同的折旧方法。例如，按照会计准则的规定，固定资产折旧的方法主要有平均年限法、工作量法等直线法（或称平均折旧法）和双倍余额递减法、年数总和法等加速折旧法。企业从避税的角度选择折旧方法时，目的是最大限度地推迟或减缓（不是减少）应纳税款，从而产生不同的货币时间价值。因此，要考虑折旧时间、预计残值、各折旧方法的特点、所得税法及其预计未来变动等因素，综合考虑，不能顾此失彼。

成本（费用）分配（摊）法是指一次（笔）费用如何分配（摊）才能使企业利益最大。费用分配（摊）方法很多，有直接计入法、分期平均分摊法、净值摊销法、五成摊销法等。企业应根据各项费用的特点，合理选择分配（摊）方法。

技术改造运用法是指企业在固定资产（设备）投入使用后，在对其进行技术改造时，要综合考虑设备本身的技术状况、年收入情况、所得税税率等因素，选择税负最轻、税后利润多的年度进行技术改造（在不影响产品质量、市场占有率的前提下）。

3. 利用优惠政策筹划法

利用优惠政策筹划法，是指纳税人凭借国家税法规定的优惠政策进行税务筹划的方法。税收优惠政策是指税法对某些纳税人和征税对象给予鼓励和照顾的一种特殊规定。国家为了扶持某些特定产业、行业、地区、企业和产品的发展，或者对某些有实际困难的纳税人给予照顾，在税法中做出某些特殊规定，比如，免除其应缴的全部或部分税款，或者按照其缴纳税款的一定比例给予返还等，从而减轻其税收负担。

从总体角度来看，利用优惠政策筹划的方法主要如下。

（1）直接利用筹划法。国家为了实现总体经济目标，从宏观上调控经济，引导资源流向，制定了许多的税收优惠政策。对于纳税人利用税收优惠政策进行筹划，国家是支持与鼓励的，因为纳税人对税收优惠政策利用的越多，越有利于国家特定政策目标的实现。因此，纳税人可以光明正大地利用优惠政策为自己企业的生产经营活动服务。

（2）地点流动筹划法。从国际大环境来看，各国的税收政策各不相同，其差异主要有税率差异、税基差异、征税对象差异、纳税人差异、税收征管差异和税收优惠差异等，跨国纳税人可以巧妙地利用这些差异进行国际间的税务筹划；从国内税收环境来看，国家为了兼顾社会进步和区域经济的协调发展，税收优惠适当向西部地区倾斜，纳税人可以根据需要，或者选择在优惠地区注册，或者将现时不太景气的生产活动转移到优惠地区，以充分享受税收优惠政策，减轻企业的税收负担，提高企业的经济效益。

（3）创造条件筹划法。事实上，某些企业或个人的很多条件符合税收优惠规定，但却因为某一点或某几点条件不符合而不能享受优惠待遇；而某些企业或个人可能根本就不符合税收优惠条件，无法享受优惠待遇。此时，纳税人就得创造条件使自己符合税收优惠规定或者通过挂靠在某些能享受优惠待遇的企业或产业、行业，使自己符合优惠条件，以便享受优惠待遇。

4. 利用税法漏洞筹划法

利用税法漏洞进行筹划就是利用税法文字上的或税收实务中征管方大大小小的漏洞进行筹划的方法，属于避税筹划。纳税人可以利用税法漏洞争取自己并不违法的合理权益。漏洞主要指税法对某些内容的文字规定，因语法或字词有歧义而导致对税法理解的多样性，以及税法应该具有而在实际操作时存在的疏忽。漏洞是税法本身所无法克服的，它存在于任何一个国家和地区的税法之中，这主要是由时间变化、地点差异、人员素质、技术手段及经济状况的复杂、多样和多变的特点所决定的。作为纳税人，在充分了解，熟练掌握与运用财务知识的情况下，通过利用税法中的矛盾，利用税务机构设置不科学之处，利用税收管辖权等漏洞进行避税筹划，可以节约税收成本。

9.3.2　税务筹划的基本技术

1. 免税技术

免税技术，是指在合法、合理的情况下，使纳税人成为免税人，或使纳税人从事免税活动，或使征税对象成为免税对象而免税的一种节税技术。免税人包括自然人、公司、机构等。各国一般有两类不同目的的免税：一类是属于税收照顾性质的免税，它们对纳税人来说只是一种财务利益的补偿；另一类是属于税收奖励性质的免税，它们对纳税人来说则是财务利益的取得。照顾性免税通常是在特定条件下才取得的，而且一般也只是弥补损失，因此，并不能利用其达到节税目的，只有取得国家奖励性质的免税才能达到节税的目的。

利用免税技术的方法能直接免除纳税人的应纳税额，技术也简单，但适用范围狭窄，且有一定的风险性。免税是对特定纳税人、征税对象的减免，比如必须从事特定的行业，在特定的地区经营，要满足特定的条件等，但这并不是每个纳税人都能或都愿意做到的。因此，免税方法往往不能普遍运用。一些被认为是投资收益率低或风险高的地区、行业、项目和行为能够运用免税方法进行投资、经营，比如，投资高科技企业可以获得免税待遇，可能得到超过社会平均水平的投资收益，也可能具有高成长性，但风险也极高，很可能因投资失误而导致投资失败，使免税变得毫无意义。

利用免税技术进行税务筹划时，应以尽量争取更多的免税待遇和尽量延长免税期为要点。例如，如果国家对一般企业按普通税率征收所得税，对在A地的企业制定从开始经营之日起三年免税的规定，对在B地的企业制定从开始经营之日起五年免税的规定。那么，如果条件基本相同或利弊基本相抵，一个要设立的企业完全可以到B地去经营，以获得免税待遇，并使免税期最长化，从而在合法、合理的情况下节减更多的税收。

2. 减税技术

减税技术，是指在合法、合理的情况下，使纳税人减少应纳税收而直接节税的税务筹划技术。减税是国家为了实现其科技、产业和环保等政策所给予企业的减征部分税收的照顾或鼓励性质的措施，如我国对国家重点扶持的公共基础设施项目、符合条件的环境保护、节能节水项目，对循环经济产业，对符合规定的高新技术企业、小型微利企业、从事农业项目的企业等给予减税待遇。各国一般有两类不同目的减税：一是照顾性质的减税，如国家对遭受自然灾害地区的企业、残疾人企业等减税，是国家对纳税人由于各种不可抗拒原因造成的财务损失进行的财务补偿；二是奖励性质的减税，如高科技企业、公共基础设施投资企业等的减税，是对纳税人贯彻国家政策的财务奖励，对纳税人来说则是财务利益的取得。

利用减税技术进行税务筹划具有技术简单、适用范围狭窄、有一定风险性的特点。减税技术的使用要点就是在合法、合理的情况下，尽量争取减税待遇并使减税最大化和使减税期最长化。比如，A、B、C三个国家，公司所得税的普通税率基本相同，其他条件基本相似或利弊基本相抵。一个企业生产的商品90%以上出口到世界各国，A国对该企业所得按普通税率征税；B国为鼓励外向型经济发展，对此类企业减征30%的所得税，减税期为5年；C国对此类企业减征40%所得税，而且没有减税期的限制。打算长期经营此项业务的企业，可以考虑把公司或者子公司办到C国去，从而在合法的情况下，使节减的税款最大化。

3. 税率差异技术

税率差异技术，是指在合法、合理的情况下，利用税率的差异而直接节税的税务筹划技术。其实质是尽量利用税率的差异使节税最大化，税率差异在各国都普遍存在。在开放经济下，一个企业完全可以利用税率的差异使节减的税款最大化。比如，A国的公司所得税的税率是30%，B国为40%，C国为38%，那么在其他条件基本相似或利弊基本相同的条件下，投资者到A国开办公司就可使节税最大化。

利用税率差异进行税务筹划具有适用范围较广，技术较为复杂、具有相对确定性的特点。采用税率差异节税不但受不同税率差异的影响，有时还受不同计税基数差异的影响。计税基数计算的复杂性，使利用税率差异技术能够节减的税收计算也变得复杂。比如，计算出结果，要进行比较才能得出税负大小的结论；税率差异的普遍存在性，又给了每个纳税人一定的选择余地，因此，税率差异技术是一种能普遍运用，适用范围较广的节税筹划技术；税率差异的客观存在性及在一定时期的相对稳定性，又使税率差异技术具有相对确定性。

利用税率差异技术的要点在于尽量寻求税率最低化，以及尽量寻求税率差异的稳定性和长期性。另外，利用该技术，还应考虑外部环境的稳定性和长期性对企业的影响。比如，政局稳定的国家的税率差异就比政局动荡国家的税率差异更具稳定性，政策制度稳健国家的税率差异就比政策制度多变国家的税率差异更具长期性。

4. 分割技术

分割技术，是指在合法、合理的情况下，使所得、财产在两个或更多个纳税人之间进行分割而直接节税的税务筹划技术。许多国家出于调节收入等社会政策的考虑，对所得税和一般财产税通常都会采用累进税率，即计税基数越大，适用的最高边际税率也越高。如果使所得、财产在两个或更多个纳税人之间进行分割，可以使计税基数降至低税率级次，从而降低最高边际适用税率，节减税收。比如，一国应税所得 20 万元以下的适用税率是 10%，20 万元至 40 万元部分的适用税率是 20%，该国允许夫妇分别或合并申报。某年一对各有应税所得 18 万元的夫妇，若合并申报纳税则应纳所得税为 5.2 万元 [20 × 10% +（36−20）× 20%]，但是要分别申报纳税则应纳所得税为 3.6 万元（18 × 10% × 2），节减所得税 1.6 万元（5.2−3.6）。

采用分割技术节税的要点在于使分割合理化、节税最大化。

5. 扣除技术

扣除技术，是指在合法、合理的情况下，使税收扣除额增加而实现直接节税，或调整各个计税期的扣除额而实现相对节税的税务筹划技术。在收入相同的情况下，各项扣除额、宽免额、冲抵额等越大，计税基数就会越小，应纳税额也就越小，从而节税会越多。

利用扣除技术进行税务筹划，技术较为复杂、适用范围较大、具有相对确定性。各国税法中的各种扣除、宽免、冲抵规定是最为烦琐复杂的，同时变化也最多、最大，因而要节减更多的税收就要精通所有有关的最新税法规定，计算出结果并加以比较，所以说扣除技术较为复杂。税收扣除适用于所有纳税人的规定，说明扣除技术具有普遍性与适用范围广泛性的特点；税收扣除在规定时期是相对稳定的，又决定了采用扣除技术进行税务筹划具有相对确定性。

利用扣除技术进行税务筹划的要点在于使扣除项目最多化、扣除金额最大化和扣除最早化。

6. 抵免技术

抵免技术，是指在合法、合理的情况下，使税收抵免额增加而节税的税务筹划技术。税收抵免额越大，冲抵应纳税额的数额就越大，应纳税额就越小，从而节减的税额就越大。

利用抵免技术进行税务筹划，技术较为简单，适用范围较大，具有相对确定性。各个国家往往规定了多种税收抵免技术，一般计算都不是很复杂，所以说抵免技术较为简单。税收抵免普遍适用于所有纳税人，任何纳税人只要收入符合抵免规定，都可申请抵免，说明抵免技术具有适用范围较大的特点；抵免是相对稳定，风险较小的。

利用抵免技术进行税务筹划的要点在于使抵免项目最多化、抵免金额最大化。

7. 延期纳税技术

延期纳税技术，又称缓税技术，是指在合法、合理的情况下，使纳税人延期缴纳税收而节税的税务筹划技术。《IBFD国际税收辞汇》（第7版）中对延期纳税做了精辟的阐述，延期纳税的好处有：有利于资金周转，节省利息支出，以及由于通货膨胀的影响，延期以后缴纳的税款币值下降，从而降低了实际纳税额。纳税人延期缴纳本期税收并不能减少纳税人纳税绝对总额，但相当于得到一笔无息贷款，可以增加纳税人本期的现金流量，使纳税人在本期有更多的资金扩大流动资本，用于资本投资。由于资金的时间价值，即今天多投入的资金可以产生收益，使将来可以获得更多的税后所得，从而相对节减税收。

利用延期纳税技术进行税务筹划，技术较为复杂、适用范围大、风险小。大多数延期纳税涉及会计制度各个方面规定，并涉及财务管理的问题，需要具备一定的统计和财务管理方面的知识，同时延期纳税技术方案要通过较为复杂的财务计算才能知道相对节减税收的额度，所以说延期纳税技术较为复杂；延期纳税可以利用税法延期纳税规定、会计政策选择性方法等进行节税筹划，适用于所有纳税人，同时主要是利用财务原理，而不是其他容易变化的政策，因此其适用范围大、风险小。如企业实现递延纳税的一个重要途径是采取有利的会计处理方法，通过对暂时性差异的处理使当期的会计所得大于应纳税所得，形成递延所得税负债，即可实现纳税期的递延。

利用延期纳税技术进行税务筹划，如果能够使纳税项目最多化、延长期最长化，则可以达到节税的最大化。

8. 退税技术

退税技术，是指在合法、合理的情况下，使税务机关退还纳税人已纳税款而直接节税的一种税务筹划技术。利用退税筹划，在已缴纳税款的情况下，退税无疑是偿还了缴纳的税款，节减了税收，退税额越大，节减的税收就越多。

利用退税技术进行税务筹划，技术较为简单，适用范围较小，具有一定的风险性。退税技术节减的税收，通过简单的计算就能算出，不需要复杂的技术；退税一般只适用于某些特定行为的纳税人，这使得适用范围具有较大的限制；国家用退税的方法鼓励的特定行为，往往具有一定的风险性，使得采用退税技术进行税务筹划也具有一定的风险性。

利用退税技术进行税务筹划，应在税法规定的范围内，尽量争取更多的退税待遇，达到节税的最大化；尽量使应退的税额最大化，退税额越大，企业的税后利润也会越大。

上述几种税务筹划技术，纳税人可单独使用，也可同时采用。如果同时采用两种或两种以上的税务筹划技术，应注意各税务筹划技术之间相互影响的问题。

9.3.3 税务筹划的基本步骤

第一步，熟练掌握有关法律规定。

税务筹划的一项重要前期工作，必须要熟知税法及相关法律，理解法律精神，掌握政策尺度。进行税务筹划，必须要全面掌握税法的各项规定，尤其是各项税收优惠政策，它们往往都是散见于各项文件之中，有的是人大常委会、国务院颁发的，有的是财政部、国家税务总局联合发文，有的是国家税务总局发文，还有的可能是省（市）发文。这些都要收集齐全，进行归类。

第二步，确立税务筹划目标，建立备选方案。

根据税务筹划内容，同时结合纳税人的情况和纳税人的要求，明确税务筹划的目标，建立多个备选方案。每一方案的制定要尽可能详细，包括：税务筹划的具体步骤、方法、注意事项，税务筹划所依据的税收法律法规，在税务筹划过程中可能面临的风险等。

第三步，建立数学模型，进行模拟决策（测算）。

根据有关税法规定和纳税人预计经营情况（中、长期预算等），尽可能建立相应的数学模型，进行演算，模拟决策，修改备选方案。

第四步，根据税后净回报，排列备选方案。

分析每一备选方案，所有备选方案的比较都要在成本最低化和利润最大化的分析框架里进行，并以此标准确立能够产生最大税后净回报的方案。同时，还要考虑企业风险、税收风险、政治风险等因素。

第五步，选择最优方案。

最优方案是在特定环境下选择的，因此，在选择之前，要考虑这些环境能保持多长时间的稳定期，尤其是在国际税务筹划时，更应考虑这个问题。

第六步，付诸实践，信息反馈。

税务筹划的时间可能比较长，在计划实施以后，筹划人需要运用信息反馈制度，经常、定期地通过一定的信息反馈渠道来了解纳税方案执行的情况，验证实际税务筹划结果是否同当初测算、估算一致，为今后税务筹划提供参考依据。

9.4 增值税税务筹划

为进一步完善税制，国务院决定自 2009 年 1 月 1 日起全面实施增值税转型改革，即将生产型增值税转为消费型增值税，并修订了《中华人民共和国增值税暂行条例》及《中华人民共和国增值税暂行条例实施细则》。2012 年又启动营业税改征增值税（以下简称营改增）试点，2016 年 5 月 1 日全面推开。营改增是推进供给侧结构性改革的重大举措，是近年来我国实施的减税规模最大的改革措施，对于推动构建统一简洁税制和消除重复征税、有效减轻企业和群众负担，拉长产业链条，扩大税基，落实创新驱动发展战略，促进新动能成长和产业升级，带动增加就业，起到了一举多得的重要作用。全面推开营改增试点后，原来实行营业税的服务业领域已统一征收增值税。为了进一步降低税负，从 2017 年 7 月 1 日起，将增值税税率由四档减至 17%、11% 和 6% 三档，取消 13% 这一档税率；将农产品、天然气等增值税税率从 13% 降至 11%。为依法确定和巩固营改增试点成果，进一步稳定各方面预期，2017 年 11 月国务院决定废止《中华人民共和国营业税暂行条例》，同时对《中华人民共和国增值税暂行条例》作相应修改。

为了进一步深化增值税改革，自 2018 年 5 月 1 日起，我国将增值税一般纳税人适用的税率由 17%、11% 和 6% 三档税率调整为 16%、10% 和 6%。将工业企业和商业企业小规模纳税人的年销售额标准由 50 万元和 80 万元上调至 500 万元，并在一定期限内允许已登记为一般纳税人的企业转登记为小规模纳税人，让更多企业享受按较低征收率计税的优惠。为实施更大规模减税，深化增值税改革，2019 年 4 月 1 日起，将制造业等行业现行 16% 的税率降至 13%，将交通运输业、建筑业等行业现行 10% 的税率降至 9%，保持 6% 一档的税率不变。

改革后的增值税仍具有普遍征收、价外计税、使用专用发票、税率简化的特点，反映出公平、中性、透明、普遍、便利的原则精神，对于规范税收制度、抑制偷税行为发挥了积极有效的作用。然而，税法中关于增值税税制要素的多种选择依然为纳税人进行税务筹划提供了空间。

9.4.1 利用纳税人身份进行税务筹划

现行税法对一般纳税人和小规模纳税人实行差别待遇，这为小规模纳税人与一般纳税人进行税务筹划提供了可能性。小规模纳税人的税负通常被认为重于一般纳税人，但这并不是绝对的。纳税人进行税务筹划的目的在于，通过减少税负支出以降低现金流出量。企业为了减轻税负，在暂时无法扩大经营规模的前提下实现由小规模纳税人向一般纳税人的转换必然要增加会计成本。例如，增设会计账簿，培养或聘请有能力的会计人员等。如果小规模纳税人由于税负减轻而带来的收益尚不足以抵扣这些成本的支出，则宁可保持小规模纳税人身份。

【例 9-1】 某工业企业为小规模纳税人。年应税销售额 60 万元（不含税），会计核算制度也比较健全，符合作为一般纳税人条件，如果申请为一般纳税人后，适用 13% 的增值税率，但该企业可抵扣的购进项目金额只有 20 万元（不含税）。请对其进行税务筹划。

方案一：若企业申请作为一般纳税人。

则应纳增值税税额为 = 60 × 13% − 20 × 13% = 5.2（万元）

方案二：若企业仍作为小规模纳税人。

则应纳增值税税额为 = 60 × 3% = 1.8（万元）

可见，方案二比方案一少缴增值税 3.4 万元。因此，企业应当选择方案二。

9.4.2 利用混合销售行为进行税务筹划

一项销售行为如果既涉及货物又涉及服务，为混合销售行为。根据《中华人民共和国增值税暂行条例实施细则》规定，从事货物的生产、批发或者零售的单位和个体工商户的混合销售，按照销售货物缴纳增值税；其他单位和个体工商户的混合销售，按照销售服务缴纳增值税。其中，从事货物的生产、批发或者零售的单位和个体工商户，包括以从事货物的生产、批发或者零售为主，并兼营销售服务的单位和个体工商户。

认定混合销售的关键点：一是其销售行为必须是一项，二是该项行为必须既涉及服务又涉及货物。其中“货物”是指增值税条例中规定的有形动产，包括电力、热力和气体；服务是指属于营改增范围的交通运输服务、建筑服务、金融保险服务、邮政服务、电信服务、现代服务、生活服务等。混合销售是一项销售行为，虽然既涉及货物又涉及服务，但是二者之间有直接关联或互为从属关系。如商场销售空调的同时提供送货上门、安装服务。混合销售行为按照主营业务缴纳增值税。

对混合销售行为进行税务筹划常见思路有两种：第一种思路是应税服务混合销售，统一核算，降低货物销售的税率；第二种思路是应税货物和劳务混合销售，尽可能将应税服务业务单独成立公司，单独核算。避免应税服务按照销售货物缴税。

【例 9-2】 甲公司为空调销售企业，为增值税一般纳税人，适用 13% 的增值税率，销售空调同时提供安装服务，公司每月平均销售空调 300 台，安装费每台含税价为 100 元，包含在空调价款中。财务部建议：将安装业务独立注册公司，另行收取安装费。总经理向会计事务所咨询建议可存性。

首先，如单独成立安装公司，则安装公司年销售额约为：300 × 100 × 12 = 360 000（元）

年销售额未达到一般纳税人认定标准，可以按照小规模纳税人缴纳增值税。

每年估计缴纳增值税为：[360 000 ÷（1 + 3%）] × 3%≈10 485(元)

其次，如按现有经营模式，空调安装几乎无法取得增值税进项税额。

则每年估计缴纳增值税 = [360 000 ÷（1 + 13%）] × 13%≈41 416(元)

如果空调安装公司独立注册为纳税人，能为公司节省税款 30 931 元。可见，财务部的建议方案可行。

需要注意的是，利用混合销售行为进行税务筹划不能明显割裂经济活动。国家税务总局下文明确的视同销售行为不应该分开核算，否则可能被认定为偷税或避税，即使没有明确过的混合销售行为，也应该按照通常交易规则进行核实。税务筹划的目的是实现企业利润最大化，筹划不能影响企业的正常经营、销售，将一项正常业务人为割裂为两个业务，势必会对生产经营造成影响。税务机关对新办企业核定税种时，判断“主营业务”主要根据营业执照登记的内容，经营期间会参照会计账簿判断主营业务。利用应税服务混合销售进行税务筹划，要关注货物销售的价格是否超过销售额 50%，如果超过 50%，税务机关有权认定企业为货物销售的混合销售，其税负可能骤增。

9.4.3 利用兼营行为进行税务筹划

如前所述，自 2016 年 5 月 1 日起，我国在全国范围内全面施行增值税，结束了增值税和营业税并存的现象。自 2019 年 4 月 1 日起，我国增值税一般纳税人适用的税率为 13%、9% 和 6%，再加上特定情况下适用征收率 5% 和 3%。若纳税人从事不同销售行为，如销售货物、劳务、服务、无形资产或者不动产，在纳税问题上判断是否属于兼营业务时，必须遵从税法的规定。

兼营行为，是指纳税人发生的应税行为，既包括销售货物、应税劳务、应税服务，又包括转让不动产、无形资产。但是，各类应税行为不同时发生在同一购买者身上，既不发生在同一项销售行为中。如家电生产企业既销售自产家电，又有运输资质的车队负责运输；房地产中介公司，既做二手房买卖，又提供经纪代理服务。

对上述兼营行为，《中华人民共和国增值税暂行条例》的税务处理方法是：纳税人同时兼有销售货物、劳务、服务、无形资产、不动产等应税销售行为，适用不同税率或征收率的，应当分别核算适用不同税率或者征收率的销售额；未分别核算销售额的，从高适用税率或者征收率。所谓"分别核算"，主要是指对兼营不同税率或者征收率的销售货物、提供应税劳务、发生应税行为，在取得收入后，应分别如实记账，分别核算销售额，并按照不同的税率或者征收率各自计算应纳税额，以避免适用税率或者征收率混乱，出现少缴或多缴税款的现象。所谓"对未分别核算销售额的，从高适用税率或者征收率"，是指兼有不同税率的销售货物、提供应税劳务、发生应税行为，从高适用税率；兼有不同征收率的销售货物、提供应税劳务、发生应税行为，从高适用征收率；兼有不同税率和征收率的销售货物、提供应税劳务、发生应税行为，从高适用税率与征收率。这样的规定有利于促进纳税人健全账簿，正确核算应纳税额。

原来缴纳营业税的业务，营改增后除了出租动产适用 13% 的增值税税率外，其他业务适用税率（9% 和 6%）都明显低于销售货物适用税率（13% 和 9%），因此，对于主营业务和兼营业务存在税率差异的企业，一定要注意分别核算主营和兼营业务的销售收入，即分别核算适用不同税目和税率的收入，否则将会被税务机关按照高税率的业务一并计算缴纳增值税，由此增加企业税负。因此，企业分开核算兼营业务收入实际上是基本的税务筹划。

有些情况下，兼营不同税率业务的企业，最好先去工商管理部门更正经营范围，明确主营业务和兼营业务。如建筑施工单位将自制建筑材料用到承包的建筑工程，首先，应在经营范围上明确主营工程施工，兼营材料生产销售，或者主营建材生产销售，兼营工程施工；然后，分别签订销售建材合同和工程承包合同，分别开具发票，分别核算主营和兼营收入；最后才能分别按照适用 13% 和 9% 的税率纳税，否则，属于混合经营行为，有可能一并按照 13% 的税率征收增值税。

【例 9-3】 某电梯销售公司为增值税一般纳税人，主营电梯销售，兼营电梯安装。销售一批电梯总价 760 万元，其中电梯销售 560 万元（购进 520 万元），安装费用 200 万元。公司财务老王给了小李两个签合同方案，让小李判断哪个可行：方案一，签订一个安装合同 760 万元，按照 10% 的税率纳税；方案二，分开签订销售和安装合同，按照 13% 和 9% 的税率纳税。

方案一：电梯公司将销售和安装放在一个合同里，一起核算，属于在一项销售行为中存在两类经营项目的混合，是混合销售行为。虽然合同涉及建筑安装，但是电梯公司主营是商业销售，电梯公司的混合销售行为需要按照 13% 的税率缴纳增值税。

$$\text{需要交纳增值税税额} = [760 \div (1 + 13\%)] \times 13\% - [520 \div (1 + 13\%)] \times 13\% \approx 27.6106\ (\text{万元})$$

方案二：分开签订销售合同和安装合同，分开核算，是两项经营行为，属于兼营行为，适用不同税率或者征收率的，应当分别核算适用不同税率或者征收率的销售额。

销售行为需要交纳增值税税额 $=[560\div(1+13\%)]\times13\%-[520\div(1+13\%)]\times13\%$

≈4.6018（万元）

安装行为需要交纳增值税税额为 $=[200\div(1+9\%)]\times9\%\approx16.5138$（万元）

合计交纳增值税 $=4.6018+16.5138=21.1156$（万元）

可见，第二个方案需要签订两份合同，将两项经营行为单独核算，核算虽然麻烦，但是税收风险小，并且可以降低税负。

必须注意的是，当主营业务税率偏高时，一些企业很可能为了降低税负，将混合经营行为改为兼营行为，如将原本仅是销售货物兼提供安装劳务的一份合同改为销售货物和提供安装劳务两份不同的合同，同时将收款和入账时间故意错开。这种过度筹划可能一时得逞，但实际上给企业埋下了很大的涉税隐患。因此，企业不仅要正确认识对混合经营和兼营行为的税务筹划，不能故意混淆，而且还必须清晰、准确核算各自的业务收入，以防止不必要的涉税风险。

9.4.4　利用税收优惠政策的税务筹划

为了用税收政策促进经济发展，在增值税有关法规规定中有一些减免税优惠政策。由于增值税免税规定的存在，纳税人可以利用法定规定的免税规定，达到节税的目的。

企业增值税税务筹划中常用的是农业生产者销售自产农业产品免税和国家对福利企业的税收优惠政策。

1. 农产品免税的税务筹划

农业生产者销售的自产农产品免征增值税。这里的农业生产者，包括从事农业生产的单位和个人。农业产品是指种植业、养殖业、林业、牧业、水产业生产的各类植物、动物的初级产品。需要注意的是享受该税收优惠政策的企业必须是单一从事农业生产的企业，如果企业既有农业生产，还有农产品加工，则不得享受税收优惠政策。

【例 9-4】 某牛奶公司饲养奶牛，生产牛奶，将产出的新鲜牛奶进行加工制成奶制品，再将奶制品销售给各商业公司，或直接通过销售网络转销给居民。奶制品的增值税税率为 9%。该公司进项税额主要有两部分：一是向农民个人收购的草料部分，可以抵扣 9% 进项税额；二是公司水、电费和修理用配件等，按规定可以抵扣进行税额。与销项税额相比，这两部分进项税额数额较小，导致公司的增值税税负较高。

分析：为了取得更高的利润，公司除了加强企业管理外，还必须努力把税负降下来，公司税负高的原因在于公司的进项税额太低，因此，公司进行税务筹划的关键点是如何增加进项税额。围绕进项税额，公司采取了如下税务筹划方案。

公司将整个生产流程进行改造，分成饲养场和牛奶制品加工厂两部分，饲养场和奶制品加工厂财务独立核算，分开后，饲养场属于农产品生产单位，按规定可以免征增值税；奶制品加工厂从饲养场购入的牛奶可以抵扣 9% 的进项税额。现将公司实施税务筹划方案前后的有关数据进行对比，结果如下所示。

方案实施前，假设 2019 年 7 月份从农民生产者手中购入的金额为 100 万元，允许抵扣的进项税额为10万元，其他水电费、修理用配件等进项税额为8万元，全月奶制品销售收入为500万元，则：

应纳增值税税额 = 销项税额 − 进项税额 = 500 × 9%−（10 + 8）= 27（万元）

税负率 = 27 ÷ 500 = 5.4%

方案实施后，饲养场免征增值税，假设饲养场销售给奶制品厂的鲜奶售价为350万元，其他资料不变，则：

应纳增值税税额 = 销项税额 − 进项税额 = 500 × 9%−（350 × 9% + 8）= 5.5（万元）

税负率 = 5.5 ÷ 500 = 1.1%

方案实施后比实施前少纳增值税税额 = 27−5.5 = 21.5（万元）

2. 福利企业减免税的税务筹划

根据规定，对安置残疾人的单位，符合一定条件的，实行由税务机关按单位实际安置残疾人的人数，限额即征即退增值税。也就是由税务机关按对纳税人（指安置残疾人的单位和个体工商户）安置残疾人的人数退税，安置的每位残疾人每月可以退还的增值税为纳税人所在区县（含县级市、旗）月最低工资标准的4倍。

上述增值税优惠政策仅适用于生产销售货物、提供加工、修理修配劳务，以及提供营改增现代服务和生活服务项目（不含文化体育服务和娱乐服务）范围的服务取得的收入之和占其增值税收入的比例达到50%的纳税人，但不适用于纳税人直接销售外购货物（包括商品批发和零售）以及销售委托加工的货物取得的收入。

9.5 消费税税务筹划

根据《中华人民共和国消费税暂行条例》及《中华人民共和国消费税暂行条例实施细则》，消费税的纳税人，应当依照上述法规缴纳消费税，并从以下几方面进行消费税的税务筹划，以降低消费税负，提高企业的经济效益。

9.5.1 纳税人选定的税务筹划

根据规定，在中华人民共和国境内生产、委托加工和进口应税消费品的单位和个人，为消费税的纳税人，应当依法缴纳消费税。消费税属于价内税，并实行单一环节征收，一般在应税消费品的生产、委托加工和进口环节缴纳，在以后的批发、零售等环节中，由于价款中已包含消费税，因此不必再缴纳消费税。

我国现行消费税征税范围比较窄，仅选择部分消费品征收消费税，而不是对所有消费品都征收消费税。目前我国消费税共设置烟、酒、高档化妆品、贵重首饰及珠宝玉石、鞭炮焰火、成品油、小汽车、摩托车、高尔夫球及球具、高档手表、游艇、木制一次性筷子、实木地板、电池、涂料15个税目，因此在纳税人的选定上可以进行适当的筹划。企业在投资决策的时候，就应避开上述消费品，而选择其他符合国家产业政策，在流转税及所得税方面有优惠政策的产品进行投资。另外，有些高档消费品还没有列入消费税征税范围，在市场前景看好的情况下，企业也可选择这类项目投资，以避免成为消费税纳税人。

9.5.2 税率的税务筹划

依照《中华人民共和国消费税暂行条例》的规定，纳税人兼营不同税率的应税消费品，应当分别核算不同税率应税消费品的销售额、销售数量；未分别核算销售额、销售数量，或者将不同税率的应税消费品组成成套消费品销售的，从高适用税率。由于应税消费品所适用的税率是固定的，只有在出现兼营不同税率应税消费品的情况下，纳税人才可以选择合适的销售方式和核算方式，达到适用较低消费品税率的目的，从而降低税负。因此，企业在会计核算的过程中要做到账目清楚，以免蒙受不必要的损失；在消费品销售过程中的组合问题，要看有无必要作为成套消费品销售，避免给企业造成不必要的税收负担。

【例 9-5】 东方酒业有限公司生产各类粮食白酒和果酒，本月将粮食白酒和果酒各1瓶组成价值60元的成套礼品酒进行销售，这两种酒的出厂价分别为40元/瓶、20元/瓶，均为1斤装。该月共销售5万套礼品酒。这两种酒的消费税税率分别为：粮食白酒每斤0.5元+按销售额 ×20%；果酒按销售额 ×10%。

第一种方案：东方公司采用“先包装后销售”方式销售5万套礼品酒，属于“兼营”行为。同时，该公司将这些适用不同税率的应税消费品组成成套消费品销售，不能分别核算销售额，因此，应按从高原则，即适用粮食白酒的消费税计算方法计税。

其应纳消费税税额为 $=50\,000\times(0.5\times2+60\times20\%)=650\,000$（元）。

第二种方案：东方公司改变应税消费品的包装方式，采用“先销售后包装”的方式将两种酒分别核算销售额，同时在销售柜台设置礼品盒，在消费者购买两种酒后再用礼品盒进行组合包装，该公司可按两种酒销售额分别计算应纳消费税税额。

其应纳消费税税额为 $=50\,000\times(0.5+40\times20\%)+20\times50\,000\times10\%=525\,000$（元）。

由此可见，对应税消费品的包装方式由“先包装后销售”改为“先销售后包装”，节约消费税税款 $=650\,000-525\,000=125\,000$（元）。

因此，企业兼营不同税率应税消费品时，能单独核算的最好单独核算，尽量降低企业的税收负担。

9.5.3 包装物的税务筹划

按《中华人民共和国消费税暂行条例实施细则》规定，应税消费品连同包装物销售的，无论包装物是否单独计价，以及在会计上如何核算，均应并入应税消费品的销售额中缴纳消费税。如果包装物不作价随同产品销售，而是收取押金，此项押金则不应并入应税消费品的销售额中征税。但对因逾期未收回的包装物不再退还的或者已收取的时间超过12个月的押金，应并入应税消费品的销售额，按照应税消费品的适用税率缴纳消费税。对既作价随同应税消费品销售，又另外收取的凡纳税人在规定的期限内没有退还的包装物的押金，均应并入应税消费品的销售额，按照应税消费品的适用税率缴纳消费税。

可见，纳税人如果想在包装物上节省消费税，关键是包装物不能作价随同产品销售，而应采取收取"押金"的形式，而此项押金必须在规定的时间内收回，则可以不并入销售额计算缴纳消费税。

【例 9-6】 某日用化妆品生产企业将所生产的高档化妆品和普通护肤品等组成成套消费品销售。每套产品由下列产品组成：高档化妆品包括一瓶香水（800 元）、一支口红（100 元），普通护肤品包括一瓶精华液（300 元）、一瓶保湿滋养水（120 元）。化妆品消费税税率为 15%，上述价格均不含税。习惯做法是每套产品先包装后再对外销售。请问该如何进行税务筹划？

分析思路：税法规定，纳税人将应税消费品与非应税消费品及适用税率不同的应税消费品组成成套消费品销售的，应根据销售金额按应税消费品的最高税率纳税；纳税人兼营不同税率应税消费品的，应当分别核算不同税率应税消费品的销售额或销售数量，未分别核算的，按最高税率征税。则该企业每套化妆品应纳消费税税额为：

（800 + 100 + 300 + 120）× 15% = 198（元）

这是采取先包装，后销售的方式进行销售，如果采取先销售，后包装的方式销售，则可大大降低消费税税负。具体操作方法有两种途径可供选择。

途径一，将上述产品先分类别销售给零售商，再由零售商包装后对外销售，这样做是在生产流程上换了一个包装地点。在销售环节对不同类别的产品分别开具发票，在财务方面对不同产品分别核算销售收入。

途径二，如果当地税务机关对有关操作环节要求比较严格，还可以采取分设机构的操作方法，即另外再设立一个独立的包装公司。

经过上述筹划该企业每套应税消费品应纳消费税税额为：

（800 + 100）× 15% = 135（元）

每套化妆品节税额为：198 − 135 = 63（元）

由此可见，不同的税务处理方式给企业收益带来不同的影响。

此外，只有啤酒、黄酒包装物押金不缴纳消费税，这在一定程度上限制了经营酒类产品的企业利用包装物节税的可能性。

拓展阅读9-2　酒类产品包装物押金征税规定

9.5.4　递延纳税的税务筹划

依照《中华人民共和国消费税暂行条例》规定，消费税的纳税期限分别为 1 日、3 日、5 日、10 日、15 日、1 个月或者 1 个季度；纳税人的具体纳税期限，由主管税务机关根据纳税人应纳税额的大小分别核定；不能按照固定期限纳税的，可以按次纳税。纳税人以 1 个月或 1 个季度为 1 个纳税期的，自期满之日起 15 日内申报纳税；以 1 日、3 日、5 日、10 日或者 15 日为 1 个纳税期的，自期满之日起 5 日内预缴税款，于次月 1 日起至 15 日内申报纳税并结清上月应纳税款。纳税人进口应税消费品，应当自海关填发海关进口消费税专用缴款书之日起 15 日内缴纳税款。

纳税人在合法期限内纳税不会加收滞纳金。同样合法地纳税，时间上有的对纳税人有利，有的不利。消费税的纳税人在利用纳税期限进行税务筹划时，一般是在纳税期内尽可能推迟纳税，在欠税挂账有利的情况下，尽可能欠税挂账。这不但可以加速资金周转，而且可以获取一定的利息收入。

9.6 企业所得税税务筹划

现行企业所得税法的基本规范，是《中华人民共和国企业所得税法》和《中华人民共和国企业所得税法实施条例》。

9.6.1 税率的税务筹划

为了贯彻习近平总书记关于减税降费工作的重要指示精神，落实党中央、国务院关于支持小微企业发展的决策部署，财政部、国家税务总局等部门制定并颁布实施小微企业普惠性税收减免政策。小型微利企业年应纳税所得额不超过 100 万元、超过 100 万元但不超过 300 万元的部分，分别减按 25%、50% 计入应纳税所得额，按 20% 的税率缴纳企业所得税，以进一步加大企业所得税优惠力度。

同时，进一步放宽小型微利企业标准。从 2019 年度开始，在预缴企业所得税时，企业可直接按当年度截至本期末的资产总额、从业人数、应纳税所得额等情况判断是否为小型微利企业。因此，小型微利企业是指从事国家非限制和禁止行业，且同时符合年度应纳税所得额不超过 300 万元、从业人数不超过 300 人、资产总额不超过 5 000 万元三个条件的企业。

拓展阅读9-3 小微企业普惠性税收减免政策是指什么？

为了防止税负的增加，小企业应在平时的会计核算和业务安排中充分考虑上述政策规定，应尽量避免使企业的应纳税所得额超过所得临近（300 万元）而适用更高级别的税率，从而带来税负增加大于所得增加的风险。

【例 9-7】 某交通运输公司，资产总额为 4 000 万元，从业人员 100 人。该公司预缴 2019 年第三季度企业所得税的税务审计时发现其应纳税所得额为 301 万元，所以该企业不符合小型微利企业的标准，应按 25% 的税率缴纳所得税。该公司有大量联运业务。问该企业应如何进行相应的税收筹划？

（1）如果该企业不采取任何措施，则应纳企业所得税为：$301 \times 25\% = 75.25$（万元）

（2）如果该企业同其联运公司协商，通过合理安排相互之间业务往来以增加对其联运公司的支付额，或在 2019 年第三季度多采购 1 万元的企业日常经营用品作为费用类项目在税前扣除，使得应纳税所得额减少到 300 万元，则符合小型微利企业的标准。则企业应纳的企业所得税为：$100 \times 25\% \times 20\% + (300-100) \times 50\% \times 20\% = 25$（万元）

这样，该企业通过筹划使得应缴的企业所得税减少 50.25 万元。

因此，当处于税率等级边沿时，纳税人应尽量降低应纳税所得额，或推迟收入实现，或增加扣除额，以适用较低的税率级次，避免不必要的税款支出。

9.6.2 亏损弥补的税务筹划

我国税法规定：企业纳税年度发生的亏损，准予向以后年度结转，用以后年度的所得弥补，但结转年限最长不得超过 5 年。5 年内不论是盈利或亏损，都作为实际弥补期限计算。

【例 9-8】 A 是 2012 年创立的工业型企业，创办初期投入较大，需要采购较多物资和固定资产，所以亏损较大（亏损 40 万元）。假设 A 公司年度应纳税所得额资料如表 9-1（2015 年度以后的应纳税所得额为预计值）。

表 9-1 A 企业 2012—2018 年应纳税所得额明细表 单位：万元

	2012	2013	2014	2015	2016	2017	2018
A 公司	−40	−10	−8	−2	10	20	30

（1）对 A 公司，因为 2012—2015 年均亏损，所以，这 4 年公司均不必缴纳企业所得税，2016 年公司开始盈利。A 公司应纳所得税为：

2016 年应纳税所得额：10−40 = −30（万元），不纳税；

2017 年应纳税所得额：20−30 = −10（万元），不纳税；

2018 年应纳税所得额：（30−10−8−2）× 20% = 2（万元）。

由于超过了税法规定的 5 年弥补期限，A 公司尚有 2012 年的 10 万元亏损无法在税前弥补，也就无法发挥亏损的抵税作用。

（2）假设 A 公司将 2012 年采购的物资（可在税前全额抵扣）分两批分别在 2012 年和 2013 年购进，在总采购额不变的前提下，2012 年和 2013 年的亏损额分别为 −30 万元和 −20 万元。

这样 A 企业的亏损就全部得到弥补，在 2015 年前应纳税所得额都为 0，不用交纳任何企业所得税，节税 2 万元。

因此，利用亏损弥补进行税务筹划需要注意以下问题：

（1）利用亏损弥补进行税务筹划，要求纳税人其在合理预估未来年度亏损及利润的基础上，熟练进行财务运作使所有亏损得以在税前弥补。

（2）财务运作要注意遵守税法，按规定办事，避免被税务机关认定为偷税行为。

（3）企业必须正确地向税务机关申报亏损。

9.6.3 利用税收优惠政策的税务筹划

（1）投资地点。企业可以根据国家在不同地区有不同优惠条件的规定，选择在不同地点进行投资，享受低税负的优惠条件。例如国家规定西部地区、沿海经济开发区、经济特区等有不同的优惠政策。因此，企业在投资时，可以选择低税负区，获得税收优惠。

（2）投资行业。税法规定对设在西部地区国家鼓励类产业企业，在 2011 年 1 月 1 日至 2020 年 12 月 31 日期间，减按 15% 的税率征收企业所得税；在西部新办的基础设施行业，其主营收入占总收入 70% 以上的可以享受“两免三减”的优惠等。企业可以根据自己的实力选择不同的行业，进行税收筹划，实现合理避税。

（3）人员构成。税法规定企业安置残疾人员所支付工资费用，在据实扣除的基础上，按照支付给残疾职工工资的 100% 加计扣除。现行税法中这些安置待业人员、下岗人员、残疾人员等的优惠政策，企业可以根据情况合理应用。

（4）减免税优惠。国家对不少产业实行减免税优惠，企业可充分利用此政策，进行税务筹划，达到合理避税目的。

（5）准确设置会计科目，充分利用会计政策。例如，对于情况属实的毁损，企业如果进行了税务筹划，在限额内的部分，及时办理报批手续，将资产转入坏账，争取税前扣除，则企业可以减少不必要的税负。还有，会议费与招待费、广告费与宣传费等，如果企业进行了税务筹划，争取在税法规定的限额内列支，则可在所得税前扣除，增加成本，达到节税目的。

拓展阅读9-4 支持企业科技创新的研究开发费用加计扣除比例

9.7 土地增值税税务筹划

现行土地增值税的基本规范，是《中华人民共和国土地增值税暂行条例》和《中华人民共和国土地增值税暂行条例实施细则》。土地增值税税务筹划应在税法允许的前提下，从降低税基和税率两个角度进行。

9.7.1 利息支出扣除法税务筹划

在计算土地增值税时，对利息支出的扣除，税法采取了比较宽松的处理方法。依据《中华人民共和国土地增值税暂行条例实施细则》第七条（三）中关于利息支出扣除项目之规定，利息支出分两种情况确定扣除。

（1）纳税人能够按转让房地产项目计算分摊利息支出，并能提供金融机构贷款证明的，其允许扣除的房地产开发费用为：

$$房地产开发费用 \leqslant 利息 +（取得土地使用权所支付的金额 + 房地产开发成本）\times 5\%$$

这里的利息，有两点需要注意：

第一，不能超过按商业银行同类同期银行贷款利率计算的金额；

第二，不包括加息、罚息。

（2）纳税人不能按转让房地产项目计算分摊利息支出或不能提供金融机构贷款证明的，其允许扣除的房地产开发费用为：

$$房地产开发费用 \leqslant（取得土地使用权所支付的金额 + 房地产开发成本）\times 10\%$$

如果企业购买房地产主要依靠负债筹资，利息支出所占比例较高，可考虑分摊利息并提供金融机构证明，据实扣除并加扣其他开发费用。如果企业购买房地产主要依靠权益资本筹资，利息支出很少，则可考虑不计算应分摊的利息，这样可以多扣除房地产开发费用。

【例 9-9】 某房地产开发公司开发商品房，当地政府规定的扣除比例为 5% 和 10%，其支付的土地价款为 600 万元，开发成本为 1 000 万元，我们针对允许扣除的利息支出分别为 90 万元和 70 万元两种情况进行筹划（假设该利息支出为可分摊且能提供金融机构证明，并未超过商业银行同类同期贷款利率计算的金额）。

首先，计算扣除的利息支出差异为：

（取得土地使用权所支付的金额 + 房地产开发成本）×（10%−5%）=（600 + 1 000）× 5% = 80（万元）

其次，判断当允许扣除的利息支出为 90 万元时，由于 90 万 > 80 万，所以该公司应严格按房地产开发项目分摊利息并提供金融机构证明，这样利息支出和其他房地产开发费用扣除共计：

90 +（600 + 1 000）× 5% = 170（万元）

否则，只能按（600 + 1 000）× 10% = 160（万元）扣除，此时，企业将因扣税基数减少 10 万元而多缴税款；同理，当允许扣除的利息支出为 70 万元时，由于 70 万 <80 万，此时应选择第二种计扣方式，即不按房地产开发项目分摊利息或不向税务机关提供有关金融机构的证明，利息支出和其他房地产开发费用扣除共计（600 + 1 000）× 10% = 160（万元），这样便可以多扣除 160−（70 + 80）= 10（万元）利息支出，使企业因扣税基数增加 10 万元而少缴税款。

9.7.2 合理定价税务筹划

依据《中华人民共和国土地增值税暂行条例实施细则》第十一条规定，纳税人建造普通标准住宅出售，增值额未超过扣除项目金额 20% 的，免征土地增值税；增值额超过扣除项目金额 20% 的，应就其全部增值额按规定计税。企业可以利用 20% 这一临界点进行税务筹划。

【例 9-10】 某房地产公司 7 月建成并出售普通标准住宅，总面积 10 000m^2，平均售价 3 850 元 /m^2，总售价 3 850 万元。该公司按税法规定缴纳了有关税金（增值税税率 9%，城市建设税的税率为增值税税额的 7%，教育费附加征收率为增值税税额的 3%，地方教育费附加为增值税税额的 2%）。已知该公司为取得土地使用权而支付的地价款和按国家统一规定交纳的有关费用为 1 200 万元；投入房地产开发成本为 900 万元；房地产开发费用中的利息支出为 100 万元，其中 40 万元为罚息（不能按转让房地产项目计算分摊利息支出，也不能提供金融机构证明）。该公司所在省人民政府规定的房地产开发费用的计算扣除比例为 10%。该公司应纳土地增值税及税后利润计算如下：

（1）确定转让房地产的收入为 3 850 万元。

（2）确定转让房地产的扣除项目金额：

① 取得土地使用权所支付的金额为 1 200 万元。

② 房地产开发成本为 900 万元。

③ 房地产开发费用 =（1 200 + 900）× 10% = 210（万元）。

④ 与转让房地产有关的税金 = 3 850 × 9% + 3 850 × 9% ×（7% + 3% + 2%）= 388.08（万元）。

⑤ 从事房地产开发的加计扣除允许 =（1 200 + 900）× 20% = 420（万元）。

⑥ 允许扣除项目金额合计 = 1 200 + 900 + 210 + 388.08 + 420 = 3 118.08（万元）。

（3）计算转让房地产的增值额 = 3 850−3 118.08 = 731.92（万元）。

（4）计算增值额与扣除项目金额的比率 =（731.92 ÷ 3 118.08）× 100% ≈ 23.47%。

（5）计算应纳土地增值税税额 = 731.92 × 30%−0 = 219.576（万元）。

（6）实际盈利金额 = 3 850−1 200−900−100−388.08−219.576 = 1 042.344（万元）。

再来看下面的情况：

假设该公司将售价适当调低，由每平方米 3 850 元降到每平方米 3 700 元，则总售价为 3 700 万元，其他资料不变，则：

（1）确定转让房地产的收入为 3 700 万元。

（2）确定转让房地产的扣除项目金额：

① 取得土地使用权所支付的金额为 1 200 万元。

② 房地产开发成本为 900 万元。

③ 房地产开发费用 =（1 200 + 900）× 10% = 210（万元）。

④ 与转让房地产有关的税金 = 3 700 × 9% + 3 700 × 9% ×（7% + 3% + 2%）= 372.96（万元）。

⑤ 从事房地产开发的加计扣除允许 =（1 200 + 900）× 20% = 420（万元）。

⑥ 允许扣除项目金额合计 = 1 200 + 900 + 210 + 372.96 + 420 = 3 102.96（万元）。

（3）转让房地产的增值额 = 3 700−3 102.96 = 597.04（万元）。

（4）增值额与扣除项目金额的比率 =（597.04 ÷ 3 102.96）× 100%≈19.24% < 23.47%。

（5）该公司开发普通标准住宅且增值额未超过扣除项目金额的 20%，按规定免征土地增值税。

（6）实际盈利金额 = 3 700−1200−900−100−372.96 = 1 127.04（万元）。

比较上述两种计算结果，第二种情况虽然售价比原来每平方米降低了 150 元，总售价减少了 150 万元，但实际税后收益反而比原来增加了 84.696 万元（即 1 127.04−1 042.344）。可见，企业在出售普通标准住宅时，通过合理定价进行税务筹划，完全可以使商品保持较低价格并获得较高的利润。

9.7.3　选择项目核算方式税务筹划

依据《中华人民共和国土地增值税暂行条例实施细则》规定，土地增值税以纳税人房地产成本核算的最基本的核算项目或核算对象为单位计算，根据不同情况对多项开发项目选择分开或合并成本项目进行核算，可降低土地增值税。

【例 9-11】 大华房地产开发公司 2018 年商品房销售收入为 15 000 万元，其中普通住宅的销售额为 10 000 万元，豪华住宅的销售额为 5 000 万元。税法规定的可扣除项目金额为 11 000 万元，其中普通住宅的可扣除项目金确为 8 000 万元，豪华住宅的可扣除项目金额为 3 000 万元。

方案一：合并核算

该公司出售商品房增值率 =（15 000−11 000）÷ 11 000 × 100% ≈ 36%，适用 30% 的税率。

该公司应纳土地增值税税额 =（15 000−11 000）× 30% = 1 200（万元）。

方案二：分开核算

（1）普通住宅

增值率 = [（10 000−8 000）÷ 8 000] × 100% = 25%，适用 30% 的税率。

应纳土地增值税税额 =（10 000−8 000）× 30% = 600（万元）。

（2）豪华住宅

增值率 = [（5 000−3 000）÷ 3 000] × 100% ≈ 66.67%，适用 40% 的税率。

应纳土地增值税税额 =（5 000−3 000）× 40%−3 000 × 5% = 650（万元）。

普通住宅和豪华住宅纳税合计为 1 250 万元，分开核算比合并核算多支出税金 50 万元，因此，应选择合并项目核算。

9.8 企业经营活动的税务筹划

企业经营活动是企业利用内部投资进行经营的过程，是企业的重要经济活动之一。不同行业的企业，经营活动的内容不尽相同。下面以制造业企业为例，介绍其经营活动经过的供应、生产、销售三个过程的税务筹划应注意的主要内容。

9.8.1 供应过程的税务筹划

供应过程是生产活动的准备部分。企业为进行生产活动要将筹集的资金投放于一定的用途，为生产做准备，如购买材料、机器设备，购买或自行建筑厂房等，为生产经营创造必要的条件。根据这个阶段的特点，其税务筹划可以从以下几点入手。

1. 纳税人的选择

税法对一般纳税人和小规模纳税人实行差别待遇，其增值税税负也不同。对处于一般纳税人与小规模纳税人临界点上的企业来讲，纳税人身份选择显得更为重要。其选择原则为：企业应通过对购货额占销售额的比重进行分析，来决定是否申请成为一般纳税人。其测算方法是：设 A 为不含税销售额，A · L 为购入货物金额（L 为购货额占销售额的比重）。若一般纳税人的增值税率为 13%，小规模纳税人的征收率为 3%，则有

一般纳税人应纳增值税税额 = 13% A − 13%A · L

小规模纳税人应纳增值税税额 = 3% A

使二者税负相等，可得 L = 77%。因此，当 L<77%，此时选择小规模纳税人，税负较轻；而当 L>77% 时，就应创造条件成为一般纳税人，发挥可以抵扣进项税额的优点，这样税负较轻。

2. 采购方式的选择

这里的采购方式包括采购地点、采购对象和供应商等，如税法规定，采购的设备如为国产设备，其投资额可按一定的比例抵免应纳税额；向一般纳税人采购物资取得增值税专用发票的，其增值税进项税额可以抵扣。

9.8.2 生产过程的税务筹划

生产过程比较复杂，涉及的税务筹划点比较多。一是生产产品的选择。同一企业生产不同产品时，由于不同产品税率高低不同，有的产品还可以减免税，企业选择税率较低产品或减免税产品进行生产可以节税。二是生产费用核算方式的选择，影响该过程税务筹划的方面主要如下。

1. 费用列支的选择

对于费用列支，应在税法允许的范围内尽可能地列支当期费用，预计可能发生的损失，以减少应交所得税来获得税收利益。首先，合理列支各项费用。企业可以在不违反税法和财务制度的前提下，通过对各项费用充分合理的列支，对各项可能发生的损失进行充分估计，缩小税基，减少应纳税所得额。其次，有列支限额的费用应合理核定，如业务招待费等应准确掌握允许列支的限额，将限额以内的部分充分列支。最后，尽可能地缩短成本费用的摊销期，以增大前几年的费用，递延纳税时间，达到节税的目的。

2. 存货计价方法的选择

对于企业而言，选择不同的存货计价方法，计算出的存货价值不同，成本不同，实现的应纳税所得额不同，缴纳的税款也不同。一般来说，在物价下降时期，应采用先进先出法，采用该计价方法，期末存货成本为最近成本，其价值较低，而本期销售成本则较高，从而使应纳税所得额也低，起到降低税负目的；若物价上下波动，宜采用加权平均法，由此避免因各期利润波动而造成税负变动，使企业资金安排出现困难。虽然企业可利用存货计价方法的不同获得最大利益，但是国家也规定，企业一旦选定某一种计价方法，在一定时期内不得随意变更，这就要求企业选择存货计价方法时，要谨慎处理，兼顾长短期利益。

3. 固定资产折旧方法的选择

固定资产折旧是指在固定资产使用寿命内，按照确定的方法对固定资产的剩余价值进行的成本分摊。可见，作为产品成本的组成部分，折旧有着“税收调色板”的效用。现行的固定资产折旧方法有年限平均法、工作量法、双倍余额递减法和年数总和法等，运用不同的折旧方法计算出的折旧额是不相等的，即分摊到各期生产成本中的固定资产成本也不同，直接影响企业当期的利润水平和税收负担。在利用固定资产折旧方法的选择进行税务筹划时，应注意税收制度、资金的时间价值、通货膨胀等因素的影响。

拓展阅读9-5　固定资产加速折旧优惠政策

9.8.3　销售过程的税务筹划

1. 混合销售行为的税率选择

税法规定，一项销售行为如果既涉及货物又涉及服务，为混合销售。合理安排应税货物和应税服务的比例，以此确定合理的税负分界点，达到少纳税的目的。

2. 销售结算方式的选择

税法规定，直接收款销售以收到销货款或取得索取销货款凭据，并将提货单交给卖方的当天为收入确认时间；赊销和分期收款销货方式均以合同约定的收款日期为收入确认时间；而订货销售和分期预收款销售，待交付货物时确认收入实现。对销售结算方式的税务筹划就是通过对取得收入的方式、时间及计算方法的选择和控制，以达到减税或延缓纳税的目的。例如，直接收款销货时，可通过推迟收款时间或推迟提货单的交付时间，把收入确认时间延至次年，从而获得延迟纳税的好处。

3. 促销手段的选择

税法对促销手段的涉税处理有不同的规定。对于折扣销售，如果销售额和折扣额开在同一张发票上，可按折扣后的销售额计算增值税，否则按全额计税；对于销售折扣，由于发生在销货之后，是一种融资性质的理财费用，税法规定一律不得从销售额中扣减；对于实物折扣，该实物的价款不能从货物销售额中扣减，应按视同销售货物计算增值税；对于现金返还，由于相当于一种购货回扣，销售额与折扣额开具在同一张发票的折扣销售税负较低。企业应结合自身的营销策略，选择最有力的促销手段，以降低纳税成本。

本章小结

税务筹划也称税收筹划、纳税筹划，是企业经营管理活动的一个重要组成部分。本章首先阐述了税务筹划的概念、原则、特点和作用等基本原理；其次，介绍税务筹划的基本手段，即节税和避税，并详细说明了税务筹划实务中可采用的方法、技术手段和基本步骤；最后，结合具体税种，阐述纳税人在增值税、消费税、企业所得税、土地增值税以及经营活动中如何进行税务筹划。

拓展阅读9-6　中英文关键词对照

思考题

1. 什么是税务筹划？税务筹划对征纳双方有何意义？
2. 什么是节税和避税？
3. 试述税务筹划的原则和特点。
4. 简述税务筹划的基本方法。
5. 税收筹划的常用技术手段有哪些？各自有何特点？
6. 简述税收筹划的基本步骤。

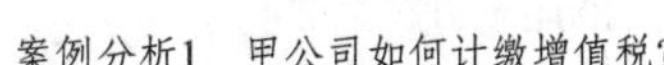

案例分析1 甲公司如何计缴增值税？

案例分析2 税收筹划失败，被罚2 400万元！

参 考 文 献

[1] 盖地 . 税务会计学 [M].13 版 . 北京：中国人民大学出版社，2019.
[2] 王素荣 . 税务会计与税收筹划 [M].7 版 . 北京：机械工业出版社，2019.
[3] 中国注册会计协会 . 税法 [M]. 北京：经济科学出版社，2019.
[4] 宫风杰 . 税务会计 [M]. 上海：立信会计出版社，2014.
[5] 王迪 . 税务会计 [M].2 版 . 北京：清华大学出版社，2018.
[6] 翟继光，易运和，张晓冬，等 . 中华人民共和国企业所得税法实施条例释义与使用指南及案例精解 [M]. 上海：立信会计出版社，2007.
[7] 财政部会计资格评价中心 . 中级会计实务 [M]. 北京：经济科学出版社，2010.
[8] 苏春林 . 税法及纳税操作 [M]. 北京：中国人民大学出版社，2004.
[9] 张巧良，曾良秀，张如，等 . 税法与税务会计 [M]. 北京：北京大学出版社，2009.
[10] 侯立新 . 税务会计与合理有效避税实务 [M]. 北京：企业管理出版社，2006.
[11] 郑开焰 . 税法与税务会计 [M]. 北京：清华大学出版社，2008.
[12] 宁健 . 税务会计 [M]. 大连：东北财经大学出版社，2004.
[13] 张雅丽 . 税收筹划 [M]. 北京：清华大学出版社，2008.
[14] 盖地 . 税务会计 [M]. 北京：首都经济贸易大学出版社，2002.
[15] 高金平 . 税收筹划谋略百篇 [M]. 北京：中国财政经济出版社，2002.
[16] 李晓红 . 税法 [M]. 北京：清华大学出版社，2009.
[17] 王碧秀 . 税务会计 [M].2 版 . 北京：清华大学出版社，2007.
[18] 宁健 . 税务会计 [M]. 大连：东北财经大学出版，2008.
[19] 艾华 . 税务会计 [M]. 大连：东北财经大学出版社，2009 .
[20] 丁元霖 . 税务会计 [M]. 上海：立信会计出版社，2010.
[21] 曹庆华，李云 . 税务会计与税务筹划 [M]. 济南：山东人民出版社，2009.
[22] 吕孝侠，胡际莲 . 税法与税务会计 [M]. 北京：北京大学出版社，2008.
[23] 曾英姿 . 税务会计实务 [M].3 版 . 厦门：厦门大学出版社，2009.
[24] 蔡昌，郑榕 . 税务会计 [M]. 北京：清华大学出版社，2010.
[25] 郭恒泰，葛丽娟，贾明春 . 税务会计 [M]. 北京：经济科学出版社，2009.
[26] 孙玉甫，张雅杰，谢阳春，等 . 税务会计 [M]. 北京：经济科学出版社，2008.
[27] 贺志东 . 新会计准则下企业税务会计操作实务 [M]. 北京：电子工业出版社，2007.
[28] 肖光红，仝自力，易茜，等 . 税务会计学 [M].2 版 . 北京：中国金融出版社，2009.

教学支持说明

▶▶ 课件申请

尊敬的老师：

您好！感谢您选用清华大学出版社的教材！为更好地服务教学，我们为采用本书作为教材的老师提供教学辅助资源。该部分资源仅提供给授课教师使用，请您直接用手机扫描下方二维码完成认证及申请。

任课教师扫描二维码
可获取教学辅助资源

▶▶ 样书申请

为方便教师选用教材，我们为您提供免费赠送样书服务。授课教师扫描下方二维码即可获取清华大学出版社教材电子书目。在线填写个人信息，经审核认证后即可获取所选教材。我们会第一时间为您寄送样书。

任课教师扫描二维码
可获取教材电子书目

清华大学出版社

E-mail: tupfuwu@163.com　　网址：http://www.tup.com.cn/

电话：010-83470158/83470142　　传真：8610-83470107

地址：北京市海淀区双清路学研大厦B座509室　　邮编：100084